KB218742

나는 지금
여기에 있다

나는 지금 여기에 있다
[참불교론 개정판]

개정판인쇄 | 2019년 3월 25일
개정판발행 | 2019년 3월 30일

지 은 이 | 군맹서진(群萌西眞)
펴 낸 이 | 윤인섭, 이혜영
펴 낸 곳 | 도서출판 구담
디 자 인 | 엣지피앤디

등　　　록 | 1979년 4월 4일 제414-30800002510019790000001호
주　　　소 | 서울특별시 서초구 서초대로 141-14
전　　　화 | 02-532-0012
팩　　　스 | 0504-245-7484

ISBN　978-89-87964-06-5　03220

값 18,000원

나는 지금
여기에 있다

〔참불교론 개정판〕

군맹서진 지음

도서출판
구담

 인사말

귀의불, 귀의법 귀의승, 삼보 전에 귀의합니다.

불교는 많이 오해되어져 있습니다. 그것이 안타까워 그 동안 공부한 바를 정리하여 〈참불교론〉을 낸지 벌써 10여년이 지났습니다. 이 중에게는 10여 년 동안 참으로 많은 일들이 있었습니다. 서원사의 주지를 그만 두었고 불교문화센터 문을 닫았고 선친이며 스승이신 효란 큰스님이 열반에 드셨습니다. 그리고 공부하러 모였던 분들도 모두 떠났습니다. 인간관계에서 쓴 맛을 보기도 하였고 중으로써 가장 밑바닥으로 떨어져보기도 하였습니다. 이런 고난의 시기는 이 중을 성숙시켰습니다.

불교는 생활입니다. 그런데 사람들은 불교용어가 어려워 불교를 장식품처럼 지니고 있을 뿐 사용하지를 못합니다. 그래서 인생치유연구소를 세우고 어려운 불교용어를 일상생활용어로 바꾸어 인생강좌를 하면서 불교용어를 하나도 사용하지 않았지만 그 내용은 틀림없는 불교인 인생학개론을 내놓았습니다. 그러면서 공부는 더욱 더 깊어졌습니다.

그러다보니 이미 출간한 〈참불교론〉이 불만스러웠습니다. 그래서 다시 써보고 싶었습니다. 그러던 차 서울 서초구 방배동에 강남불교대학을 열게 되었습니다. 〈참불교론〉을 교재로 사용하여야 하는데 〈참불교론〉은 이미 품절되었습니다. 그래서 이번 차에 뺄 곳은 빼고 첨가할 곳은 첨가하고 새롭게 교정하여야 할 내용은 교정하여 〈참불교론〉 개정판을 내게 되었습니다. 그러면서 졸저 〈참불교론〉에 보내준 뜨거운 호평과 성원에 보답하고자 하였습니다.

이 책이 나오기까지 고마운 분들이 있습니다. 우선 오봉사를 지켜주시며 항상 격려와 응원을 아끼지 않으시는 대세지보살님의 화신이신 나의 어머니, 또 교정을 봐주고 아낌없는 성원과 응원, 그리고 변함없는 존경을 보내주시는 관세음보살님의 화신이신 방모님, 그리고 책을 출판할 때마다 좋은 책이 나올 수 있도록 도와주시며 자신의 일처럼 응원을 보내주시는 엣지의 전상만 대표님입니다. 그리고 이 중의 가르침에 대하여 변함없는 신뢰를 보내주시는 능정거사님과 영조불자님, 또 참불교론강의에 뜨겁게 반응하여 주신 이원일, 정업, 김진훈, 심정섭거사님과 이선정, 김수경, 김선령, 박서현불자님, 또 강남불교대학의 입지스님과 윤범노실장님, 이 모든 분들에게 감사한 마음을 전하며, 이 책을 극락세계에서 항상 이 보잘 것 없는 중을 지켜보시며 성원하시는 효란 큰스님 전에 바칩니다.

나무아미타불

불기 2563년 2월 방배동 강남불교대학에서   군맹서진 합장

차례

서론

불교(佛敎)란 말 그대로 부처님[佛]의 가르침[敎]이다. 그리고 부처님이란 각자(覺者), 다시 말해서 깨달은 자란 뜻이니 불교란 깨달은 자의 가르침이라는 말이다.

그런데 석존(釋尊)이 활동할 당시 인도에는 외도(外道)라고 불리는 사상가들이 있었다. 불교경전에서도 육사외도(六師外道) 또는 62견(見), 또는 363외도가 등장하는 것으로 보아 그 수도 상당하였다는 것을 알 수 있는데, 이들은 모두가 이들을 따르는 집단에 있어서 깨달은 자로 인정되어서 부처라 불렸다. 따라서 불교가 깨달은 자의 가르침이라면 이들의 가르침도 불교이어야 할 것이다. 그러나 인류는 이들의 가르침은 불교라 하지 않는다. 그 이유는 이미 석존의 가르침이 불교라는 이름으로 널리 통용되었기 때문이다.

따라서 불교란 그 뜻이 비록 깨달은 자의 가르침이라 하더라도 실질적으로는 깨달은 자의 가르침을 통칭하는 것이 아니라, 오직 석존의 가르침만을 지칭하는 말임을 알 수 있다. 따라서 불교란 석가모니부처님의 가르침인 것이다.

석가모니부처님은 2500여 년 전 인도 동북부지방의 카피라성의 성주 정반왕과 그의 부인인 마야부인 사이에 탄생한 실존인물로써 본명은 싯다르타이다. 이후 사문유관(四門遊觀)을 계기로 출가(出家)하여, 6년 고행(苦行) 끝에 깨달음을 얻고, 부처가 되어 많은 이들을 교화하면서, 민중들의 존경을 한 몸에 받았다. 이후로 석가족의 성자로써 깨달은 사람이라는 뜻으로 석가모니부처님이라 불리게 되었다. 왜냐하면 석가란 석가족을 말하는 것이며, 모니란 성자란 뜻이며, 부처님이란 깨달은 사람이라는 뜻이기 때문이다. 그리고 또 이러한 뜻의 석가모니부처님을 줄여서 석존(釋尊)이라고도 부른다.

이러한 석존의 가르침은 석존이 열반(涅槃)에 드신 후 [1]100여년 후에 세상에 나온 아소카왕의 불교부흥정책에 의하여 인도 인근지역으로 전파되면서, 아시아 전역으로 퍼져나가 아시아 민중들의 삶 속에 뿌리 깊게 스며들게 되었으며, 기록된 방대한 분량의 그 가르침은 현재까지 전해지고 있다.

---

1) 남전에 의하면 218년 북전에 의하면 116년이나 160년이라 함 (인도불교사 저자대표 佐々木 敎悟 平樂寺書店 1966년간 1995년 29쇄판 p25).

그러나 그럼에도 불구하고 인류는 석존의 가르침을 바르게 이해하지 못하고 있다. 아니 이해하지 못한 정도를 넘어 대단히 오해(誤解)하고 있다. 그렇다면 무엇이 오해되어 있을까. 대략 세 가지로 구분될 것이다.

우선 첫째로 부처에 대한 오해이다.

불교에 있어서 부처라는 의미는 크게 세 가지의 뜻으로 사용된다. 하나는 진리(眞理)라는 뜻, 둘은 진리의 작용(作用)이라는 뜻, 셋은 진리에서 오신 분이라는 뜻이다. 그런데 불교에서의 진리란 연기법(緣起法)이다. 따라서 부처란 연기법이며, 연기법의 작용이며, 연기법에서 오신 분이다. 그럼에도 불구하고 부처와 연기법은 별개로 이해되고 있다. 이것이 바로 첫 번째 오해이다.

그리고 두 번째는 중생(衆生)에 대한 오해이다. 불교에 있어서 중생이란 무명(無明)이다. 그리고 무명이란 연기법을 거역하는 마음의 기질이다. 이 무명이 생명활동의 근원이며 생각의 창조자(創造者)이다. 따라서 무명이 없으면 생각이 존재하지 않는다. 생각이 존재하지 않으면 생명활동 그 자체가 불가능하다. 그렇기에 무명이란 소멸(消滅)시켜야 할 대상이 아니라, 자각(自覺)하여야 할 대상이다. 그럼에도 불구하고 무명을 없애는 방법이 석존의 교설인 것으로 잘못 알고 있다. 여기에 두 번째 오해가 있다.

그리고 세 번째는 부처가 되는 방법에 대한 오해이다. 에디슨이 전구를 발명하기 위하여 1000여 번의 실패를 하였다고 한다. 그렇다고 해서 전구를 사용하려는 이는 누구나가 다 에디슨처럼 1000번을 실패해야 할까? 그렇다면 에디슨의 노고가 무슨 보람이 있을까? 이처럼 석존은 부처가 되기 위하여 6년간의 고행을 하였다 한다. 그렇다고 해서 부처가 되려는 이는 누구나 다 6년간의 고행을 하여야 할까? 그렇다면 6년간 고행한 석존의 노고는 무슨 보람이 있을까? 에디슨이 전구를 켜기 위한 스위치를 만들었듯이 석존께서도 간단히 부처가 되기 위한 스위치를 만들어 놓으셨다. 그것을 사용하면 된다. 그럼에도 불구하고 부처가 되려면 석존과 같은 고행을 감내하여야 한다고 생각한다.

앞이 있기에 뒤가 있고 뒤가 있기에 앞이 있어서 앞과 뒤는 서로 떨어질 수 없는 관계인 것처럼, 연기법인 부처와 무명인 중생 역시 떨어질 수 없는 관계다. 따라서 부처가 된다는 것은 중생이 사라지고 부처만이 남는 상태가 아니다. 다시 말해서 성불이란 부처는 부처인 채로 중생과 함께하고, 중생은 중생인 채로 부처와 함께 하는 상태다. 즉 연기법은 연기법인 채로 무명과 함께하며, 무명은 무명인 채로 연기법과 함께 하는 상태다. 그러니 부처가 된다는 것은 연기법을 거역하는 모든 의지(意志)가 사라져 연기법에 순응하는 삶을 살게 되는 것이 아니라, 연기법을 거역할 수밖에 없는 존재가 연기법과 함께하는 삶을 살게 되는 것이다. 다시 말해서 석존의 가르침은 진리를 교묘하게 거역하는 가르침임에도 불구하고, 진리에 순응하는 가르침으로 오해하고 있다. 이것에 바로 세 번째 오해다.

그렇다면 도대체 왜 이런 오해를 하게 된 것일까. 그것도 역시 대략 세 가지로 정리할 수 있다.

우선 첫째는 헌 집을 부수지 않고 보수공사 하였기 때문이다. 석존 당시의 종교는 바라문교였다. 석존은 바라문교의 풍습을 따라 출가하였고 부처가 되신 후에도 바라문교의 풍습에 따라 생활하셨다. 다시 말해서 석존에게는 바라문교를 부수고 불교라는 새로운 종교를 창설하려는 의지는 전혀 없었다. 단시 바라문교를 재해석하였을 뿐이었다. 육도윤회니 업이니 해탈이니 열반이니 하는 등의 개념들은 이미 우파니샤드에 등장하는 개념들이다. 그것을 새롭게 해석하였을 뿐이다. 그런데 아무리 그렇다 하더라도 석존의 가르침은 바라문교의 사고의 골격을 허물고 새로운 골격을 갖추어야 이해되는 가르침이다. 그러나 석존의 가르침을 듣는 이들 중에는 바라문교의 골격을 유지한 채로 석존의 가르침을 내장재나 외장재로 사용하면서 자신의 사고방식을 보수 공사한 이들이 많았다. 이것이 첫 번째 이유다.

그리고 둘째는 바라문교와 불교의 논쟁에서 승리하기 위하여 연기법을 버렸기 때문이다. 다시 말해서 불교의 교세로 인해 바라문교가 열세에 몰리면서 힌두이즘으로 재탄생할 때 논리학파인 니야야학파가 발생하여 불교와 논쟁을 하게 된다. 불교의 논법은, 실체를 인정하지 않는 연기법을 토대로 하기에 자기주장을 세우지 않고 상대의 주장을 반박만 하는 논법이다. 그런데 이것이 반칙으로 여겨져 사용할 수 없게 되자, 마음이라는 실체를 인정하는 논법을 새롭게 만들어 승리를 하게 된다. 그러면서 '일체유심조(一切唯心造)'라는 인식이 확산되며 실체를 인정하지 않는 연기법은 유명무실하게 된다. 그 결과 불교의 수행법은 마음을 공부하는 것이 되어 버렸다. 이것이 두 번째 이유다.

그리고 셋째는 본래의 목적을 상실하였기 때문이다. 다시 말해서 석존의 가르침에 있어서 가장 주된 관심사는 생로병사(生老病死)의 고통으로부터의 해방이고, 이것은 바꾸어 말하면 완전한 만족(滿足)이며, 이것이 바로 행복(幸福)이다. 불교에서의 이런 행복은 지극히 생활적이고 세속적인 것이다. 이것을 가르치는 것이 석존의 가르침임에도 불구하고, 생활적이고 세속적인 것을 추구하지 않고, 특수하고 비세속적인 것을 추구하였기 때문인 것이다.

이러한 경향은 전 세계에 퍼져 있는 모든 불교에서 빠짐없이 관찰된다. 인도적인 사고방식을 부수지 못하고 그 위에 덧칠해진 인도불교, 불교라기보다 도교(道敎)나 유교(儒敎)인 중국불교 등. 더욱이 중국의 조사(祖師) 불교에 있어서 석존의 가르침은 조사의 사상을 변론하는 용도로 사용될 뿐이다.

그렇다고 하여 역대(歷代) 조사들이 모두 석존의 가르침을 오해하였다는 것은 아니다. 박식(博識)하지 못한 필자의 견해에도 용수(龍樹)라든가 세친(世親)이라든가 또 원효(元曉)와 같이 석존의 가르침을 정확하게 간파한 조사들도 보이기 때문이다. 하지만 그렇다 하여도 현재에는 이러한 조사들의 견해조차도 석존의 견해가 오해된 이유와 같은 이유로 오해되고 있다.

따라서 본서의 의도는 참다운 석존의 가르침을 밝히는 것이다. 그런데 석존의 사고는 '나는 지금 여기에 있다'는 명제로부터 출발한다. 그래서 이것을 본서의 제목으로 삼았다.

그러면 본격적으로 참다운 불교가 무엇인지 이야기를 시작해 보겠다.

제1강

종교란 무엇인가

일반적으로 불교라는 이름으로 불리는 석존의 가르침을 우리들은 종교라는 범주 속에 포함시킨다. 그렇기에 불교가 무엇인지 알기 위해서는 종교가 무엇인지를 먼저 알아야 할 것이다. 그렇다면 종교란 무엇일까?

한국갤럽에서는 4년에 한 번 한국인들을 대상으로 종교를 믿는 이유에 대한 조사를 한다. 그 결과는 %에 약간의 차이가 있을 뿐 매 번 똑같은데, 60% 넘는 대답이 '마음의 평안을 찾기 위해서'이었고, 15% 넘는 대답이 '죽어서 좋은 곳에 가려고'와 '복을 받기 위해서'였다. 그리고 10% 미만으로 그 다음을 잇는 대답이 '인생이 무엇인가를 알기 위해서'였다.

이것을 토대로 생각해 보면 한국인이 생각하는 종교란, 마음에 평안을 주는 것 또는 안락한 사후세계를 보장하는 것 또는 복을 주는 것 또는 인생이 무엇인지를 가르쳐주는 것이다. 그런데 과연 정말 그럴까?

만약 종교가 정말로 마음의 평안을 주는 것이라면, 빚쟁이에 쪼들리거나 가정이 파탄 나도, 설사 그 어떠한 고통스러운 상황이 오더라도 종교만 있다면 마음에 평안이 찾아와야 한다. 그런데 과연 그럴까? 물론 '그렇다'라고 하는 사람들도 있긴 하다. 하지만 그들이 그러한 경지를 얻기 위해서 쏟아 부운 노력과 열정과 시간이 상당하다는 것은 그 누구도 부정할 수 없을 것이다.

그런데 마음의 평안을 얻는 것뿐이라면 이러한 수고를 하지 않고도 아주 간단하게 얻을 수 있다. 그것은 마약을 하는 것이다. 그러면 혹자들은 마약중독에 의한 폐해를 운운하며 황당해 할 것이다. 그런데 생각해보라. 인류가 생긴 이래로 마약중독으로 인생을 망친 사람이 많을까? 아니면 종교중독으로 인생을 망친 사람이 많을까? 사정이 이러하니 정말로 종교가 마음의 평안을 주는 것이라면, 종교는 마약에 비해 그 사용법은 복잡하고 수고스러운 것에 비하여 그 효과는 미약하고 그 폐해는 대단히 크다고 할 수 있을 것이다.

그리고 또 종교가 정말로 안락한 사후세계를 보장하여 주는 것이라면, 먼저 사후세계가 존재한다는 사실이, 그리고 사후세계에서 안락한 생활을 보내는 이들이 있다는 사실이 증명되어야만 한다. 하지만 종교들의 주장만 있을 뿐, 객관적으로 증명된 사실은 그 어디에도 없다. 그럼에도 불구하고 안락한 사후세계를 보장받기 위해 종교를 갖는다면, 그것은 증명된 객관적인 그 어떤 자료도 없음에도 불구하고 판매자의 주장만을 믿고 물건을 구입하는 것과 같은 어리석은 행위에 불가할 것이다.

그리고 또 종교가 인생을 가르쳐 주는 것이라면 '왜 인생이 무엇인지 알아야 하는지' '그것을 모르면 세상을 살 수 없는 것인지' 그리고 '그것은 반드시 종교를 통해서만 배울 수 있는 것인지'에 대하여 생각해 보아야 한다. 그런데 인생이 무엇인지를 알고 삶을 시작하는 사람은 그 어디에도 없다. 그러면서도 어른이 되고 취직도 하고 결혼하여 아이도 낳아가면서 잘도 살아간다. 그러다가 종교를 통해서 배우지 않고서도 경험을 통해서 나름대로 정의내리고 이해한다. 그러니 종교를 통해서 인생을 배운다는 것은 개인의 취향이며 취미생활에 불과하다. 그럼에도 불구하고 정말 종교가 인생에 대해서 가르쳐주는 것일 뿐이라면 종교는 액세서리에 불과하다. 그렇다면 인류는 이 액세서리 때문에 전쟁을 일으키고 또 논쟁을 일삼는다는 말일까?

그러니 종교는 마음의 평안을 주는 것도, 안락한 사후세계를 보장하는 것도, 인생이 무엇인가를 가르쳐주는 것도 아니다. 그런데 많은 이들이 종교를 통해 이러한 것들을 얻고자 한다. 그렇다면 도대체 종교는 왜 필요한 것일까?

01

종교는
왜 필요한 것일까?

1) 종교의 시작

인류에게는 왜 종교가 필요했을까?

종교가 발생하게 되는 과정을 한번 상상해 보자. 짐승들과 별 다를 바가 없었을 시대에, 인간들에게도 가장 필요한 것은 안정적으로 먹이를 공급받는 것과 자신들을 먹이로 삼는 천적으로부터 스스로를 지켜내는 것이었다.

그들은 경험을 통하여 안정적으로 먹이를 공급받기 위해서는, 성실함이 그리고 천적으로부터 스스로를 지켜내기 위해서는 강인함이 필요함을 알게 되었을 것이다. 그런데 늦도록 산과 들을 뛰어다녀도 구할 수 없었던 먹이가, 어느 날은 아침에 일어나자마자 우연히 만난 토끼를 얼떨결에 던진 돌로 잡음으로써 구할 수도 있었을 것이다. 행운이 따른 것이다. 그리고 병들어 체력이 고갈되어 있는 상태에서 맹수의 공격을 받았음에도 불구하고 먹이가 되지 않고 살아남을 수도 있었을 것이다. 행운이 따른 것이다. 이러한 경험은 안정적으로 먹이를 공급받고 천적으로부터 자기를 지켜내기 위해서는 성실함과 강인함 말고도 행운이라는 것이 필요하다는 사실을 알게 되었다. 그러면서 인간들은 행운을 얻는 방법에 대해서 궁리하기 시작했다.

그런데 이것은 인간의 사색의 범위를 벗어난 것이었다. 그러다보니 초자연적인 어떤 존재에 대하여 상상하게 됐고 그것을 바탕으로 가설이 만들어졌다. 그리고 그 초자연적인 힘을 가진 존재를 신(神)이라 명명하기 시작했고, 또한 신과의 좋은 관계를 유지함으로써 행운을 얻을 수 있는 방법을 찾아낸 것이다.

인류의 종교는 이렇게 시작되었을 것이다. 세계 각처에서 발견되는 고대의 벽화들은 이러한 상상을 충분히 뒷받침해 준다.

이러한 추측으로부터, 종교는 안정적으로 먹이를 공급받고 천적으로부터 자기를 보호받기 위하여 만들어진 것임을 알 수 있다. 그러니 종교가 필요한 이유는 안정적으로 먹이를 공급받고 천적으로부터 자기를 보호받기 위한 것이다.

그런데 인류는 문명의 발달로 인하여 먹이사슬의 정점에 서게 되었고 풍요로움을 누리게 되었다. 따라서 안정적으로 먹이를 공급받는 것과 천적으로부터 스스로를 지킨다는 것의 의미가 바뀌었다. 그렇다면 이렇게 문명이 발달된 인류에게 있어서 안정적으로 먹이를 공급받고 천적으로부터 자기를 보호받는다는 것은 구체적으로 어떤 것일까?

2) 행복(幸福)

이러한 의문은 한자어 '행복(幸福)'의 어원으로부터 풀 수 있다. 행복의 '행(幸)'이라는 글자는 차꼬의 상형문자인데, 차꼬란 옛날 중국에

서 죄인을 잡으면 포박하는 도구이니, 행이란 죄인을 잡았다는 뜻이
다. 죄인이란 사회의 질서를 어지럽히는 존재이며 사회의 질서가 어
지럽혀지는 것 그 자체가 재앙이니 죄인을 잡았다는 것은 찾아온 재
앙을 막은 것이다. 그러므로 행이라는 글자에는 재앙을 마았다는 의
미가 있다. 원시시대의 천적으로부터의 공격, 그것은 재앙이다. 그리
고 천적으로부터 자기를 지킬 수 있었다는 것, 그것은 재앙을 막은 것
이다. 그러니 천적으로부터 자기를 지켜내는 것, 그것이 바로 행이다.

그리고 '복(福)'이라는 글자는 '보일 시(示)'에 '찰 복(畐)'으로 구성되
어 있는데, '시(示)'는 제단에 음식이 놓여있는 모습을 그린 상형문자
이고, 제단에 음식을 놓는 이유는 무엇인가를 기원하기 위한 것이니,
여기에는 무엇인가를 기원한다는 의미가 있다. 그리고 '복(畐)'은 '한
일(一)', '입 구(口)', '밭 전(田)'으로 구성되어 있는데, '일(一)'은 모두라
는 뜻이고 '구(口)'는 입이고 '전(田)'은 양식을 생산하는 밭이므로, '복
(畐)'은 모두의 입이 만족되도록 풍족한 양식이 생산되는 밭을 말하니,
곧 양식이 풍족한 상태를 의미한다. 거기에 '시(示)'가 붙었으니 '복(福)'
이란 양식이 풍족한 상태를 기원하는 것인데, 다시 말해서 운이 좋아
양식이 풍족한 상태가 지속되는 것, 그것이 바로 '복(福)'이다. 그러니
안정적으로 먹이를 공급받는다는 것, 그것이 바로 복이다.

그러므로 '천적으로부터 보호받고 안정적으로 먹이를 공급받는 것'
그것은 바로 '행복'인 것이다. 그러니 인류가 천적으로부터 자기를 보
호하고 안정적으로 먹이를 공급받기 위하여 종교를 만들었다는 것은,
곧 행복하게 살기 위하여 종교를 만들었다는 말이 된다. 곧 종교는 행
복하게 살기 위해서 필요한 것이다.

02

종교의 정의

이렇게 종교의 시작을 상상으로 추측해 봄으로써, 인류는 행복하게 살기 위하여 종교를 만들었을 것이라고 추측할 수 있었다. 이제, 이런 추측이 아니라 그 어원으로 종교가 무엇인지를 살펴보고자 한다.

1) 종교의 어원(語源)

한자(漢字)로서의 종교는, 중국(中國)에 있어서 불교학자들에 의하여 불전해석(佛典解釋)에 사용되었던 단어이다. 다시 말해서 남북조(南北朝) 시대의 말기부터 수(隋)·당(唐)시대에 걸쳐서, 중국의 불교학자들은 불전(佛典)의 중심문제를 명(名=名稱), 체(體=實體), 종(宗=樞要), 용(用=效用), 교(敎=指示)의 다섯 항목으로 분류하여 불전을 해석하였다. 그 중에서도 가장 중요한 항목은 종(宗)이라는 항목과 교(敎)라는 항목이었기 때문에, 종교란 불교의 요체(要諦)를 말하는 단어였다.

그러던 것이 서양문물이 들어오면서 영어의 'religion'이 종교라 번역되었다. 그런데 'religion'의 어원을 살펴보면 're'에는 '다시'라는 뜻이 있고, 'ligion'에는 '보다'라는 뜻과 '결합하다'라는 뜻이 있다. 따라서 'religion'에는 '다시 보다'라는 뜻과 '다시 결합하다'라는 두 가지의 뜻이 있다.

이와 같이 'religion'에 두 가지 뜻이 있는 것은, 서양사상의 바탕에 자리 잡고 있는 근본 견해(見解)인 그리스철학과 기독교철학의 견해 차이에서 비롯된다. 즉 진리(眞理)탐구에 있어서 그리스철학의 중심 문제는 모든 것들을 재인식(再認識)하여 새롭게 해석하는 것이지만, 기독교는 '신(神)과의 재결합(再結合)'이었다. 따라서 그리스철학에 있어서의 'religion'은 '다시 보다'이지만, 기독교철학에 있어서의 'religion'은 '신과의 재결합'인 것이다.

이와 같은 두 견해는 서양사에 있어서 심하게 충돌하는데, 이를테면 로마가 기독교를 수용하자 그리스철학이 큰 타격을 입었던 것과, 그리스철학이 르네상스운동으로 부흥되자 기독교가 큰 타격을 입어 종교혁명을 거치면서 프로테스탄트와 가톨릭으로 양분된 것이 그것이다.

그러나 어쨌든 중세(中世)를 지배해 온 기독교는 서양인들의 영혼에, 그리고 르네상스를 주도한 그리스철학은 서양의 철학과 과학의 발전에 지대한 영향을 미쳤고, 이 두 견해는 여전히 공존(共存)한다. 따라서 그리스철학에서는 그리스철학을 지칭하고 기독교에서는 기독교를 지칭하는 'religion'의 어원도 여전히 공존한다고 할 수 있을 것이다.

이렇게 보면, 불교를 지칭하는 '종교'와 그리스철학이나 기독교를 지칭하는 'religion'에는 어떤 상관관계(相關關係)도 없다. 아니 적어도 그렇게 보인다. 그럼에도 불구하고 일반적으로 기독교도 종교라 하고, 불교도 religion이라 영역(英譯)한다. 나아가 유교(儒敎), 도교(道敎), 이슬람교, 힌두교 등도 종교라 하고 또 religion이라 영역한다. 그렇다면 도대체 어떤 상관관계가 있어서 이와 같은 쓰임이 가능한 것일까.

여기서 종교라는 단어가 불교의 핵심교설을 지칭하는 용도로 사용하였던 역사적인 사실은 간과(看過)할 수 없다 하더라도, 종교라는 한자 그 자체가 가진 뜻을 살펴볼 필요가 있다. 왜냐하면 한자 그 자체의 종(宗)에는 '으뜸'이라는 뜻이 있고, 교(敎)에는 '가르침'이란 뜻이 있기 때문이다. 즉 한자 그 자체가 가진 뜻에서 보면 '종교'란 '으뜸되는 가르침'이라는 뜻이 된다.

그렇다면 불교도에게 있어서 가장 으뜸되는 가르침은 무엇일까. 말할 필요도 없이 불교일 것이다. 마찬가지로 그리스철학자들에게는 그리스철학이, 기독교인들에게는 기독교가 가장 으뜸되는 가르침일 것이다. 그렇다면 불교도에게는 불교가, 그리스철학에서는 그리스철학이, 기독교인에게는 기독교가 종교가 될 수밖에 없다. 여기에 그리스철학이나 기독교를 지칭하던 'religion'이 불교를 지칭하던 종교라는 단어로 번역되어도 되는 충분한 이유가 있다. 그리고 그 외 유교, 도교, 힌두교, 이슬람교 등도 종교라고 하고 또 'religion'이라고 할 수 있는 충분한 이유도 여기 있는 것이다.

따라서 이와 같은 이유로 종교라는 단어의 어원을 분석하여 정의하여 보자면 '종교란 가장 으뜸되는 가르침'이라 할 수 있다.

2) 종교의 목적

그렇다면 각자가 가장 으뜸이라고 생각하는 가르침이란 무엇일까.

양식이 없어서 고통 받는 사람이 가장 원하는 것은 양식일 것이고, 따라서 이 사람에게 가장 으뜸되는 가르침이란 양식을 얻는 방법일 것이다. 마찬가지로 상사병(相思病)에 걸린 사람에게는 사랑하는 연인을 얻는 방법이, 취직을 하지 못하여 고통 받는 사람에게는 취직하는 방법이, 자식을 얻지 못하여 고통 받는 사람에게는 자식을 얻는 방법이 가장 으뜸되는 가르침일 것이다.

다시 말해서 각자가 가장 으뜸이라고 생각하는 가르침은, 각자가 원하는 바를 이룰 수 있게 해 주는 가르침이거나, 각자의 고뇌를 해결할 방법을 가르쳐 주는 가르침일 수밖에 없다. 따라서 미국의 종교학자 2)폴 틸리히가 종교를 '궁극적(窮極的)인 관심사(關心事)'라 정의한 것도 이러한 이유일 것이다.

그런데 원하는 바나 고뇌의 원인은 천차만별(千差萬別)이다. 더욱이 지금 당장 원하는 바를 충족시켰다 하더라도, 또 지금 당장의 고뇌를 해결하였다 하더라도, 원하는 바와 고뇌는 새롭게 생겨난다. 이를테면 재산이 충족되면 사랑을, 사랑이 충족되면 권력을, 또 그것이 충

---

2) Paul Tillich(1886년~1965년) 독일의 프로테스탄트 신학자 · 철학자. 베를린 대학 · 튀빙겐 대학 · 할렌 대학 등에서 신학 · 철학을 공부하고, 제1차 대전 당시 종군 목사로 참전하였다. 전후에 베를린 대학 강사, 마르부르크 대학 · 드레스덴 대학 · 라이프치히 대학 등의 교수를 역임하였다. 그동안 종교적 사회주의의 이론적 지도자로서 운동을 추진하였는데, 마침내 히틀러에게 추방당하여 1933년 미국에 망명, 뉴욕의 유니언 신학 대학에서 교편을 잡았으며, 정년퇴직 후 하버드 대학에 초빙되었다. 그의 사상은 M. 켈러 및 F.W.J. 셸링의 영향을 받은 것으로, 실존주의적 요소를 받아들여 독특한 존재론적 신학을 전개하고 있다. 신학과 철학을 물음과 대답의 관계로 포착하여, 상황 속에 포함되는 물음을 존재론적으로 분석하는 동시에 그 대답을 그리스도교의 여러 상징에서 찾아내는 것을 특징으로 하고 있다.(네이버지식백과 틸리히)

족되면 명예 등 한 가지가 충족되면 다른 욕망이 끊임없이 생겨난다. 그리고 또 재산 때문에 생긴 고뇌가 해결되면, 사랑 때문에 고뇌가 생기고, 그것이 또 해결되면 권력 때문에, 또 명예 때문에, 이처럼 새로운 고뇌도 꼬리에 꼬리를 물고 생겨난다.

따라서 각자가 으뜸이라고 생각하는 가르침은 일치할 수도 없고 또한 개인적으로도 수시로 변한다. 그렇다면 모두에게 일치될 수 있으며 변하지도 않을, 모두가 가장 으뜸이라고 생각할 수 있는 가르침은 없을까.

그런 가르침이 되기 위해서는 원하는 것은 무엇이나 충족시킬 수 있고, 새롭게 생기는 모든 고뇌를 해결할 수 있는 방법을 가르치는 가르침이어야 할 것이다. 다시 말해서 여의주(如意珠)나 만병통치약(萬病通治藥)과 같은 가르침이어야 하는 것이다. 따라서 가장 으뜸되는 가르침을 찾는 사람이라면 여의주나 만병통치약과 같은 가르침을 찾게 되는 것은 당연한 이치이다.

따라서 인류(人類)는 이와 같은 동일한 목표를 가지고 오랜 세월동안 사색(思索)하고 탐구(探究)하고 연구(研究)하면서 그 결과물들을 전승(傳承)시켜 왔다. 그러면서 그러한 가르침들이 시대적인 상황과 지역적인 특색에 따라 정리가 되면서 누구나 납득할 수 있는 보편적인 형태와 형식을 갖추게 된다. 이것이 바로 현존하는 지금의 종교들이다.

이러한 종교들 중에서도 보다 보편성을 갖춘 것은 널리 퍼져 많은 사람들의 귀의처가 되었고, 그렇지 못한 종교들은 일정한 지역에 머물며 지역적인 토테미즘이나 샤머니즘을 형성시켰다.

03

종교

　이제 종교란 무엇인가에 대한 답을 내려야 한다. 종교는 천적으로 부터 보호받고 안정적으로 먹이를 공급받고자 인간들에 의하여 착안 된 생각이다. 원시시대의 재앙은 천적(자연의 재앙을 포함한)뿐이었 고 풍족함은 먹이뿐이었다. 하지만 문명이 발달함으로써 인간들의 재 앙과 풍족함은 다양해 졌다. 따라서 더욱 확실한 방법이 요구되면서 종교는 더욱 으뜸된 가르침이 되어야만 했다.

　하지만 재앙을 막고 풍족함을 주는 것이 종교라는 것은 변함없는 사실이다. 재앙을 막는다는 것은 행이고 풍족함을 준다는 것은 복이 니 종교란 행복하게 살기 위하여 필요한 것임은 틀림없는 사실이다. 따라서 기독교나 이슬람교의 천국(天國), 도교(道敎)의 무릉도원(武陵 桃源), 불교의 극락(極樂) 등 모든 종교들은 각자 나름대로 고뇌가 없 고 즐거움만 있는 행복의 세계를 상정해 놓고 그곳으로 가는 방법을 제시하고 있다.

따라서 종교의 목적은 행복(幸福)일 수밖에 없고, 이와 같은 이유에서 종교를 정의하자면 행복으로 가는 지도(地圖)라 할 수 있을 것이다.

1) 종교적인 탐구의 시작

그러면 종교는 어떻게 탐구되었을까?

종교가 행복의 지도라면, 지도의 생명은 신뢰도(信賴度)이며 신뢰도는 정확도(正確度)에 기인한다. 그리고 그 정확도는 그 지도의 근거(根據)가 사실(事實)에 가까울수록 높아진다. 마찬가지로 행복으로 가는 지도인 종교의 신뢰도 역시 그 종교가 근거한 교설(敎說)이 사실에 가까울수록 높아질 수밖에 없다.

그렇다면 사실이란 무엇인가. 실재(實在)다. 다시 말해서 실제로 존재(存在)하는 것이다. 그런데 실재가 인정(認定)되기 위해서는 자신의 경험이자 누구나 다 경험하는 것이어야 한다. 예를 들어 눈앞에 어떤 것이 있다고 해보자. 그런데 이것이 어떤 특정한 사람들에게만 인식될 뿐 자신을 비롯한 많은 사람들에게는 인식되지 않는다면, 우리는 이것을 실재로 인정하지 않는다. 왜냐하면 특수한 사람들만의 경험일 뿐 자신의 경험도 아니고 나아가 누구나가 경험하는 보편적인 것도 아니기 때문이다.

또 자신에게만 인식될 뿐, 그 누구에게도 인식되지 않는 것이라면, 이것 역시 우리는 실재라고 인정하지 않는다. 왜냐하면 보편적이지 못한 자신만의 경험이기 때문이다. 또 자신만 인식할 수 없을 뿐 누구나 인식할 수 있다면—이것은 논란의 여지가 있겠지만—이것 역시 실재로 인정될 수 없다. 왜냐하면 그 실재를 증명해야 할 주체는 자신이며, 실재를 증명하는 증거는 자신의 경험이 주(主)가 되어야 하며, 타인의 경험은 그것을 보조하는 것이어야 하기 때문이다. 따라서 실재가 입증되려면 그것은 자신의 경험이자 누구나 다 경험하는 것이어야 한다는 이 두 가지 조건이 충족되어야 한다.

그런데 이러한 조건을 충족시킨 사실에도 두 가지가 있다. 하나는 변하는 것이며 둘은 변하지 않는 것이다.

어느 산에 두 마리의 다람쥐가 있었다. 가을이 되자 겨울식량을 준비하기 위하여 열심히 도토리를 주어서 저장하였다. 그리고 겨울에 꺼내 먹을 수 있도록 저장한 곳을 표시해야 했다. 그래서 한 마리는 하늘에 떠 있는 구름에 표시를 했고, 또 한 마리는 바위에 표시하였다. 그리고 겨울이 되자 두 마리 다람쥐가 자신이 묻어 둔 도토리를 먹기 위하여 저장한 곳으로 왔다. 그러나 구름 밑에 표시한 다람쥐는 자신이 저장한 장소를 찾을 수 없었다. 왜냐하면 표시했던 구름은 이미 흘러갔기 때문이다.

이 우화에서 등장하는 구름이나 바위나 모두가 자신은 물론이요 남들도 경험하고 있어서 개별성(個別性)과 보편성(普遍性)이 확립되었기 때문에 틀림없는 사실이다. 그러나 구름은 그 위치가 시시각각 변하고, 바위는 그렇지 않다. 이렇게 사실에는 변하는 것과 변하지 않는 것이 있다. 바위와 같이 변하지 않는 사실에 표시를 한 다람쥐는 자신이 저장한 식량을 찾을 수 있었지만, 구름과 같이 변하는 사실에 표시를 한 다람쥐는 식량을 찾을 수 없었다. 마찬가지로 지도를 만들어도 변하는 사실에 근거한다면 원하는 곳은 찾아갈 수 없다.

이처럼 행복의 지도인 종교 역시 변하는 사실에 근거하여 만들어져서는 안 된다. 변하지 않는 사실, 그것을 우리는 진리(眞理)라고 부른다. 따라서 종교는 진리(眞理)에 대한 탐구(探究)로부터 시작된다.

2) 학문

학문적으로 말하자면 종교는 진리를 탐구하는 학문이다. 그런데 진리는 생각의 범주를 벗어난 불가사의(不可思議)한 것이어서 말로도 표현할 수 없는 불가설(不可說)이다. 종교는 이러한 진리를 생각해야 하고 표현해야만 한다. 그렇게 해서 고안된 것이 수식(數式)이다. 수학(數學)이라는 학문은 이렇게 생겨났다.

불가사의하고 불가설한 진리는 수학에 의하여 수식으로 생각하고 표현될 수는 있었지만, 인간의 언어와 문장으로 생각하고 표현되지 않으면 진리는 실생활에 사용될 수 없을 터이니 무용지물(無用之物)이 된다. 그래서 수식으로 표현된 것을 인간의 언어와 문장으로 표현해야만 했다. 논리학(論理學)이란 학문은 그렇게 생겨났다. 논리학을 바탕으로 인간의 언어와 문장을 사용하여 불가사의하고 불가설한 진리가 표현되었지만, 그 내용이 정리되어 이해되지 않는다면 역시 무용지물이다. 그래서 철학(哲學)이라는 학문이 생겼는데, 이렇게 철학에 의하여 정리되고 이해된 진리를 바탕으로 물질에 대한 연구와 정신에 대한 연구가 이루어지면서 물리학(物理學)과 심리학(心理學)이라는 학문이 생겨났다. 이런 물리학과 심리학이 근간이 되어 생물학(生物學), 의학(醫學), 문학(文學), 천문학(天文學), 정치학(政治學), 경제학(經濟學) 등 여러 가지 학문들이 파생되어 나왔는데, 이로 인하여 인류는 눈부신 문명을 발전시킬 수 있었던 것이다.

그렇기에 종교학(宗敎學)과 수학과 논리학과 철학, 그리고 이론물리와 이론심리는 학문의 어머니이며 그 외 나머지 학문들은 거기서 파생되어 나온 자식들이다. 그리고 수학과 논리학과 철학은 종교가 탐구한 진리를 표현하기 위한 학문으로, 종교가 진리를 표현하고자 사용한 도구이다. 그렇기에 종교가 탐구한 진리가 거짓이라면 수학과 논리학과 철학은 거짓을 표현하는 도구가 되며 그것을 바탕으로 연구된 이론물리와 이론심리는 거짓된 이론이 될 수밖에 없다. 따라서 종교가 탐구한 진리가 거짓인 채로 다른 학문들이 발전을 이룬 들 그러한 문명은 언젠가는 무너질 수밖에 없는 사상누각(沙上樓閣)에 불과하다.

현재의 인류는 이와 같음을 경험하고 있다. 이제 더 이상 종교가 제시하는 진리는 믿지 않게 되었고, 이론물리와 이론심리보다는 실험의 결과로 나온 실험물리와 실험심리만을 신봉하게 되었다. 적어도 학문적인 영역에서 종교는 그 자리를 실험실에 빼앗겨버린 지 오래되었고, 수학이나 논리학, 철학조차도 실험실의 결과를 표현하는 도구로 전락된 지 오래다.

그 결과 인류의 문명은 붕괴되기 시작했고 그 결과 인간성상실이라는 거대한 위기에 봉착하여 패망의 길을 걷기 시작하였다. 인간이 만든 문명에 인간이 사라지기 시작한 것이다. 그 결과 최근에는 인문학에 관심을 가지기 시작했지만 그것은 임시방편에 불과할 뿐이다. 이 문제를 근원적으로 해결하기 위해서는 제대로 된 진리를 탐구하는 종교로 인류는 모든 학문을 다시 정립해야만 할 것이다. 그것만이 인류의 패망을 막을 수 있는 유일한 길이다.

제2강

현존하는
종교의 진리들

01

진리에 대한 탐구(探究)

그러면 인류는 어떻게 진리를 탐구하였기에 거짓된 진리로 문명을 발전시켜 왔을까?

진리란 변하지 않는 사실이다. 따라서 진리가 되기 위해서는 그 경험이 개별성과 보편성을 만족시켜야 하며 나아가 불변(不變)의 것이어야 한다. 그렇다면 인류가 가장 쉽게 발견할 수 있었던 진리는 어떤 것이었을까. 여기에 한 명제가 있다.

해는 동(東)에서 떠서 서(西)로 진다.

이것은 자신의 경험이다. 그리고 누구나가 하는 경험이다. 따라서 이 경험은 개별성과 보편성을 모두 충족하였기에 사실이라고 할 수 있다. 그리고 또 일정한 시간의 간격을 가지고 규칙적으로 지속될 뿐 불규칙하게 변한 적이 단 한 번도 없다. 따라서 변하지 않는 사실이다. 그러니 이 사실은 진리의 모든 요건을 갖추고 있다. 그래서 이것이 진리임은 그 누구도 의심하지 않는다. 오죽하면 도저히 있을 수 없는 일을 '내일은 해가 서쪽에서 뜨겠다'고 할까.

그런데 문제는 해가 서로 저물었으니 다음 날은 당연히 서에서 떠올라야 한다. 그러나 어김없이 동에서 뜬다. 이것은 서로 저문 해에게 밤새 무슨 일인가가 일어났다는 것을 추측하게 한다.

천문학이 발달한 현대(現代)에 있어서, 지구가 자전(自轉)하기 때문이라는 사실은 이미 상식(常識)이 되어 버렸지만, 이러한 사실을 모르던 시절에는 추측할 수밖에 없었다. 그리고 그 추측은 낮 동안의 해의 움직임이 근거가 되었다. 낮 동안의 해는 동쪽에서 솟아올라 서서히 서쪽으로 이동하면서 하늘 높이 올라간다. 그러다가 어느 정도 올라가면 다시 서서히 내려와 서쪽 밑으로 사라진다. 이런 낮 동안의 움직임을 가지고 유추하자면 서쪽 밑으로 사라진 해는 서서히 동쪽으로 이동하면서 점점 밑으로 내려갈 것이고 그러다가 어느 정도 내려가면 다시 서서히 올라오다가 드디어 동쪽 밑에서 솟아오를 것이다. 이렇게 하루가 지나간다. 그리고 하루하루가 모여 한 달이 되고 한 달 한 달이 모여 일 년이 된다. 그리고 일 년 일 년이 모여 일생이 된다.

다시 말해서 아침에 동쪽에서 떠올라 서로 이동하면서 하늘로 높이 올라갔다가 서쪽으로 사라진 해가 점점 밑으로 내려가면 동쪽으로 이동하다가 다시 동쪽에서 솟아나듯이, 봄이 되면 땅 속에서 싹이 나와 꽃을 피우고, 여름이 가까워지면 꽃은 지고 그 자리에 열매가 열려 무럭무럭 자라다가 한여름을 기점으로 성장을 멈추고 익기 시작한다. 그러면서 가을이 찾아와 다 익은 열매는 떨어져 땅 속으로 사라지고, 그 열매는 서서히 부패하다가 한 겨울을 기점으로 다시 소생하기 시작한다. 그러다가 봄이 되면 다시 싹이 트는 것이다. 다시 말해서 어제의 태양이 오늘도 뜨듯이 작년의 꽃이 올해에도 피는 것이다.

이처럼 인간도 탄생을 하고 무럭무럭 자라다가 젊음을 기점으로 늙기 시작한다. 그러다가 죽음을 맞이한다. 그러면 저문 해가 동쪽으로 이동하듯, 저문 열매가 겨울을 살다가 봄이 되면 다시 꽃을 피우듯, 죽음을 살다가 다시 태어나게 될 것이다. 해가 서로 진 것은 땅 속에서 보면 해가 뜬 것이고, 가을에 씨가 떨어진 것은 겨울 입장에서 보면 씨의 출현이다. 이와 마찬가지로 죽음은 삶의 입장에서는 죽음이지만 죽음의 입장에서는 탄생이다. 다시 말해서 죽음은 죽음 세계로의 탄생인 것이다. 따라서 죽음의 세계로 탄생한 사람은 무럭무럭 자라다가 죽음 세계에서의 젊음을 정점(頂點)으로 다시 늙기 시작하다가 죽음을 맞이하게 되면 다시 삶의 세계로 탄생하게 되는 것이다. 다시 말해서 일생은 하루처럼 일 년처럼 반복된다고 할 수 있다.

그러다보니 삶에는 아침에서 저녁까지의, 그리고 봄에서 가을까지의 이미지가 적용되었고, 죽음에는 저녁에서 아침까지의, 그리고 가을에서 봄까지의 이미지가 적용되었다. 따라서 삶이 낮이요 여름이라면, 죽음은 밤이며 겨울이다. 따라서 삶에는 밝음과 따뜻함 그리고 또 만물이 소생하고 자라는 긍정적인 이미지가, 죽음에는 어둠과 추위 그리고 또 그 무엇도 자랄 수 없는 부정적인 이미지가 부여되었다. 따라서 삶의 세계에 존재하는 추위, 굶주림, 질병, 두려움, 좌절, 불행, 괴로움, 슬픔 등의 부정적인 이미지는 본래 삶의 세계의 것들이 아니라 죽음 세계의 것들이 삶의 세계를 침범하여 생겨난 것들이었다.

그렇다면 어째서 이런 죽음 세계의 부정적인 것들이 삶의 세계를 더럽힐 수 있었을까? 그것은 삶과 죽음의 세계가 연결되는 순간이 있었기 때문이다. 바로 탄생과 죽음의 순간이다. 다시 말해서 탄생이란 죽음의 세계로부터 생명이 오는 것이기에 이 순간에는 삶의 세계가 죽음의 세계와 연결된다. 그리고 죽는 순간은 생명이 죽음의 세계로 들어가므로 이 순간에도 죽음의 세계가 삶의 세계와 연결된다. 이 순간에 죽음의 세계의 부정적인 것들이 삶의 세계를 더럽히게 되는 것이다. 그래서 탄생하면 칠일에 한 번씩 일곱 번의 잔치를 하고 백일이 되면 백일잔치, 일 년이 되면 돌잔치를 하고, 죽게 되면 칠일에 한 번씩 일곱 번의 제사를 지내는 사십구재를 하고, 백일이 되면 백일재, 일 년이 되면 초재를 지내는 의식을 통해서 죽음의 세계와 연결되었을 때 함께 나왔을 부정적인 것들을 다시 죽음의 세계로 돌려보내고자 했던 것이다.

그런데 죽음의 세계와 연결되는 순간 이외에도 부정적인 이미지가 삶의 세계를 오염시킬 수 있는데, 그 순간은 하루 중에는 밤이며 일 년 중에는 겨울이다. 왜냐하면 신은 삶의 세계와 죽음의 세계를 주관하는 신으로 구분되는데, 죽음의 세계를 지배하는 신들이 호시탐탐 삶의 세계를 노려서, 삶의 세계의 신들의 힘이 약해지는 밤이나 겨울이 되면 쳐들어오기 때문이다. 그래서 삶의 세계를 지배하는 신들에게 재물을 바치고 제사를 지내며 강력한 힘이 유지될 수 있도록 도와야했다.

인류에게 있어서 초기에 등장한 종교는 보통 이와 같았다. 시간을 원으로 파악하고 삶의 세계를 지배하는 신들에게 제사를 지내고 탄생과 죽음에 대한 특별한 의식을 가졌다. 그러나 인류가 씨족사회에서 부족사회로, 그리고 민족국가로 발전하면서 종교의 목적은 생활에서 정치(政治)로 바뀌어나가기 시작한다. 그러면서 이러한 사고방식을 계승한 아리아족들은 우파니샤드철학을 탄생시키고 윤회(輪廻), 업(業), 그리고 나아가 해탈(解脫)과 같은 개념을 탄생시킨다. 그리고 또 셈 족이나 한족(漢族)은 해가 서로 진 후 다시 동에서 뜨는 것에 대한, 다시 말해서 진리를 새롭게 고찰하게 되고, 그래서 유일신(唯一神)적인 사고방식이나 음양론(陰陽論)적인 사고방식을 탄생시키면서 인류는 다양한 종교를 탄생시키게 되었다.

02

셈 족, 한족, 아리아족의
종교적 사고

　셈 족이라 하면, 메소포타미아문명의 주역으로 중동지역에 거주하던 민족이다. 그리고 한족은 황하문명의 주역으로 중국에 거주하는 민족이다. 그리고 아리아족은 원래 캅카스를 중심으로 한 카스피 해 연안과 남러시아 늪지대에서 살던 유목민으로, 점차 유럽, 소아시아, 중앙아시아, 인도 등 여러 방향으로 분산된 민족이다. 여기서는 인더스문명으로 진출하여 새로운 종교사상을 전재(轉載)시키고 인도에 거주하는 민족으로 한정한다.

　종교를 말하면서 이 세 민족의 종교를 살펴보는 것은 현존하는 종교들 대부분이 이 세 민족의 사고에 기인하고 있기 때문이다. 종교란 행복의 지도다. 그렇기에 그것을 완성하려면 변하지 않는 사실, 즉 진리가 필요하다. 태양의 움직임, 즉 동에서 떠서 서로 지는 태양의 움직임은 누가 보아도 틀림없이 변하지 않는 사실이다. 이들 세 민족도 이것을 진리라고 생각하였다. 그런데 태양이 서로 졌으면 다음날에서에서 떠야 한다. 그런데 동에서 뜬다. 그런데 그 이유는 알 수 없다.

그 이유에 대한 다른 상상이 이 세 민족으로부터 각기 다른 종교적인 사고가 나오게 만들었다. 그것을 살펴봄으로써 현존하는 종교들의 모습을 가늠해 보고자 한다.

1) 셈 족의 사고(유일신)

셈 족들은 서로 저문 태양은 소멸한다고 생각했다. 즉 태양은 일회용이라고 생각했던 것이다. 그래서 밤새 누군가가 태양을 만들어 아침이면 어김없이 동쪽으로 띄운다고 생각했다. 그래서 내일은 오늘의 태양이 아니라 내일의 새로운 태양이 뜬다고 생각했던 것이다.

이러한 사고에서, 시간은 '진행방향이 한쪽인 화살표(→)'다. 즉 시간은 과거로부터 미래로 흐른다. 그래서 과거는 지나갔고 미래는 아직 오지 않은 것이다.

동에서 떠서 서로 지는 태양의 움직임, 그 한 번이 하루다. 그 하루가 모여 한 달이 되고, 한 달이 모여 일 년이 되고, 일 년이 모여 일생이 된다. 즉 태양이 움직임 그 자체가 시간이다. 따라서 태양을 만들었다는 것은 시간을 만들었음을 의미한다. 그리고 시간은 곧 변화이니 시간이 있기에 만물이 생겨날 수 있었다. 따라서 태양을 만들었다는 것은 만물을 창조하였다는 것이다. 곧 태양을 만든 존재는 창조주(創造主)다.

그러면 창조주는 누가 만들었을까? 이것은 어리석은 질문이다. 왜냐하면 창조주가 시간을 만들기 전에는 시간이 없었기에 과거도 없었을 터인데, 누군가가 창조주를 만들었다면 그 이전의 과거가 존재한다는 자가당착(自家撞着)에 빠지기 때문이다.

그러면 창조주가 태양을 만든 이유는 무엇일까? 그 이유는 당연히 알 수 없어야 한다. 왜냐하면 이 세상을 만든 창조주는 이 세상의 소유자로서 절대자(絶對者)이며 전지전능(全知全能)한 존재로 유일신(唯一神)이다. 그런 존재의 생각을 피조물이 안다는 것은 가당치도 않은 일이기 때문이다.

　그러면 이 유일신은 어디에 있을까? 자신의 피조물(被造物)들이 살고 있는 곳이나 또는 그들보다 낮은 곳에 있을 리는 없다. 그렇다면 그곳은 하늘이다. 따라서 하늘나라인 천국(天國)이 상상되고 그곳은 창조주가 사는 세계로 간주되었다. 따라서 천국은 전지전능한 창조주가 사는 나라이기에 어떠한 고뇌도 없고 오로지 즐거움만 있는, 원하는 것은 무엇이든 이루어지는 행복의 세계 그 자체인 것이다. 따라서 이와 같은 사고방식에 있어서, 천국은 행복으로 가는 지도의 최종목적지가 될 수밖에 없다.

　그러면 창조주는 왜 인간을 창조했을까? 창조주에 의하여 만들어진 피조물들은 크게 둘로 분류되는데, 하나는 무생물(無生物)이고 또 하나는 생물(生物)이다.

　무생물인 하늘, 바다. 땅, 해, 달, 별, 바람, 비 등은 생물이 살아 갈 수 있도록 만들어 놓은 환경이면서 창조주가 그들을 다스릴 때 사용하는 도구로, 이것으로 창조주는 생물에게 상을 주기도 하고 벌을 주기도 한다. 그리고 또 생물도 둘로 나뉘는데 하나는 창조주의 영혼을 불어 넣어서 창조한 것이고, 또 하나는 창조주가 창조한 영혼을 불어 넣어서 창조한 것이다. 여기에서 창조주의 영혼으로 창조된 생물이 인간이며 그렇지 않은 것이 그 외의 생물들이다. 따라서 인간의 영혼은 창조주의 것이다. 그래서 인간은 피조물 중에 창조주와 가장 많이 닮아 있으며, 창조주와 가장 밀접한 관계를 유지하고 있다. 창조주가 이런 인간을 만든 이유는 피조물들의 관리자가 필요했기 때문이다. 따라서 인간은 창조주의 영원한 종이다.

이런 사고에 의하면 피조물들은 창조주에 의하여 탄생되어 창조주가 부여한 시간만큼 존재하다가 죽음을 맞이한다. 따라서 인간 역시 창조주가 창조함으로써 탄생되어 창조주가 부여한 시간만큼 살다가 죽는다.

그러나 죽으면 다른 생물들은 그 영혼도 소멸되는데, 인간의 영혼은 소멸되지 않는다. 왜냐하면 그것은 창조주의 것이기 때문이다. 따라서 인간이 죽으면 그 영혼은 반드시 천국으로 가서 창조주의 품으로 돌아가야만 한다. 하지만 죽어도 그렇게 할 수 없는 영혼이 있다.

그들은 창조주 존재자체를 부정하고 스스로가 창조주의 종이라는 사실도 인정하려 하지 않기에, 부여된 임무도 수행하지 않으며 나아가 악의 무리인 사탄의 꼬임에 빠진 이들이다. 이미 더럽혀져 있는 이들의 영혼이 천국을 더럽힐 수도 있기에 창조주의 품으로 돌아갈 수 없는 것이다. 이러한 이들이 생기는 이유는 그들의 영혼이 창조주의 것인 까닭에 스스로의 힘으로 무엇이든지 할 수 있다는 착각에 빠져 있기 때문이다. 그래서 창조주의 권위에 도전하고 순종하려 하지 않는다. 이들이 천국을 오염시킬 것을 염려하여 창조주는 이들이 죽으면 피조물이 사는 세계보다 낮은 땅 속에 가두는데 그곳이 바로 지옥(地獄)이다.

이러한 사고에서는 행복은 천국에 태어남으로써 획득된다. 그렇기에 행복해지려면 악마나 사탄의 꼬임에 빠지지 않고 스스로가 창조주의 종임을 자각하고, 부여된 시간동안 부여된 임무를 성실히 수행하다가 창조주의 부름을 받아야 한다.

이러한 사고에서는 창조주에게 시간은 없다. 왜냐하면 시간은 창조주에 의하여 창조된 피조물이기 때문이다. 그렇기에 창조주는 시작도 없고 끝도 없는 영원(永遠)이다. 즉 창조주의 시간은 '양방향으로 진행되는 화살표(↔)'다. 그러나 피조물인 시간은 시작도 있고 끝도 있는 직선이다. 하지만 인간의 시간은 시작은 있으나 끝이 없다. 즉 '한 방향으로만 진행되는 화살표(→)'다. 따라서 인간에게 있어서 살아 있는 시간은 어떠한 영생을 보낼 것인가를 결정짓는 시간이다. 즉 악마나 사탄의 꼬임에 빠져서 창조주에게 불복종하면 영원히 지옥에서 살 것이요, 순종하면서 성실하게 주어진 임무를 수행하면 영원히 천국에서 온갖 즐거움을 누리며 살게 된다. 따라서 행복은 천국에 태어나는 것이며 불행은 지옥으로 떨어지는 것이다.

메소포타미아문명을 만든 이러한 셈 족의 사고방식은 그 지역을 침략해온 아리아족들에게도 강한 영향을 미친다. 그러면서 지금은 유대교나 기독교 그리고 이슬람교와 같은 종교를 탄생시키는 원동력이 되는데, 이들 세 종교는 같은 유일신의 대변인이자 예언자인 모세와 예수와 무함마드에 의하여 시작되었다는 것일 뿐 근본 뼈대에는 별다른 차이가 없다.

2) 한족(漢族)의 사고(음양론(陰陽論))

한족들 역시 셈 족들처럼 서로 저문 태양은 소멸한다고 생각했다. 즉 태양은 일회용이라고 생각한 것이다. 그래서 셈 족처럼 내일은 새로운 내일의 태양이 뜬다고 생각했다. 하지만 밤새 누군가가 만든 것이 아니라 자연의 이치가 다음 날 아침이면 어김없이 다시 동쪽에서 떠오르게 한다고 생각했다.

따라서 시간 역시 셈 족과 마찬가지로 과거로부터 미래로 흐르는 것으로 과거는 지나갔고 미래는 아직 오지 않은 것이지만, 그렇다고 '한쪽 방향으로 진행하는 화살표(→)'는 아니고 '양쪽 끝이 막혀 있는 직선(—)'이다. 왜냐하면 영생을 인정하지 않기 때문이다.

아침이면 어김없이 동쪽에서 태양을 띄우는 것은 자연의 이치다. 그리고 그것은 음(陰)과 양(陽)의 움직임이다. 한 번 모이면 일정한 기간 동안 유지되는 음의 기운과 서서히 모였다가 정점을 이루면 다시 서서히 흩어지는 양의 기운의 움직임이 만물의 생성과 소멸에 관여한다고 생각했던 것이다.

음의 기운이 유지되는 동안이 밤이다. 그러다가 양의 기운이 서서히 모이기 시작하면 음의 기운은 빠르게 흩어지기 시작하는데, 그러면 서서히 동이 트기 시작한다. 음의 기운이 모두 사라지면 낮이 시작되고 양의 기운은 점점 더 모여 강해지면서 태양은 원을 그리며 하늘로 올라간다. 그러다가 양의 기운이 그 정점에 도달하게 되어 태양이 가장 높이 떠 있게 되면 이때가 한낮이다. 그 성질상 정점을 이룬 양의 기운은 이제는 서서히 흩어지기 시작하는데 그러면 태양은 원을 그리며 서서히 땅으로 내려온다. 그러면서 저녁이 찾아오고 그러다가 양의 기운이 모두 사라져 태양이 땅속으로 들어가면 음의 기운만 가득한 밤이 된다. 그러다가 다시 양의 기운이 모이기 시작하면 음의 기운은 빠르게 흩어지는데 그러면 다시 해가 뜨고 새벽이 찾아오면서 하루가 시작된다.

이렇게 만들어진 하루하루가 반복되면서 한 달이 되고 한 달 한 달이 반복되어 일 년이 되고, 일 년을 주기로 움직이는 음양의 기운은 사계(四季)를 만들어낸다. 이렇게 만들어진 사계가 반복되면서 일생이 된다. 이렇게 음양의 움직임은 시간을 만들었고 만물 역시 음양의 움직임이 만들었다. 그러나 이것은 의지도 없고 인격도 부여되지 않은 자연의 현상일 뿐이라는 점이 유일신과는 비교되는 점이다.

음양의 움직임이 만물을 창조한다. 그렇기에 만물에는 그 어디에나 음양이 있다. 따라서 모든 만물은 음과 양으로 구분되는데 하늘의 정기는 양이고 땅의 정기는 음이다. 그리고 남자는 하늘의 정기인 양의 성질이 강하고 여자는 땅의 정기인 음의 성질이 강하다.

따라서 씨앗이 땅 속에서 싹을 틔우듯, 하늘의 정기를 품은 남자의 정자가 여자의 자궁 속에서 땅의 정기를 품은 난자를 만나면, 땅의 정기로부터 백(魄)이 생겨나기 시작한다. 그리고 그것이 완성되어가면서 자궁 속에서 몸이 만들어지기 시작한다.

씨앗이 땅 속에서 싹을 틔울 준비가 다 끝나면 땅 밖으로 그 모습을 드러내 햇빛을 받고 비를 맞듯이, 백이 완성되면 몸도 태어날 준비가 끝나 자궁 밖으로 모습을 내밀며 탄생하게 되는데, 그러면 하늘의 정기인 혼(魂)이 모이기 시작한다. 혼이 점점 강해지면서 몸은 성장(成長)하는데 혼이 가장 강할 때 가장 젊고 원기왕성하다. 젊음을 정점으로 양의 특성상 혼은 흩어져 하늘로 돌아가기 시작하는데 그렇게 되면 서서히 늙기 시작한다. 그러다가 다 흩어지면 죽음을 맞이하게 되는 것이다.

죽고 나면 비로소 음의 정기인 백이 땅 속으로 흩어지기 시작하는데 그러면 육신이 서서히 썩어 없어지게 된다. 따라서 인간의 일생이란 어머니의 자궁 속에서 백이 만들어지면서 시작되어, 무덤 속에서 백이 다 흩어짐으로써 끝난다. 여기에서는 영생도 없고 삶이 반복되지도 않는다.

그런데 어떤 사람은 좋은 신분으로 태어나 온갖 부귀영화를 누리고, 어떤 사람은 천하게 태어나 온갖 고통을 다 받으며 산다. 그리고 또 어떤 사람은 천하게 태어났어도 노력하여 부귀영화를 이루기도 하고, 어떤 사람은 귀하게 태어났어도 부귀영화를 잃고 온갖 고통을 다 받기도 한다. 이러한 차이는 어째서 생기는 것일까.

그 이유는 덕(德) 때문이다. 다시 말해서 덕이 있으면 온갖 부귀영화를 누리고 행복하게 살 수 있지만 덕이 없으면 고통 속에 살 수 밖에 없다.

그렇다면 덕이란 무엇인가. [3]그 어원을 보면 '걸을 척(彳)'에 '큰 덕(悳)'을 추가하여 만들어진 글자인데, 덕(悳)은 '곧을 직(直)'밑에 '마음 심(心)'이 놓여 있다. 이것은 곧 마음이 곧은 곳에 있다는 것이니 덕(悳)이란 '곧은(直) 마음(心)'이다. 여기에 척(彳)이 추가된 것이 덕(德)이니 덕(德)이란 '곧은 마음으로 살아간다'는 뜻이다. 그러면 무엇이 곧은 마음인가. 도(道)를 따르는 마음이다. 그렇다면 도(道)란 무엇인가. 음양이 다니는 길이다. 곧 모였다 흩어짐을 반복하는 음양의 움직임이다. 따라서 덕이란 음양의 움직임을 거스르지 않고 살 수 있는 능력이다.

그렇다면 이러한 능력은 어떻게 하면 가질 수 있을까? 천명(天命)을 받아야 한다. 왜냐하면 그것은 혼이 모이기 시작한 시점의 천지의 음양의 기운에 의하여 결정되기 때문이다. 그래서 그것을 알기 위하여 태어난 연월일시에 음양의 조화로움을 살펴보았다. 연월일시(사

---

3) 원리한자|부수글자 박홍균저 이바락 2011년 p420

주)에 담긴 음양(팔자), 즉 사주팔자(四柱八字)에 의해 덕이 결정된다고 생각한 것이다.

그렇다면 덕을 가지고 태어나지 못한 사람은 어떻게 해야 하나. 수덕(修德), 곧 덕을 닦아야 하는데 그렇게 해야 행복하게 살 수 있고 덕을 가진 후손을 얻을 수 있다.

덕을 닦는 방법에도 두 가지가 있는데, 하나는 음양의 이치에 그냥 자신을 던지고 사는 것으로, 도교(道敎) 방식이다. 그리고 또 하나는 만물과 인간의 관계, 그리고 각자의 역할을 음양으로 구분하여 거기에 맞추어 살아가는 것으로, 유교(儒敎) 방식이다.

3) 아리아족의 사고(윤회(輪廻))

아리아족은 아침이면 어김없이 동쪽에서 해가 뜨는 이유를 셈 족이나 한족과는 다르게 생각하였다. 그들은 낮에는 동에서 서로 이동하였듯이 밤에는 땅 속에서 서에서 동으로 이동하였을 것이라 생각한 것이다. 어제 뜬 태양이 오늘도 뜨는 것이고 내일도 변함없이 그 태양이 떠오른다고 생각했다. 즉, 태양은 일회용이 아니라 영구적인 것이다.

따라서 그들은 시간은 영원한 반복이라고 생각했다. 셈 족의 '한쪽 방향으로 진행하는 화살표(→)'도 아니고, 한족의 '양쪽이 막혀 있는 직선(─)'도 아니다. 시작도 없고 끝도 없이 그냥 영원히 반복되는 원(○)이다.

동에서 뜬 해는 낮 동안에는 하늘에서 반원을 그리면서 서로 움직인다. 그리고 서쪽 땅 속으로 들어간 해는 밤 동안 땅 속에서 반원을 그리면서 동으로 이동한다. 그렇기에 지상이 낮이면 지하는 밤이며 지상이 밤이면 지하는 낮이다. 이렇게 하루가 만들어지고 이런 하루

하루가 모여 한 달이 되고 한 달 한 달이 모여 일 년이 된다.

　그러면 태양의 움직임이 하루를 만든 것처럼 씨앗은 봄이 되면 싹을 틔워 꽃을 피우고 열매를 맺는다. 그리고 여름 내내 열매를 익히다가 가을이 되면 떨어져 겨울 내내 땅 속에서 서서히 봄으로 이동하면서 싹 틔울 준비를 한다. 이렇게 씨앗은 일 년을 만들어 낸다. 이런 일 년 일 년이 모여 일생이 된다.

　씨앗이 겨울을 지나 봄에 땅 속에서 싹을 틔우듯, 인간의 탄생 역시 죽음의 세계로부터의 탄생이다. 다시 말해서 태어나 성장하고 결혼해서 아이 낳고 키우다가 늙어 죽으면, 그것은 삶의 세계에서나 죽음이지 죽음의 세계에서는 탄생이다. 그러면 삶의 세계를 살았듯이 죽음의 세계도 그렇게 살다가 그곳에서 죽음을 맞이하게 되면 또 다시 삶의 세계로 탄생한다.

　따라서 삶의 세계에서의 죽음은 죽음의 세계에서의 탄생이며, 죽음의 세계에서의 죽음은 삶의 세계로의 탄생이다. 이와 같이 생명은 소멸하지 않고 죽음과 삶의 세계를 반복하며 도는데 이것을 윤회(輪廻)라 한다.

　이와 같이 시간을 원으로 생각하는 사고방식에서는 시간의 시작은 의미가 없다. 왜냐하면 원이기 때문에 한 바퀴를 돌면 그 시작점은 끝점이 되기 때문이다. 따라서 창조주 같은 것은 존재할 수 없으며 세상의 시작인 창세기 같은 것도 별로 의미가 없다.

　서쪽 땅 속으로 들어간 태양이 다시 뜨려면 일정한 시간을 땅 속에서 보내야 한다. 그리고 가을에 떨어진 씨앗이 봄에 다시 싹을 틔우려면 일정한 시간 동안 겨울을 견뎌야 한다. 이처럼 죽은 사람도 다시 탄생하려면 일정한 시간동안 죽음의 세계를 살아야 한다.

그런데 죽음의 세계에도 행복을 누릴 수 있는 신들의 세계가 있고, 불행과 고통이 가득한 짐승이나 악귀들의 세계가 있다. 신들의 세계에도 평화를 좋아하는 신들의 세계인 천상과 호전적인 신들의 세계인 수라가 있고 불행과 고통이 가득한 짐승의 세계는 축생이며 악귀들의 세계에는 아귀와 지옥이 있다.

살아 있을 때 착한 일을 많이 하고 복을 지으면 천상이나 수라와 같은 신들의 세계에서 죽음의 시간을 보낼 수 있지만, 나쁜 일을 많이 하고 죄를 많이 지으면 축생이나 아귀 지옥 같은 곳에서 고통을 받으며 죽음의 시간을 보내야한다. 따라서 어차피 보내야 할 죽음의 시간을 불행하고 고통스럽지 않게 보내고 행복하고 평화롭게 보내려면 나쁜 짓을 하거나 죄를 짓는 악업(惡業)을 쌓지 말고 착한 일을 많이 하고 복을 짓는 선업(善業)을 쌓아야 한다.

이렇게 살아서는 선업이든 악업이든 업을 쌓고, 죽어서는 그 과보를 받아 천상, 수라, 축생, 아귀, 지옥을 살다가 그 과보를 다 받으면 다시 인간으로 태어나기를 반복하는 것이 윤회다.

그렇다면 인간의 삶 속에 왜 행복과 불행이 찾아오는 것일까.

우선 삶의 세계를 하루에 대입(代入)시켜 보면 낮에 해당한다. 그리고 일 년에 대입시켜 보면 봄부터 가을까지다. 그런데 낮은 밝고 생명들이 활동하고 움직이는 시간이다. 그리고 또 봄부터 가을까지는 생명이 싹이 뜨고 성장하는 시기다. 이러한 것들에서 떠오르는 이미지는 희망, 즐거움, 건강, 아름다움, 행복 등과 같은 긍정적인 이미지일 수밖에 없다.

그런데 죽음의 세계를 하루에 대입시켜보면 밤이다. 일 년에 대입시켜 보면 한 가운데에 겨울이 자리 잡고 있는 가을부터 봄까지의 이미지다. 그러니 어둡고 모든 생명들이 활동을 멈추고 잠들어 있고 찬 바람만 불고 추운 이미지다. 따라서 좌절, 괴로움, 질병, 추함, 불행 등과 같이 부정적인 이미지일 수밖에 없다.

그렇다면 긍정적인 이미지인 삶에, 어째서 죽음의 부정적인 이미지가 존재하는 것일까? 그것은 탄생은 죽음으로부터 오는 것이고 죽음은 죽음으로 가는 것이기에, 탄생과 죽음의 순간에는 삶의 세계와 죽음의 세계가 연결되는 통로가 생겨 그곳으로부터 죽음의 부정적인 이미지가 들어와 삶의 세계를 부정적인 이미지로 오염시켰기 때문이다. 이렇게 부정적인 이미지로 오염된 삶의 세계에서는 선업보다는 악업을 짓게 된다. 그렇게 되면 죽고 나서 고통스럽게 지내야 한다.

그렇다면 어떻게 해야 하는가? 삶의 세계를 지배하는 신들의 보호를 받아야 한다. 그러기 위해서는 삶의 세계를 지배하는 신들과 친해지는 것은 물론이고, 그들이 죽음의 세계를 지배하는 신보다 더욱 강력해질 수 있도록 도와야 한다.

그러다 보니 아리아족은 베다성전을 만들어 많은 신들을 찬양하는 법과 섬기는 법을 기록하였고, 나아가 신과 소통하는 전문가 집단이 생겨났는데 그들이 바라문이다. 그리고 이것을 토대로 사성계급이 생겨났다.

이러한 윤회의 세계에는 영원한 행복이란 있을 수 없다. 왜냐하면 행복하다가도 신의 미움을 받으면 불행은 언제든지 찾아오기 때문이다. 그리고 어차피 반복되는 죽음의 세계 역시 불행과 행복이 반복될 뿐이다. 그래서 그들은 신들의 지배도 없고 윤회도 하지 않는 세계로의 탄생을 꿈꾸었다. 다시 말해서 해탈(解脫)을 꿈꾸었던 것이다.

그렇다면 어떻게 하면 해탈할 수 있을까.

우선 윤회의 원동력이 무엇인가를 알아야 할 것이다. 왜냐하면 삶의 세계와 죽음의 세계를 반복하여 순환시키는 그 에너지를 알 수만 있다면, 그 에너지를 차단시킴으로써 윤회의 세계를 벗어날 수 있기 때문이다.

그들은 윤회의 원동력을 업(業)이라 생각했다. 업이란 생각과 말과 행동이다. 그리고 이러한 업에는 선업(善業)이라는 착한 업과 악업(惡業)이라는 나쁜 업이 있는데, 선업이란 착한 생각과 말과 행동이고, 악업이란 나쁜 생각과 말과 행동이다. 따라서 살아서 선업을 닦으면 죽음의 세계로 갈 때에는 천상에 태어나 온갖 행복과 즐거움을 누릴 수 있으며, 살아서 악업을 닦으면 지옥에 태어나 온갖 불행과 고통을 겪으며 죽음의 세계를 보내야 한다. 따라서 해탈하기 위해서는 선업도 악업도 해서는 안 된다. 다시 말해서 선업과 악업을 모두 소멸시켜야 한다.

그러면 어떻게 하면 이러한 업들을 소멸시킬 수 있을까. 여기에는 두 가지 방법이 제시된다. 하나는 신에게 부탁하는 방법이다. 다시 말해서 신앙으로써 업장을 소멸시켜 해탈을 이루는 방법이다. 그리고 또 하나는 자신의 수행으로 업장을 소멸하는 것이다. 다시 말해서 명상이나 고행을 통하여 선업으로써 악업을 행하는 원천을 끊어버린다. 그리고 난 후 선업의 근원까지 끊어버려 모든 업의 종자를 없애는 것이다.

이런 사고방식은 불교의 등장에 의하여 위기를 맞이하지만 힌두이즘으로 부활하여 지금의 힌두교가 되었다.

03

오해된 불교비판

그렇다면 일반적으로 사람들이 오해하고 있는 불교란 어떤 것일까. 그 내용을 간단하게 정리하여 보면 다음과 같다.

1) 인도적인 발상에서 오해된 불교

살아있는 모든 것은 육도윤회를 한다. 육도란 천상(天上), 인간(人間), 수라(修羅), 축생(畜生), 아귀(餓鬼), 지옥(地獄)의 세계이다. 이 여섯 가지의 세계를 쉬지 않고 돌아다니는 것이 육도윤회인데 그 원동력은 업(業)이다. 업에는 선업(善業)이 있고 악업(惡業)이 있다. 천상은 선업만이, 지옥은 악업만이 있고, 나머지는 선업과 악업이 공존한다. 그리고 인간계는 업을 짓는 곳이며 나머지는 업을 받는 곳이다. 따라서 인간으로 살면서 지은 업에 따라 그것을 받기 위하여 천상, 수라, 축생, 아귀, 지옥에 태어나고, 그곳에서는 받을 수 없는 잔업(殘業)에 따라 인간으로 태어날 환경이 결정된다. 이것이 육도윤회다.

이러한 육도윤회의 세계는 속박의 세계로 자유롭지 못하고 행복하지 못한 세계다. 따라서 진정으로 행복한 삶을 살려면 이곳에서 벗어나야 하는데 이것을 해탈(解脫)이라 한다. 해탈을 하려면 육도윤회의 원동력인 업을 소멸시켜야 한다. 따라서 업을 지을 수도 받을 수도 있는 인간으로의 탄생은 육도윤회를 벗어날 수 있는 절호의 찬스다. 따라서 인간으로 태어났을 때 모든 업을 소멸하여 깨달음을 얻고 부처가 되어 윤회를 벗어날 수 있는 해탈을 이루어야 한다.

그러기 위하여 두 가지 방법이 제시되는데, 하나는 자력수행(自力修行)으로 스스로 피나는 수행을 하여 깨달음을 얻어 부처가 되는 것이고, 또 하나는 타력수행(他力修行)으로 아미타불에게 귀의하여 극락세계에 태어나 부처님의 본원력으로 부처가 되는 것이다.

많은 사람들은 불교가 이런 것으로 알고 있다. 그렇다면 이것은 어떤가?

살아있는 것은 모두 육도윤회를 한다. 육도란 천상, 인간, 수라, 축생, 아귀, 지옥이다. 육도윤회의 원동력은 업이다. 업에는 선업과 악업이 있다. 그 중 천상은 선업만 지옥은 악업만이 있는 곳이고 나머지는 선업과 악업이 공존하는 곳이다. 육도윤회의 세계 중 인간의 세계는 삶의 세계에, 그리고 천상, 수라, 축생, 아귀, 지옥은 죽음의 세계이다. 낮과 밤이 번갈아 가듯이 삶과 죽음도 번갈아 가며 존재한다. 죽음의 세계는 삶의 세계에서 지은 업에 의하여 결정되고, 그 업보를 다 받으면 다시 삶의 세계로 탄생하여야 한다. 이것이 육도윤회이다.

육도윤회의 세계는 속박의 세계로 행복하지 못한 세계이다. 따라서 진정으로 행복한 삶을 살려면 육도윤회를 벗어나야 한다. 그것을 해탈이라 한다. 해탈을 하기 위해서는 육도윤회의 원동력은 업을 소멸시켜야 한다.

그 방법으로 두 가지가 제시되는데 하나는 카르마요가이다. 카르마요가에도 또 두 가지가 있는데 하나는 수정(修定)이며 또 하나는 고행(苦行)이다. 수정이란 명상을 하는 것으로 흙탕물을 가만히 두면 더러운 것은 가라앉고 위에는 투명하고 맑은 물만 남듯이, 몸을 고요히 하면 악업은 가라앉고 위에는 선업만이 남는데 이 때 악업을 없애면 선업만이 남아있는 유종자삼매(有種子三昧)를 얻게 되고 이때 선업마저도 없애면 드디어 무종자삼매(無種子三昧)를 얻게 된다. 이것이 비상비비상처(非想非非想處)의 경지로 윤회를 벗어나 해탈을 이룬 상태다. 그리고 고행이란 악업은 몸으로 인하여 생기는 것으로 몸이 원하는 것을 들어주지 않으면 악업은 사라져 유종자삼매를 얻게 되고 그때 선업을 없애면 무종자삼매를 얻어 비상비비상처경지에 들어가게 된다는 것이다. 그리고 또 하나는 박티요가로 전지전능한 신에게 의존하여 신에 대한 믿음으로 육도윤회를 벗어난다는 것이다. 이것은 우파니샤드이다. 불교가 탄생하기 전에 이미 있었던 사고방식이다.

많은 사람들이 알고 있는 불교도 또 인도 우파니샤드철학도 육도윤회는 벗어나야 할 대상이다. 그리고 그 방법에 있어서도 우파니샤드철학에서 말하는 카르마요가는 많은 사람들이 알고 있는 불교에서 말하는 자력수행이며 박티요가는 타력수행이다. 그래서 참선과 같은 명상과 무문관(無門關) 같은 고행을 하기도 한다. 또한 아미타불의 원력(願力)에 의하여 극락왕생하고자 만일염불회(萬日念佛會)같은 수행을 하기도 한다.

그렇다면 불교와 우파니샤드와는 무엇이 다른가?

2) 중국적인 발상에서 오해된 불교

자 그럼 이것은 어떤가?

석존은 가정을 버리고 출가하여 6년간의 고행을 한 결과 진리를 깨우치고 부처가 되었다. 그리고 난 후 그 깨달음의 내용으로 많은 이들을 구제하여 주고 열반에 드셨다. 따라서 우리들도 부처가 되기 위해서는 가정을 버리고 출가하여 석존과 같은 처절한 고행을 해서 깨달음을 얻어야 한다. 그리고 난 후 그 깨달음으로 많은 이들을 구제하다가 열반에 드는 삶을 살아야 한다. 이러한 삶이야말로 무엇보다 가치 있는 삶이기에 가정을 버리고 출가하여 도(道)를 구하는 삶이야말로 장부(丈夫)가 가야할 장부다운 길이다.

많은 사람들은 불교가 이런 것으로 알고 있다.

그렇다면 이것은 어떤가?

세상은 음양(陰陽)의 이치로 이루어져 있다. 음양의 이치야말로 진리이며 도다. 이것을 깨우치기 위해서는 가정을 버리고 산에 들어가 자연인으로 살아야 한다. 이렇게 해서 도통(道通)하여 도사(道士)가 되면 세속(世俗)으로 내려와 사주팔자(四柱八字)로 길흉화복(吉凶禍福)을 맞추고 부적으로 재앙과 악귀를 물리치며 사람들을 구제하여야 한다. 그러면 그 공덕으로 신선(神仙)이 될 수 있다. 이것은 도교(道

敎)다. 불교가 중국에 전래되기 전에 이미 있었던 사고방식이다.

그런데 이것이 불교라면 도교와 무엇이 다른가?

3) 오해된 불교비판

이와 같은 것들이 진짜 불교라면 불교는 원래 있던 사상을 짜깁기한 것에 불과하고, 석가모니는 이미 존재하는 사고방식들을 가지고 각색한 사기꾼에 불과하다. 하지만 확실하게 말해 두지만 이러한 사고방식은 절대로 불교가 아니다.

불교가 탄생된 토대는 아리아적인 사고방식이다. 하지만 불교는 분명히 그러한 사고방식을 버렸다. 그리고 전혀 다른 사고방식으로 사물을 보고 이해하는 방법을 새롭게 제시하였다.

그럼에도 불구하고 인도의 일부 불교논사들은 아리아적인 사고 기반 위에 불교를 이해하는 오류를 범하였고, 또 중국의 많은 불교논사들은 한족의 사고기반 위에 불교를 이해하는 오류를 범하였다. 특히 중국에서 탄생한 선종(禪宗)은 도교의 뼈대 위에 불교라는 옷을 입힌 것에 불과한 것으로써 불교라고 볼 수 있는 요소가 전혀 없음에도 불구하고 현재는 대표적인 불교로 행세하고 있다.

그렇다면 도대체 불교란 어떠한 가르침인가.
이제부터 그것을 설명하려 한다.

제3강

나는 지금 여기에 있다
(불교 진리(緣起法)의 출발명제)

01 불교 사고의 출발점

종교란 진실로 행복해지는 방법을 제시하는 가르침이다. 그리고 그 방법을 제시함에 있어서 가장 중요한 실마리가 되는 것은 진리다. 따라서 종교가 제시한 진리는 그 종교의 교설에 있어서 가장 핵심적인 위치를 차지한다.

그렇다면 종교라는 범주 속에 포함되는 불교 역시 그래야 할 것이다. 따라서 불교에 대하여 이야기하기에 앞서서, 불교에서 말하는 진리가 무엇이며, 그것은 어떠한 사고기반 위에 만들어졌는지 살펴보겠다.

1) 진리(眞理)

지도가 정확하려면 사실에 근거해야 한다. 사실이란 개별성과 보편성을 모두 만족하는 경험이다. 그러나 사실이 변했다면 지도도 무용지물(無用之物)이 된다. 따라서 지도의 정확도 여부는 변했는가, 변하지 않았는가에 달려 있다. 그러나 이 세상에 변하지 않는 것은 없다.

따라서 정확도를 유지하기 위해서 우리는 정기적으로 새롭게 지도를 만들어야 한다.

그러나 종교인 행복의 지도는 업그레이드할 필요가 없어야 한다. 따라서 종교가 근거하는 사실은 영원히 불변(不變)하는 사실인 진리여야 한다.

그렇다면 진리가 되기 위해서는 어떠한 조건을 만족해야 할까? 진리란 영원히 변하지 않는 사실이다. 따라서 사실이 갖추어야 할 조건인 개별성과 보편성은 물론이고 여기에 영원히 변하지 않는다는 불변성까지 갖추어야 한다. 다시 말해서 영원히 변하지 않는 사실임이 입증되어야 한다. 따라서 진리가 되기 위해서는 자신의 경험이어야 한다는 개별성, 누구나가 다 하는 경험이어야 한다는 보편성, 그리고 영원히 변하지 않는 사실임을 입증할 수 있어야 하는 타당성(妥當性), 이 세 가지 조건을 모두 만족시켜야 한다.

'이 세상은 내가 태어나기 전에도 존재하였고 내가 죽고 난 후에도 존재할 것이다.'

이와 같은 주장은 진리일까. 우선 진리가 되기 위해서는 개별성과 보편성을 만족시켜야 한다. 그런데 태어나기 전의 세상을 경험하는 사람은 아무도 없다. 그리고 또 죽은 후의 세상을 경험하는 사람도 아무도 없다. 그렇다면 왜 모든 사람들은 자신이 태어나기 전에도 또 죽고 난 후에도 이 세상은 존재한다고 믿는 것일까. 그것은 다른 사람이 탄생할 때, 그리고 다른 사람이 죽었을 때 이 세상이 존재했던 것을 경험했기 때문이다. 그러나 이 경험은 자신이 경험한 타인의 탄생 전과 죽음 후의 세상이지, 자신의 탄생 전과 죽음 후의 세상에 대한 경험은 아니다. 따라서 이 주장은 자신의 경험이어야 한다는 개별성을 만족시키지 못한다.

그리고 나아가 그 누구도 자신의 탄생 전과 죽은 후의 세상을 경험할 수는 없다. 따라서 모두의 경험이어야 한다는 보편성도 만족시키지 못하고 있다. 그렇다고 하여 이것이 사실이 아니라고 단정 지을 수도 없다. 왜냐하면 어떤 명제가 거짓임이 판정되기 위해서는 이 명제의 반명제가 사실로써 판명되어야 하기 때문이다. 그러나 '이 세상은 내가 태어나기 전에도, 또 내가 죽고 난 후에도 존재하지 않고 오로지 내가 살아 있는 동안에만 존재한다.'는 반명제 역시 개별성과 보편성 모두를 만족시키지 못하고 있다.

따라서 이 주장은 사실인지 거짓인지조차도 판단할 수 없는 주장이다. 따라서 진리인지 아닌지 조차도 판단할 수 없다.

'해는 동에서 떠서 서로 진다'

그렇다면 이것은 진리일까. 우선 이 명제는 개별성과 보편성을 모두 갖추었다. 그리고 이 명제의 반명제인 '해는 서에서 떠서 동으로 진다'는 개별성과 보편성을 모두 갖추지 못하였기에 거짓이다. 따라서 이 명제가 사실인 것은 분명하다.

그렇다면 이 사실은 영원히 불변하는 것일까. 이 명제가 이것을 입증하기 위해서는 타당성을 갖추어야 한다. 타당(妥當)이란 어떤 판단이 도리(道理)에 합당(合當)할 때를 가리키는 말이다. 따라서 해가 동에서 떠서 서로 진다는 판단이 합당하기 위해서는 도리에 맞아야 하는데, 도리란 마땅한 방법이나 길이니, 해가 동에서 떠서 서로 진다는 판단이 도리에 맞으려면 이 판단이 마땅한 방법이나 길이어야 한다. 그러려면 왜 서로 저문 해가 다음날이면 어김없이 다시 동에서 뜨는지를 설명할 수 있어야 한다. 그러나 인류는 그것을 해가 동에서 떠서 서로 지는 사실을 가지고 추측하거나 또는 상상으로 그 이유를 설명하려 하였다. 상상은 사실임을 입증할 수 없다. 그리고 추측이 사실이 되기 위해서는 추측의 근거가 되는 사실이 추측의 대상과 연관성이 있어야 한다.

예를 들어 내일도 해는 동에서 뜰 것이라는 추측은 사실이다. 왜냐하면 이 추측의 근거인 매일 동에서 해가 뜬다는 사실은 내일도 동에서 해가 뜰 것이라는 추측의 대상과 충분히 연관성이 있기 때문이다. 그러나 서로 저문 해가 다음날은 동에서 뜨는 이유에 대한 추측의 근거가 해가 동에서 떠서 서로 지는 사실이라면 이것은 억측이다. 왜냐하면 그것에 대한 추측과 연관성이 있는 사실은 서로 저문 해의 움직임에 대한 개별적이고 보편적인 경험이지, 동에서 떠서 서로 지는 해의 움직임은 아니기 때문이다.

따라서 인류가 해가 동에서 떠서 서로 지는 이유를, 창조주가 해를 만들었기 때문이라던가, 또는 음과 양의 움직임이라던가, 또는 밤새 해가 서에서 동에서 이동하였다던가 하는 설명은 아무런 타당성도 가지고 있지 못하다. 그것은 아무런 사실에도 근거를 두지 못한 단지 추측에 불과할 뿐이다.

물론 현대에 와서 해가 동에서 떠서 서로 지는 이유는 지구의 자전 때문이며, 이 사실은 이미 상식이 된지 오래다. 또한 언젠가는 지구는 자전을 멈출 것이고, 그러면 해가 동에서 떠서 서로 지는 일도 없어질 것이라는 것도 상식이다. 따라서 이 명제는 영원히 변하지 않는 사실이 아니라 언젠가는 변할 수도 있는 사실이다. 그렇다면 현대에 있어서 이 명제가 진리가 아니라는 것은 너무도 분명하다.

'내가 지금 하고 있는 경험은 실재일까 꿈일까.'

이 의문에 대하여 한 번 생각해 보자. 만약 지금 내가 하고 있는 경험이 실재라면, 이 경험은 보편성을 가져야 한다. 그리고 만약 꿈이라면 이 경험은 보편성이 결여(缺如)된 자신만의 경험이어야 할 것이다. 따라서 꿈과 실재를 판단하는 기준은 자신의 경험의 보편성 여부(與否)에 달려 있다.

그런데 보편성을 판단하는 주체는 나다. 그리고 그 판단의 근거는 타인에게서 얻은 정보다. 다시 말해서 타인이 나와 같은 경험을 하고 있는지 아닌지에 대한 정보를 나에게 주지 않는다면 나는 보편성 여부를 판단할 수 없다. 그런데 어떤가. 꿈속에서의 타인은 나와 같은 경험을 하고 있다. 그리고 실재에서도 역시 그러하다. 다시 말해서 꿈속에서의 경험도 실재에서의 경험과 마찬가지로 꿈에서 깨어날 때까지는 분명히 개별성과 보편성을 모두 갖추고 있다. 따라서 꿈에서 깨어나기 전까지는 지금의 나의 경험이 실재인지 꿈인지는 아무도 판단할 수 없다.

나아가 면밀하게 말하면 '장자의 꿈'처럼, 꿈에서 깨어난 경험까지도 꿈인지 실재인지 구분하기 어렵다. 따라서 지금 내가 하고 있는 그 어떠한 경험도 사실 여부를 판단하기는 대단히 어렵다.

2) 불교 사고의 출발점

이처럼 내가 탄생하기 전에 세상이 존재했는지, 또 내가 죽고 난 후에도 세상이 존재할지, 또 변치 않는 진리라고 믿었던 해가 동에서 뜨고 서로 진다는 사실까지도, 나아가 지금 내가 경험하고 있는 현실조차도 꿈인지 실재인지 알 수 없다. 그렇다면 도대체 진리란 무엇일까? 과연 개별성과 보편성 그리고 타당성을 모두 갖춘 진리라는 것이 있기나 하는 것일까? 자, 그렇다면 이 명제는 어떤가.

'나는 지금 여기에 있다'

내가 지금 여기에 있다는 경험은, 내가 탄생하기 전 이 세상이 존재했는지 아닌지, 그리고 내가 죽은 후에도 이 세상은 지속될지 어떨지와 상관없는 나의 경험임에 틀림없다. 그리고 또 지금 경험하고 있는 현실이 실재라면 나는 지금 실재인 여기에 있는 것이며, 꿈이라면 나는 지금 꿈속인 여기에 있는 것이다. 따라서 이것은 틀림없는 나의 경험일 수밖에 없다. 그리고 이 경험은 누구나 다 하고 있다는 사실을 부정할 수 있는 사람은 그 어디에도 없다. 그러니 이것은 당연히 보편적인 경험이다. 그리고 또 내가 지금 여기에 없다면 이 세상을 인식하는 주체가 없는 것이니, 이보다 더 타당할 수는 없다.

즉 '나는 지금 여기에 있다'는 명제, 이것은 개별성과 보편성을 갖춘 사실이며, 게다가 영원히 변하지 않을 그 이유가 충분히 입증되는 타당성까지 겸비하였다. 그러니 이것보다 더 완벽한 진리가 또 어디 있을까?

불교의 사고는 여기에서부터 출발한다.

02 연기법(緣起法)

섐 족이 생각한 진리가 유일신이고 한족이 생각한 진리가 음양론이며 아리아족이 생각한 진리가 윤회라면, 석가모니부처님이 생각한 진리는 연기법이다. 연기법은 '묶일 연(緣)', 모든 것은 관계로 존재하며, '일어날 기(起)', 변한다는 것은 '법 법(法)', 변치 않는 법칙이라는 것인데, 이것은 적어도 그들의 진리보다 훨씬 정확하다. 왜냐하면 그들의 진리는 태양의 움직임을 전제로 하여 추측된 것이라면, 연기법은 '나는 지금 여기에 있다'는 진리에 근거를 두고 정리되었기 때문이다.

그러면 '나는 지금 여기에 있다'는 이 명제가 어떻게 연기법으로 정리되었으며, 이것을 기반으로 불교는 어떻게 행복으로 가는 지도를 만들었을까?

우선 '나는 지금 여기에 있다'는 것은 나는 '지금'과 '여기'를 경험하고 있다는 뜻으로, 이런 경험은 '지금'과 '여기', 그리고 나의 존재를 입증해준다. 왜냐하면 내가 '지금'과 '여기'를 경험하기에 '지금'과 '여기'

가 있다는 사실이 증명되고, 내가 있기에 '지금'과 '여기'를 경험할 수 있기 때문이다. 이것은 곧 나는 '지금'과 '여기'가 있기에 존재할 수 있으며, '지금'과 '여기'는 내가 있기에 존재할 수 있음을 의미한다. 그리고 이것은 또 내가 존재하는 세계는 오로지 '지금'과 '여기'뿐이며, 또 '지금'과 '여기'만이 내가 존재하는 실재세계임을 의미한다.

다시 말해서 우리는 실재세계를 눈, 귀, 코 등의 감각기관을 통하여 감각하고 인식기관인 마음을 통하여 인식하면, 실재세계는 생각의 범주 안으로 들어온다. 그러면 실재세계는 생각의 세계가 된다. 그렇게 되면 그 세계 속에서는 '지금'과 '여기' 이외에도 많은 것들이 존재하게 된다. 하지만 그것은 상상일 뿐 실재는 오로지 '지금'과 '여기'뿐이라는 것이다. 따라서 '지금'과 '여기'에 대한 분석은 가장 근원적인 실재에 대한 분석이다.

그래서 불교는 우선 실재하는 세계의 모습을 밝히기 위하여 '지금'과 '여기'라는 경험을 철저하게 분석한다. 그렇게 해서 정리된 것이 연기법이다. 그리고 이 연기법은 불교교리의 가장 근원이 되는 진리이다. 그러면 불교는 '지금'과 '여기'라는 경험을 어떻게 분석했을까? 그리고 이것이 어떻게 연기법으로 정리되었을까?

1) 지금

지금이란 시간이다. 그러면 시간이란 무엇일까?

우리는 시계(時計)로 시간을 측정한다. 그러면 시계가 없다면 시간은 측정할 수 없을까? 그렇지 않다. 시계가 없어도, 태양이나 달이나 별의 움직임을 보고, 또 어린아이가 성장한 모습을 보고, 사용하던 물건이 낡은 것을 보고 시간이 흘렀음을 알 수 있다.

그러면 태양이나 달이나 별의 움직임, 또 어린아이가 성장한 모습, 낡은 물건, 이것들은 무엇인가. 변화(變化)한 모습이다. 즉 태양이나 달이나 별의 움직임은 그것들의 위치가 변했다는 것이고 어린아이가 성장했다는 것은 어렸던 아이가 크게 변했다는 것이며, 물건이 낡았다는 것은 새 물건이 헌 것으로 변했다는 것이다.

즉, 시간이 흘렀다는 것은 변했다는 것이다. 그러니 시간이란 변화다.

시간에는 세 가지 종류가 있는데, 바로 과거(過去), 현재(現在), 미래(未來)다. 과거란 변화가 완료(完了)된 것, 현재란 변화하고 있는 것, 미래란 아직 변화하지 않은 것이다. 그런데 과거는 변화가 완료된 것이기에 지나가 버린 것이며, 미래는 아직 변화하지 않은 것이기에 아직은 오지 않은 것이어서 지금 존재하는 것은 현재뿐이라는 인식, 이 인식은 참으로 일반 보편적이다. 그런데 과연 그럴까?

만약 지금 내 주머니 속에 500원짜리 동전이 없다면 나는 지금 500원짜리 동전을 꺼낼 수 없다. 이처럼 과거가 지금 속에 존재하지 않는다면, 미래가 지금 속에 존재하지 않는 것이라면, 과거도 미래도 지금 꺼낼 수 없어야 한다. 그런데 우리는 분명히 오래전의 일도 기억하고 추억한다. 그리고 미래의 모습도 예측해서 희망을 가지고 계획을 세우기도 하고 희망이 없어 좌절하기도 한다. 이처럼 우리는 분명히 과거와 미래를 지금 꺼낼 수 있다. 이것은 곧 과거와 미래는 지나가 버려서 또는 아직 오지 않아서 지금 없는 것이 아니라, 변화가 완료되어진 채로 그리고 아직 변화하지 않은 채로 현재 속에 존재한다는 것을 입증해 준다. 그렇기 때문에 비디오파일이나 음성파일 등 과거를 재생할 수 있는 장치들이 개발될 수 있었던 것이다.

그런데 과거가 현재 속에서 재생된다면 그것은 과거일까 현재일까? 그것은 현재다. 왜냐하면 과거는 변화가 완료된 것이며 현재는 변화하고 있는 중이기 때문이다. 즉 과거는 과거인 채로는 재생될 수 없다. 현재라는 옷으로 갈아입어야 재생될 수 있다. 그래서 안 좋았던 기억도 다시 회상함으로써 좋은 추억이 되기도 하고, 좋았던 기억도 다시 회상함으로써 안타까운 추억이 되기도 한다.

마찬가지로 예측된 미래는 현재일까 미래일까? 그것도 역시 현재다. 왜냐하면 미래는 아직 변화하지 않은 것이며 현재는 변화하고 있는 중이기 때문이다. 즉 미래는 미래인 채로 예측될 수 없고, 현재라는 옷으로 갈아입어야만 예측될 수 있다. 따라서 미래를 아무리 예측하더라도 그것은 현재 속에서 일어난 변화일 뿐 미래는 여전히 아직 변화하지 않은 채로 존재할 수밖에 없다. 즉 미래는 결정되지 않은 채로 존재할 뿐이다. 다시 말해서 무한한 가능성으로 존재하는 것이다. 따라서 원하는 미래를 만들고자 계획을 세우고 노력하는 사람의 미래는 성공도 할 수 있고 실패도 할 수 있겠으나 아무런 노력을 하지 않은 사람은 성공도 없고 실패도 없다. 성공도 없고 실패도 없는 삶, 이 것이야말로 운명적인 삶이다. 미래란 좋을 것도 없고 안 좋을 것도 없다. 또 좋을 수도 있고 안 좋을 수도 있다. 점괘가 좋다고 좋은 미래가, 나쁘다고 나쁜 미래가 오는 것도 아니다. 그러니 점술에 의지하여 자신의 미래를 바꾸어보려는 어리석은 시도는 바람직하지 못하다. 이 것이 석가모니부처님이 점성술을 금하신 이유다.

또 공상과학 영화 속 소재로 자주 등장하는 타임머신을 타고 과거와 미래를 여행하는 것이 실제로 가능할까? 그것은 불가능하다. 왜냐하면 타임머신을 타고 과거나 미래로 가면 그것은 현재이지 과거나 미래기 아니기 때문이며, 과거와 미래는 주머니 속의 500원짜리 동전처럼 현재라는 주머니 속에 들어있는 것이어서, 주머니가 500원짜리 속으로 들어갈 수 없듯이 현재가 과거나 미래 속으로 들어갈 수는 없기 때문이다. 주머니 속에서 500원짜리를 꺼낼 수 있듯이 과거나 미래로의 여행은 과거와 미래를 현재로 끄집어내는 회상과 예측 이외에는 불가능하다.

또 시간은 과거에서 미래로 흐르는 것일까? 우리들의 일반적인 견해는 그렇다. 따라서 서울에서 부산으로 가고 있다고 말하면, 서울은 과거고 부산은 미래이며 가고 있는 중이 현재라는 사실은 그 누구도 부정할 수 없다. 그런데 과연 그럴까?

과거는 변화가 완료된 것이다. 그리고 미래는 아직 변화하지 않은 것이다. 그리고 현재는 변화하고 있는 중이다. 이 사실은 그 누구도 부정할 수 없다. 그런데 만일 시간이 과거에서 미래로 흐른다면, 변화가 완료된 것이 변화를 일으켜 아직 변화하지 않은 상태가 된다는 것인데, 도대체 이게 말이 되는 것일까? 아직 변화하지 않은 것이 변화를 일으켜 변화가 완료되는 것이 상식이지, 어떻게 변화가 완료된 것이 변화하여 아직 변화하지 않은 상태가 될 수 있다는 것인가? 그러니 실제 시간은 과거에서 미래로 흐르는 것이 아니라 미래에서 과거로 흘러야 맞다.

이처럼 내가 경험하고 있는 지금이라는 시간은, 과거와 미래를 담은 현재라는 주머니에서 미래가 나와 현재를 거쳐 과거가 되어 다시 들어가는 하트모양(♡)을 하고 있는 변화다.

실제로 내가 경험하고 있는 시간은 이렇다.

이것을 석존은 제행무상(諸行無常)이라 말씀하시고, 삼법인(三法

印) 중 첫 번째 진리라고 선언(宣言)하셨다.

제행무상을 한자어 그대로 풀어보면, '모든 행은 항상하지 않다'이다. 그런데 한자어 행에는 '간다. 변한다, 흐른다'등의 뜻이 있지만 그 뜻만 가지고는 그 뜻이 새겨지기 어렵다. 그래서 원어(原語)인 산스크리트어를 보자면, 'samskara'다. 'sam'이란 '함께'란 뜻이고 'kara'가 '만든다'는 뜻이니 'samskara'는 '여러 가지가 모여 만들어진 것'이라는 뜻이 된다. 즉 여러 가지 조건이 갖추어져 만들어진 것이 '행'이다. 그렇다면 이것은 삼라만상이다. 왜냐하면 여러 가지 조건이 결합되어 만들어지지 않은 것은 그 어디에도 없기 때문이다. 이렇게 해서 제행무상을 풀어보면 삼라만상 모든 것은 항상하지 않는다는 것이다. 즉 변하지 않는 것은 그 어디에도 없다는 말이다. 더 풀어서 말하자면, 시간을 떠나 존재할 수 있는 것은 그 어디에도 없다는 말이며, 이것은 곧 석존이 지금이라는 시간을 깊게 사색한 결과다.

2) 여기

여기란 공간이다. 그러면 우리는 공간을 어떻게 알 수 있는가?

감각기관(눈, 귀, 코, 혀, 몸)을 통하여 감각하고 인식기관(마음)을 통하여 인식함으로써 알 수 있다. 즉 앞에 책상이 있고, 전화가 있고, 모니터가 있고 등등 이러한 물리적인 존재들을 감각기관이 감각하고 인식기관이 인식함으로써 공간을 알 수 있다. 그런데 감각기관과 인식기관이 없다면 당연히 그 어떤 물리적인 존재도 인식할 수 없을 것이다. 그렇다면 물리적인 존재인 감각대상(모양이나 색깔, 소리, 냄새, 맛, 느낌)이 없어도 감각기관과 인식기관만 있다면 물리적인 존재를 인식할 수 있을까. 당연히 불가능하다.

다시 말해서 감각기관이 있더라도 감각대상이 없다면, 감각대상이 있더라도 감각기관이 없다면 공간은 인식할 수 없다. 따라서 공간의 인식은 감각대상과 감각기관의 상관관계(相關關係)가 있기에 가능한 것이다. 왜냐하면 그 상관관계가 단절(斷絶)된다면 공간은 인식될 수 없기 때문이다.

이것이 의미하는 것은 무엇인가. 감각대상은 나를 둘러싼 환경이다. 그리고 감각기관은 나이다. 따라서 그 상관관계가 단절된다는 것은 나와 환경의 상관관계가 단절된다는 것을 의미한다. 다시 말해서 나와 환경의 상관관계가 단절되면 공간을 인식할 수 없는 것은 당연한 사실이다.

이상을 정리해 보면 '여기'라는 경험은 공간에 대한 경험이고, 공간에 대한 경험은 상관관계에 대한 경험이다. 따라서 '여기'에 대한 경험은 곧 관계에 대한 경험이 된다. 공간에는 세 가지가 있다. 하나는 '여기'이고, 둘은 '거기'이며, 셋은 '저기'이다. '여기'란 내가 중심이 되어 너와 관계를 맺고 있는 공간이며, '거기'란 네가 중심이 되어 나와 관계를 맺고 있는 공간이다. 그리고 '저기'란 우리가 중심이 되어서 제삼자랑 관계를 맺고 있는 공간이다.

그 중 우리가 할 수 있는 경험은 '여기'가 유일할 뿐, '거기'와 '저기'는 '여기'에 대한 경험을 근거로 추측할 뿐이다. 다시 말해서 내가 경험할 수 있는 것은 내가 파악한 너이지, 네가 파악한 나나 우리가 파악한 그 어떤 것은 아니다. 그것들은 내가 파악한 너를 근거로 단지 추측하여 알 수 있을 뿐이다. 왜냐하면 경험의 주체는 나일뿐 너나 우리가 될 수는 없기 때문이다.

이것은 곧 내가 경험하는 것은 나의 입장뿐이지 너나 우리의 입장은 아니라는 것이다. 그럼에도 불구하고 우리들은 내가 너나 우리의 입장을 경험할 수 있다는 착각을 해서 오지랖이 넓은 짓을 하기도 하고, 또 너나 우리가 나의 입장을 경험할 수 있다는 착각을 해서 나의 입장을 알아주지 않는다고 섭섭해 하기도 한다. 하지만 분명한 것은 우리가 경험할 수 있는 것은 나의 입장일 뿐 너나 우리의 입장은 아니라는 것이다.

그리고 또 내가 중심이 되어 너와 관계를 맺고 있는 공간인 여기에서 나는 너에 의하여 결정된다는 것이다. 예를 들어 내가 전화를 했을 때 부모님이 전화를 받으시면서 누구냐고 물으면 아들 또는 딸이라고 답할 것이다. 자신의 배우자가 물으면 남편 또는 아내라고 말할 것이며 자녀가 물으면 아빠 또는 엄마라고 할 것이다. 물건을 사러 가게에 가서 점원이 누구냐고 물으면 손님이라 할 것이고, 알바를 하고 있을 때 손님이 누구냐고 물으면 점원이라 말할 것이다. 이처럼 '나'라는 존재는 '너'가 누구냐에 따라 달라진다. 따라서 여기라는 공간은 너에 의하여 시시각각으로 변하는 공간이며 우리는 그것을 제대로 파악하고 대처해야 한다.

예를 들어 자신의 아내가 시어머니를 욕하고 있다고 해보자. 이때 내가 아들이 되면 우리 어머니가 욕을 먹고 있게 된다. 하지만 남편이면 아내가 자기 시어머니를 욕하고 있는 것이지 우리 어머니를 욕하고 있는 것이 아니다. 또 어머니가 며느리를 욕하고 있다고 해보자. 이때 내가 남편이면 내 아내가 욕을 먹고 있게 된다. 하지만 아들이면 어머니가 자기 며느리를 욕하고 있는 것이지 내 아내가 욕을 먹고 있는 것이 아니다. 즉, 어머니 앞에서 나는 아들이지 남편이 아니며, 아내 앞에서 나는 남편이지 아들이 아니기 때문이다.

어느 날 은행 업무를 보다가 은행 측이 잘못하여 불만을 토로했더니, 그 직원이 은행이 잘못한 것인데 왜 자신한테 그러냐고 항의를 한 적이 있었다. 그래서 '저는 당신에게 화를 낸 것이 아니라 은행에게 화를 낸 것입니다. 왜냐하면 저에게 지금 당신은 누구의 아내이자 엄마이자 딸이 아니라 그냥 은행일 뿐입니다.'라고 한 적이 있다. 이처럼 여기라는 공간에서 나는 너에 의해 결정된다는 사실을 인지하지 못하여 자신이 누구인지를 모르고 살아가는 경우가 많다. 남편이 아내를 구박하면 아내가 구박받아야 하는데 누구의 딸 그리고 누구의 엄마가 구박을 받는 경우가 있다. 그래서 아내로서는 저항하지 못하고 누구의 딸, 누구의 엄마가 남편에게 저항한다. 또 남편이 아내를 핀잔하면서 '당신이 이 국가를 위해 한 것이 무엇이 있어'라며 핀잔을 준다면 참으로 우스운 일이다. 그런데 부부싸움을 하는 소리를 들으면 '당신이 우리 부모에게 해준 것이 무엇이 있어'라며 '당신이 집안을 위해 한 것이 무엇이 있어'라며 싸우는 소리를 종종 듣곤 한다. 국민의 도리나 자식의 도리 그리고 집안의 일원으로서의 도리에 대한 이야기는 서로 토론하고 상의할 일이지 핀잔하고 타박하며 상대를 비난할 일이 아닌데 말이다.

이상을 정리해 보면, 우선 내가 경험하는 공간, 즉 내가 살고 있는 공간은 '여기'일 뿐 '거기'나 '저기'가 아니다. 따라서 나는 남의 입장을 알 수 없고 그래서 오해하는 것이 당연하며, 남 역시 나의 입장을 알 수 없기에 오해하는 것이 당연하다. 그렇기 때문에 소통이 필요하다. 그리고 또 '여기'를 살고 있는 나는 너에 의하여 결정된다. 그런데 너는 시시각각으로 변화무쌍하게 변하고 있으니, 나 또한 거기에 맞추어 시시각각으로 변할 줄 알아야 한다. 그러기 위해서 네가 누구인지에 대한 제대로 된 판단이 무엇보다 중요하다.

이와 같은 '여기'라는 공간을 석존은 제법무아(諸法無我)라 말씀하시고, 삼법인(三法印) 중 두 번째 진리로 선언하셨다.

제법무아를 한자어 그대로 풀어보면, '모든 법에는 내가 없다'는 뜻이 된다. 여기에서 ⁴⁾법이란 모든 존재를 뜻하는 낱말이다. 그리고 나란 '⁵⁾아트만(ātman)'을 말하는 것으로 '아트만'은 석존 당시 인도사회를 지배하던 바라문교의 기본 교의 중 하나로, 개인에게 내재되어 있는 절대적인 '나'다. 따라서 제법무아를 풀어보면, '존재하는 모든 것에 절대적인 나란 있을 수 없다'는 뜻이 된다. 이것은 곧 나란 너에 의해 결정된다는 뜻이며, 또 이것은 곧 존재하는 모든 것은 관계에 의해서만 그 존재가 가능하다는 말이 된다.

3) 열반적정(涅槃寂靜)

연기법을 설명하는 이론으로 현상계의 세 가지 진리라는 뜻인 삼법인(三法印)은, '지금'이라는 시간은 '미래로부터 과거로 흐르는 변화'라

---

4) 불교에서 법은 여러 가지 뜻으로 사용되고 있는데, 삼보(三寶) 중 법보(法寶)의 법은 불교교설(敎說)이나 불경(佛經)을 말하며, 삼법인(三法印)에서의 법은 최고의 진리나 깨달음의 내용을, 연기법(緣起法)에서의 법은 법칙을, 계법(戒法)의 법은 생활 속에서 실천하여 할 도리·도(道) 또는 규정을, 구사75법이나 유식100법의 법은 모든 존재를, 그리고 6경(境)증 색성향미촉법의 법은 감각대상을 말한다.

5) 아트만(Ātman, 산스크리트어: आत्मन्)은 바라문교의 기본 교의 중 하나다. 바라문교의 또 다른 기본 교의인 브라만이 중성적(中性的) 원리라면 아트만은 인격적 원리라 할 수 있다. 힌두교에서 생명은 숨과 같은 의미로 쓰였으며 아트만의 원래 뜻은 숨 쉰다는 뜻이다. 한국어에서 생명을 목숨으로 표현하는 것과 유사하다. 숨 쉬는 생명인 아트만은 '나'를 말하며, 따라서 한자로는 아(我)로 표기된다. 힌두교에서는 개인에 내재 (內在) 하는 원리인 아트만을 상정(想定)하고, 우주의 궁극적 근원으로 브라만을 설정하여 이 두 원리는 동일한 것(범아일여, 梵我一如)이라고 파악한다.(위키백과 아트만)

는 제행무상이 첫 번째 진리이고, '여기'라는 공간은 '내가 중심이 되어 너와 관계를 맺은 공간'으로 '여기'를 사는 나는 너에 의하여 결정될 뿐 절대적인 '나'란 존재할 수 없다는 제법무아가 두 번째 진리이다.

그리고 마지막으로 선언한 세 번째 진리는 열반적정(涅槃寂靜)이다. '열반(涅槃)'이란 인도어 '니르바나(nirvāna)'의 음사이다. 그리고 'nirvāna'는 'nir-vā'라는 동사의 명사형으로, 'nir'는 접두사로써 'out' 이란 뜻이며, 'va'는 동사로써 'blow'란 뜻이다. 그러니 직역하면 '밖으로부터 산들바람이 불어온다'는 뜻인데 이것의 명사형인 nirvāna가 되면 '불이 꺼졌다'는 뜻이 된다. 그런데 밖에서 불어온 산들바람으로 불이 꺼질 리가 없는데 그럼에도 불구하고 꺼졌다면 꺼져가는 불일 것이다. 불이 꺼져간다는 것은 더 이상 탈 것이 없음에도 불구하고 불씨가 남아있던지, 아니면 탈 것이 남아있음에도 불구하고 불이 꺼져가는 경우일 것이다. 이런 상태에 산들바람이 불어오면 탈 것이 없음에도 불구하고 불씨가 남아 있다면 꺼질 것이요, 탈 것이 남아 있음에도 불구하고 꺼져가는 불이라면 불을 다시 일으켜 다 태운 뒤 꺼질 것이다. 즉 밖으로부터 산들바람이 불어와 완전 연소시키는 것이다. 그렇기 때문에 열반은 완전연소(完全燃燒)라 번역할 수 있다.

적정(寂靜)이란, 적(寂)은 '고요하다'는 뜻이고 정(靜)은 '맑다'는 뜻이니 적정(寂靜)이란 고요하고 맑다는 뜻이다.

따라서 열반적정이란 완전연소는 고요하고 맑다는 말인데, 완전연소란 모든 것이 다 타버리고 불은 꺼진 상태를 말하는 것이니 보이는 것도 들리는 것도 느끼는 것도 기타 등등 남아 있는 것은 아무것도 없어서 그 어떤 움직임도 없고, 빛도 없고 열도 없는 어둡고 추우면서 텅 빈 우주공간 같은 상태일 것이다. 그러니 열반이 고요하고 맑은 것은 당연한 이치다.

  그런데 시간(제행무상)과 공간(제법무아)까지도 없어졌다면 더욱 그럴 것이다. 적정의 상태 곧 아무것도 없는 상태가 될 것이다. 따라서 이것을 바꾸어 생각해 보면 모든 것은 시간과 공간이 있기에 존재할 수 있는 것이다. 그러니 만물의 창조주이며 만물을 유지시키는 것 그것은 시간과 공간이다. 따라서 열반적정이란 모든 것은 시간과 공간에 의하여 존재할 뿐이라는 말이다.

4) 연기법(緣起法)

  이상의 제행무상, 제법무아, 열반적정이 삼법인(三法印)으로, 이것은 석존의 연기법에 대한 설명이다. 제행무상은 '지금'이라는 경험을 분석해서 시간의 본래 모습을 설명한 것이고, 제법무아는 '여기'라는 경험을 분석해서 공간의 본래 모습을 설명한 것이며, 열반적정은 내가 경험한 실재의 근원적인 모습은 '지금'과 '여기'뿐이라는 것을 설명한 것이다.

  이것을 제법무아는 '묶일 연(緣)'으로, 제행무상은 '일어날 기(起)'로, 열반적정은 '법 법(法)'으로 표현하여 간단하게 '연기법'이라 하는데, 이것은 곧 만물은 모두가 관계를 맺고 존재하며 변화하는 것이 진리임을 밝힌 것이다.

  만물은 모두가 관계로써 존재한다는 것은, 하늘은 하늘이 아닌 것과 관계를 단절하고 존재한 적이 없는 것처럼, 모든 존재는 관계성으로만 성립될 수 있다는 말이다. 예를 들어 이 세상을 선(善)함으로 가득 채우고자 모든 악(惡)을 없앴다고 해보자. 그렇다고 하여 악이 없어질까? 그렇지 않다. 왜냐하면 선은 선이 아닌 악과 그 관계를 단절하고는 존재할 수 없기 때문이다. 그러니 나쁜 사람이 있는 이유는 착한 사람이 있기 때문이고, 착한 사람이 있는 이유는 나쁜 사람이 있기 때문이다. 또 아름다움이 있는 이유는 추함이 있기 때문이고, 추함이 있는 이유는 아름다움이 있기 때문이다. 성공이 있는 이유는 실패가 있기 때문이고, 실패가 있는 이유는 성공이 있기 때문이다.

10살짜리 아들과 7살짜리 딸을 둔 부모의 나이는 몇 살일까? 10살짜리 아들의 부모는 10살이고 7살짜리 딸의 부모는 7살이다. 왜냐하면 10살짜리 아들의 부모는 그 아들이 태어나서 아들의 부모가 되었고, 7살짜리 딸의 부모는 그 딸이 태어나서 딸의 부모가 되었기 때문이다. 이처럼 부모가 있는 이유는 자식이 있기 때문이고, 자식이 있는 이유는 부모가 있기 때문이다.

어떤 사람의 결혼기념일은 아내·남편·며느리·시아버지·시어머니·사위·장인·장모 등의 생일이다. 왜냐하면 한 남자와 한 여자가 결혼하였기에 아내와 남편이 생겼고, 며느리가 되었기에 시아버지·시어머니가 생겼고, 사위가 되었기에 장인·장모가 생겼기 때문이다. 그러니 아내가 있는 이유는 남편이 있기 때문이고, 남편이 있는 이유는 아내가 있기 때문이다. 며느리가 있는 이유는 시부모가 있기 때문이고 시부모가 있는 이유는 며느리가 있기 때문이다. 사위가 있는 이유는 장인·장모가 있기 때문이고, 장인·장모가 있는 이유는 사위가 있기 때문이다. 이처럼 만물은 관계로서 존재한다. 이것이 제법무아다.

그리고 변화의 모습을 표현한 것이 인연(因緣)인데, 여기에서 인(因)이란 씨앗이고 연(緣)이란 조건이며 과(果)란 결과이다. 씨앗이 땅에 떨어져 봄이 되면 새싹이 돋는다. 이 때 씨앗은 인이다. 이것이 땅에 떨어져 습도와 온도 등 그 조건이 맞으면 새싹이 돋는데, 조건이 연이고 새싹이 과인 것이다. 이처럼 만물이 관계로서 존재하며 변화하는 모습은 그 존재가 인이 되고 거기에 연이라는 조건이 만나 새로운 결과가 만들어지는 방식으로 변화한다는 것이다. 이것이 제행무상이다.

연기법, 그것은 불교에서 말하는 진리이며 6)부처란 이 연기법을 말한다.

---

6) 부처를 설명하는 이론에는 삼신불(三身佛)이 있다. 삼신불이란 법신불(法身佛)과 보신불(報身佛)과 화신불(化身佛)을 말하는데, 법신불은 진리 그 자체이며, 보신불은 중생 제도하겠다고 원을 세운 부처님이며, 화신불은 중생 제도를 실천하는 부처님이다. 불교의 목적인 성불(成佛) 곧 부처가 되는 것에서 부처란 진리를 깨닫는 자로 각자(覺者)다. 이 중 여기에 말하는 부처란 법신불이다.

제4강

생명의 근원(無明)

제1강에서 종교는 행복의 지도라 정의하고, 행복의 지도는 변하지 않는 사실에 근거해야 하기에 종교에 있어서 진리에 대한 탐구가 무엇보다 중요함을 지적하였다. 그리고 제2강에서 기존 종교들이 진리 탐구의 근거로 삼은 명제와, 그것을 가지고 어떤 교리를 탄생시켰는지를 알아보며 현재 불교가 어떻게 오해됐는지를 지적하였다. 그리고 제3강에서는 '나는 지금 여기에 있다'는 명제에서 '지금'과 '여기'를 분석하여 불교의 첫 번째 진리인 연기법에 대하여 알아보았다.

이제 여기에서는 '나는 지금 여기에 있다'는 명제에서 '나'를 분석하고자 한다. 왜냐하면 '7)나'는 지금과 여기를 경험하고 있는 주체이며, 행복의 지도인 종교를 사용할 주체이기 때문이다.

그러면 '나'란 무엇인가? 우선 생물(生物)이다. 그래서 불교에서는 중생(衆生)이라 한다. '중(衆)'이란 '모든'이란 뜻이며 '생(生)'이란 살아 있다는 뜻이니, '중생'이란 살아 있는 모든 생물을 지칭하는 말이다. 그러면 생물이란 무엇인가?

자연계는 생물과 무생물로 구분되는데, 그 중 생물은 무생물에 대응되는 말로 무생물과 달리 신진대사(新陳代謝)를 하고 생장(生長)하고 생식(生殖)하며 진화(進化)하고 외부자극에 반응하며 자가치유능력(自家治癒能力) 등의 특징을 가지고 있다. 그런데 위기에 처한 자라는 팔다리를 등껍데기에 다 집어넣고 외부의 어떤 자극에도 반응하지

---

7) 불교의 무아(無我)사상을 운운하며 내가 없음을 주장하는 것이 불교라면서 나는 지금 여기에 있다는 명제로부터 시작하는 필자의 논리는 불교가 아니라는 주장이 있다. 그런데 불교에서의 무아는 연기법을 설명하는 제법무아(諸法無我)에 근거 둔 사상으로서 관계성이 부정된 절대적인 나인 아트만을 부정하는 것이지, 관계로서 존재하는 나조차도 없다는 것은 아니다. 만약 그것까지도 부정한다고 주장한다면 불교를 공부하고 수행하고 성불해야 하는 나조차도 부정되는 것이기에 이러한 주장은 자가당착(自家撞着)에 빠짐을 알아야 한다.

않는다. 그러면 생물로서의 다른 특징은 다 가지고 있더라도 살아있는 것처럼 보이지 않는다. 그렇기에 생물이 가지고 있는 여러 특징 중 살아 있음을 바로 느낄 수 있게 하는 특징은 외부자극에 대한 반응을 하는 것이다. 그러니 외부자극에 대한 반응은 생물이 가지고 있는 특징 중 가장 큰 특징이라 할 수 있다.

그런데 외부자극이란 외부로부터 들어오는 자극이다. 그리고 외부란 각자가 처한 환경이다. 그러니 외부자극에 반응한다는 것은 각자가 처한 환경에 반응하는 것이다. 그런데 똑같은 환경이라 하더라도 거기에 대한 반응은 천차만별이다. 그리고 그 반응에 따라 각자가 처한 환경 역시 각자 다르게 변한다. 예를 들어 불쾌하게 말하는 사람을 만났다고 해보자. 그 때 같이 불쾌한 말로 대응하는 사람과, 상대가 불쾌하게 말하는 이유를 알아보고 대응하는 사람이 있다고 해보자. 두 사람이 처한 환경은 같았으나 그 반응에 따라 환경은 전혀 다르게 변할 것이다. 여기에 각자가 다른 인생을 살 수 밖에 없는 이유가 있다. 그렇다면 왜 같은 자극임에도 그 반응은 각자 다른 것일까?

불교는 그 이유를 설명하기 위하여 생물이 외부자극을 어떻게 받아들이고 반응하는지 그 과정을 설명하는 이론이 있다. 그것이 십이처(十二處) 십팔계(十八界) 오온(五蘊)이다. 그래서 행복의 주체로서의 나에 대한 분석, 즉 중생에 대한 분석은 이런 이론을 살펴보는 것으로부터 시작하고자 한다.

01

십이처(十二處)
십팔계(十八界)
오온(伍蘊)

봄꽃이 활짝 펴 상큼한 꽃냄새가 가득하고 구름 한 점 없이 맑은 어느 봄날, 산들바람이 부는 초원에 앉아 새가 지저귀는 소리를 들으니 상쾌함이 느껴져 지난 옛날의 추억이 떠오른다고 해 보자. 구름 한 점 없는 맑은 봄날 초원의 풍경, 지저귀는 새들의 소리, 상큼한 꽃냄새, 그리고 상쾌함, 이것들은 모두가 외부에서 들어오는 자극이다. 그런데 초원의 풍경은 눈으로, 새소리는 귀로, 꽃냄새는 코로, 상쾌함은 피부로 들어온다. 그리고 이것들 이외에도 외부로부터 들어오는 자극에는 맛도 있는데, 이것은 혀로 들어온다. 이렇게 외부의 자극을 알아차리는 것을 감각이라 하고, 외부의 자극을 받아들이는 기관인 눈·귀·코·혀·피부를 감각기관이라 한다. 이렇게 생물은 감각기관을 통하여 외부의 자극을 받아들인다.

그런데 TV를 크게 켜 놓고 보고 있으면서도, 또는 강의실에서 강사의 강의를 듣고 있으면서도, 다른 생각에 빠져 있으면 아무것도 보이지도 않고 아무것도 들리지도 않는다. 왜 감각기관이 외부의 자극을 받아들이고 있음에도 불구하고 알아차리지 못하는 것일까? 그것은 거기에 집중하지 않고 다른 생각을 하고 있기 때문이다.

그러면 다른 생각을 하고 있다는 것은 어떤 상태를 말하는 것일까? 예를 들어 TV를 보고 있는데 자기도 모르게 오전에 있었던 불쾌했던 일이 자꾸 떠오른다고 해보자. 수업을 듣고 있는데 헤어지자는 여자 친구 말이 자꾸 신경 쓰인다고 해보자. 그러면 TV를 보고 있어도 안 보일 것이고, 수업을 듣고 있어도 들리지 않을 것이다. 그렇다면 이 때 마음은 어디에 있는 것일까? 오전에 있었던 불쾌한 일을 생각하고 있을 때는 불쾌한 일에 마음이 있을 것이고, 여자 친구를 생각하고 있을 때는 마음이 여자 친구에게 가 있을 것이다. 이처럼 마음이 다른 곳에 가 있으면 아무리 감각기관이 외부자극을 받아들이더라도 그것을 알아차리지 못한다. 이러한 사실로부터 감각기관은 외부자극을 받아들일 뿐이며 그것을 알아차리는 것은 마음이라는 것을 알 수 있다. 이처럼 알아차려서 분별하고 판단하는 것을 인식이라 하는데, 그래서 마음을 인식기관이라 한다.

그렇다면 인식된 외부 자극에 대하여 중생은 어떻게 반응할까? 외부의 자극을 인식하였다는 것은 그것을 분별하고 판단하였다는 것이다. 그리고 생각을 한다는 것이다. 그러니 외부의 자극이 인식되면 생각이 떠오르는데, 그 자극에 대하여 어떤 말과 행동으로 반응할지가 결정될 때까지 생각은 꼬리를 물고 생긴다. 그러다가 결정되면 바로 말과 행동으로 표현하는데 그렇게 되면 외부환경이 변화되고 변화된 환경으로부터 또 다른 자극이 들어오게 된다.

정리해 보면, 감각기관으로 외부의 자극을 받아들이고 인식기관으로 분별하고 판단한 후 결정된 말과 행동을 출력함으로써 외부의 자극에 반응하는 것, 이것이 생물이 외부 자극에 반응하는 과정이다. 이런 과정을 이론으로 정리한 불교의 교설이, 십이처(十二處), 십팔계(十八界), 오온(五蘊)이다.

1) 십이처(十二處)

'처(處)'란 산스크리트어로 'āyatana'라 하며 영역(領域) 또는 받아들인다는 뜻이니, 12처란 12가지의 영역 또는 12가지의 받아들임이다. 12가지란 안이비설신의(眼耳鼻舌身意)와 색성향미촉법(色聲香味觸法)인데, 안이비설신은 눈·귀·코·혀·피부이며 의는 마음이다. 그리고 색성향미촉의 색(色)은 눈으로 감각하는 모양과 색깔, 성(聲)은 귀로 감각하는 소리, 향(香)은 코로 감각하는 냄새, 미(味)는 혀로 감각하는 맛, 촉(觸)은 피부로 감각하는 느낌, 그리고 법은 마음으로 인식하는 생각이다.

그러니 안이비설신은 감각기관이고 의는 의식기관이며 색성향미촉은 감각 대상이고 법은 의식의 대상이다. 따라서 안이비설신으로 색성향미촉을 받아들이면 법이 생기는데, 그것을 의가 인식하는 것, 이것이 12처가 표현하는 생물이 외부자극에 반응하는 과정이다.

2) 십팔계(十八界)

계(界)는 산스크리트어로 'dhātu'라 하며 요소라는 뜻이니, 십팔계란 인식을 성립시키는 열여덟 가지의 요소를 말한다. 이것은 12처의 인식기관인 의(意)를 의(意)와 식(識)으로 분류하여 식을 12처의 감각기관인 안이비설신과 의식기관인 의에 붙여 생물이 외부의 자극에 대하여 반응하는 과정을 18가지로 분류한 것이다.

그런데 12처에 애매한 부분이 있다. 마음이 다른 곳에 있으면 아무리 감각기관이 외부자극을 받아들여도 그것이 감각되지 않아서 마음이 인식하기 전까지의 생각인 '법'은 생길 수가 없는데, 마치 12처에서는 감각기관이 감각대상을 감각하는 것만으로 법이라는 생각이 생기는 것처럼 표현된 부분이 애매하다. 그래서 18계에서는, '의'는 인식기관이기는 하나 분별이나 판단할 수 없는 감각기관과 같은 인식기관으로 하고, 분별하거나 판단하는 실질적인 인식기관으로 '식'을 새롭게 도입하였다. 그리고 모든 감각기관에는 이 식이 함께하고 있다고 보았다. 그렇기 때문에 12처에 12처의 감각기관과 인식기관인 안이비설신의에 식을 넣어 실질적인 인식기관으로 안식(眼識)·이식(耳識)·비식(鼻識)·설식(舌識)·신식(身識)·의식(意識)을 더하였다. 그래서 18가지가 되었다.

그래서 18계에서는 눈이 색깔과 모양을 보면 안식이, 귀가 소리를 들으면 이식이, 코가 냄새를 맡으면 비식이, 혀가 맛을 보면 설식이, 피부가 느낌을 느끼면 신식이 대상을 인식한다. 그러면 '법(法)'이라는 생각이 생기는데, 그것을 '의(意)'라는 인식기관이 감각하면 그것을 의식이 인식을 한다는 것이다.

이렇게 해서 12처가 가지고 있는 오해의 소지를 없애버렸다. 그래서 18계란 안계(眼界)·이계(耳界)·비계(鼻界)·설계(舌界)·신계(身界)·의계(意界)·색계(色界)·성계(聲界)·향계(香界)·미계(味界)·촉계(觸界)·법계(法界)·안식계(眼識界)·이식계(耳識界)·비식계(鼻識界)·설식계(舌識界)·신식계(身識界)·의식계(意識界)의 18가지의 요소를 말한다.

그러니 안계가 색계를 보면 안식계가, 이계가 성계를 들으면 이식계가, 비계가 향계를 맡으면 비식계가, 설계가 미계를 맛보면 설식계가, 신계가 촉계를 느끼면 신식계가 그것을 인식하는데, 그렇게 되면 법계가 생긴다. 그것을 의계가 받아들이면 의식계가 그것을 인식하게 된다는 것이 18계가 말하는, 생물이 외부자극을 받아들이고 반응하는 과정이다.

3) 오온(五蘊)

오온 역시 12처나 18계와 같이, 생물이 외부의 자극에 반응하는 과정을 설명하고 있는 불교의 이론이지만, 12처와 18계의 감각기관인 안이비설신과 감각대상인 색성향미촉을 하나로 묶고 인식기관과 인식대상을 보다 세분화한 것이 특징이다. 온(蘊)은 집합이라는 뜻을 가진 산스크리트어 'skandha'를 묶임이라는 뜻을 가진 한자어 온(蘊)으로 의역(意譯)한 것이니, 오온이란 다섯 가지의 집합 또는 다섯 가지의 묶음이란 뜻으로, 그 다섯이란 색수상행식(色受想行識)을 말한다.

색온(色蘊)은 물질을 구성하고 있는 요소의 묶음으로, 12처와 18계의 안이비설신과 색성향미촉을 말한다. 이것은 곧 물질을 구성하고 있는 요소는 감각기관과 그 대상이라는 것인데, 이것이 곧 불교의 물질론(物質論)이다. 이것은 물질을 쪼개고 쪼개고 쪼개어 들어가면 궁극적으로는 더 이상 쪼갤 수 없는 입자를 만나게 되는데, 모든 물질은 이것이 합성된 것이라는 현대물리학의 물질론과는 상당한 차이가 있다. 곧 현대물리학의 물질론은, 물질을 궁극적인 입자의 구성체라 함으로써 물질의 존재성에 절대성을 부여하지만, 불교의 물질론은 물질의 궁극적인 입자를 부정하고 모든 물질은 감각기관과 그 대상과의 관계 속에서만 존재한다고 함으로써 물질의 존재성에 대한 절대성을 부정하고 물질의 존재성에 상대성을 부여하였다. 따라서 현대 물리학의 물질론에 의하면 물질의 근본 입자는 이미 결정되어 있어서 설사 새로운 물질이 창조된다 하더라도 거기에는 한계가 있지만, 불교의 물질론에 의하면 조건만 맞으면 어떤 물질이라도 생길 수 있고 또한 없어질 수도 있으므로 물질은 무궁무진하게 창조될 수 있다. 어쨌든 오온에 있어서 색온이란 물질을 구성하고 있는 요소들의 묶음으로 그 구성요소는 감각기관과 감각대상이다.

식온(識蘊)이란 마음을 구성하고 있는 요소들의 묶음으로, 여기에는 18계 중 안식·이식·비식·설식·신식 그리고 의와 의식이 있다. 그리고 이들 이외에 8)유식학에서 말하는 9)말나식(末那識)과 10)아뢰야식(阿賴耶識)도 여기에 포함된다.

그리고 오온에서의 수온(受蘊)의 수(受)는 감수(感受) 작용으로, 의식 속에 어떤 인상을 받아들이는 것인데, 감각과 쾌·불쾌 등의 단순 감정을 포함한 작용을 말한다고 한다. 그리고 상온(想蘊)의 상(想)은 표상 작용으로, 의식 속에 상(象)을 구성하고 마음속에 어떤 것을 떠올려 관념을 형성하는 것인데 대략 지각·표상 등을 포함하는 작용이

---

8) 불교에서 말하는 진리인 연기법을 식(識)의 전변(轉變) 곧 마음의 작용으로 설명하는 이론이다.

9) 말나식은 아뢰야식을 끊임없이 자아(自我)라고 오인하여 집착하고, 아뢰야식과 육식(六識) 사이에서 매개 역할을 하여 끊임없이 육식이 일어나게 하는 마음 작용으로, 항상 아치(我痴)·아견(我見)·아만(我慢)·아애(我愛)의 네 번뇌와 함께 일어난다.

10) 아뢰야식에 저장된 종자(種子)를 이끌어 내어 인식이 이루어지도록 하고, 생각과 생각이 끊임없이 일어나게 하는 마음 작용이다. 그리고 아뢰야식은 종자(種子)를 저장하고, 육근(六根)의 지각 작용을 가능하게 하는 가장 근원적인 심층 의식이다.

라 한다. 그리고 행온(行蘊)의 행(行)은 형성 작용으로, 능동성·잠재성 형성력을 의미하고, 우리가 경험하는 어떠한 것을 현재에 존재하는 것처럼 형성하는 작용을 말하며, 수·식 이외의 모든 마음의 작용을 총칭한 것으로서 특히 의지 작용을 말한다고 한다. 그런데 사실 이러한 설명에도 불구하고 그 내용을 구체적으로 파악하기도 어렵고 또 명확하게 구분하기도 쉽지 않다.

하지만 마음인 식온을, 생각을 만드는 주체로 심왕(心王)이라고 하는 것에 반하여, 수온·상온·행온은 마음에 의하여 만들어진 것으로 심소(心所)라고 한다는 것, 그래서 12처에서는 법(法)에, 그리고 18계에서는 법계(法界)에 해당한다는 것, 그래서 이것은 생각을 구성하고 있는 요소의 묶임이라고 설명하면 보다 이해하기 쉽다.

감각기관이 외부의 자극을 받아들이면 마음이 그것을 분별하고 판단하는데, 그것이 생각이고 이것을 불교에서는 심소라고 한다. 심소는 크게 여섯으로 나뉘는데, 편행심소(遍行心所)·별경심소(別境心所)·선심소(善心所)·번뇌심소(煩惱心所)·수번뇌심소(隨煩惱心所)·부정심소(不定心所)를 말한다. 편행심소와 별경심소는 감각기관이 외부자극을 받아들이면 언제나 생기는 생각으로 여기에는 각 5가지가 있는데, 편행심소는 그 다섯 가지가 항상 같이 일어나는 생각이고 별경심소는 같이 일어나기도 하고 따로 일어나기도 하는 생각이다. 그리고 선심소는 착한 생각이고, 수번뇌심소는 나쁜 생각이다. 그리고 번뇌심소는 수번뇌심소가 일어나게 하는 더 근원적인 생각이고, 부정심소는 착하지도 않고 나쁘지도 않은 생각이다. 이와 같은 생각들을 구성하고 있는 요소들의 묶음을 수온·상온·행온이라 하는데, 어디에서 어디까지가 수온이고 상온이고 행온인지 구분하기는 어렵다. 그래서 보통 묶어서 취급한다.

어쨌든 5온 역시 12처와 18계처럼, 생물이 외부자극을 받아들이고 반응하는 과정을 설명하는 이론이다. 그것을 정리해 보면, 우선 색온에 있어서 안이비설신이 색성향미촉을 받아들인다. 다시 말해서 눈으로 색깔과 모양을 보고 귀로 소리를 듣고 코로 냄새를 맡고 혀로 맛을 보고 피부로 느낀다. 그러면 식온에 있어서 그것들을 안식·이식·비식·설신·식신이 인식을 한다. 다시 말해서 각 감각기관에 붙은 마음이 인식을 한다. 그러면 수온·상온·행온에 있어서 심소법이 생긴다. 즉 분별하여 판단한다. 그러면 식온에 있어서 의가 그것을 받아들이고 의식이 그것을 인식한다. 그러면 말나식이 좋으면 취하려 하고 싫으면 버리려는 작용을 한다. 이런 말나식의 작용은 의식에게 영향을 주고 의식은 의를 통하여 심소법에 영향을 준다. 그러면 심소법은 안식·이식·비식·설신·식신에 영향을 주고, 안식·이식·비식·설신·식신은 안이비설신에 영향을 주고, 그러면 그것이 말과 행동으로 출력된다. 그러면 외부 환경이 변하고 새로운 자극이 발생한다. 그러면 그것을 또 색온에 있어서 안이비설신이 받아들이기 시작하면서 같은 과정이 반복된다. 그리고 또 한편으로 말나식의 생각은 아뢰야식에 저장되는데, 이것은 마치 카메라의 필름에 영상이 저장되는 것과 같다.

5온은 생물이 외부자극을 받아들이고 반응하는 과정을 이렇게 설명한다.

02

무명(無明)

어쨌든 12처·18계·5온은 중생이 외부의 자극을 받아들이고 반응하는 과정을 설명한 이론으로, 감각기관이 받아들인 외부자극을 인식기관이 인식하면 생각이 생기고, 그것에 의해 결정된 말과 행동이 출력되면 외부 환경은 변화되어 새로운 자극이 발생하고, 그러면 그것을 또 감각기관이 받아들이면서 같은 과정이 반복되는 것, 이것이 12처·18계·5온이 말하는 중생이 외부자극에 반응하는 과정이다.

이러한 과정을 통하여 알 수 있는 것은, 외부자극에 반응하기 위해서는 감각기관에 의하여 받아들여진 외부자극을 인식기관이 인식해야 한다는 것이다. 외부의 자극이란 각자가 처한 상황으로부터 오는 자극이다. 그리고 이것을 인식한다는 것은 그 상황을 분별하고 판단하는 것이다. 그러니 외부의 자극을 인식하게 되면, 외부 자극이 존재하는 실제상황과 그것을 분별하고 판단한 판단상황이 존재하게 된다. 그렇다면 실제상황과 판단상황은 일치하는 것일까?

중생들이 처한 실제상황은 각양각색이다. 하지만 변할 수 없는 사실은, 그 누구에게도 실제상황은 시간적으로는 지금이고 공간적으로는 여기라는 것이다. 그렇다면 실제상황 속의 지금과 여기는 판단상황 속에서도 동일한 지금과 여기일까?

1) 판단상황 속의 지금

지금이란 시간이다. 그리고 실제상황에서의 시간은 분명히 변화다. 그러면 판단상황 속에서도 시간은 변화일까?

불 켜진 전구는 계속해서 불이 켜져 있는 것처럼 보이지만 실제로는 수천 번 깜빡인다고 한다. 그런데 그렇게 보이지 않는 이유는 착시현상 때문이다. 착시현상이란 시각적인 착각 때문에 일어나는 현상으로, 사물의 모습이 변하더라도 변하기 전의 모습이 잔상으로 남아 변하지 않은 것으로 착각하는 현상이다. 그래서 전구의 불이 꺼졌음에도 불구하고 켜져 있을 때의 잔상이 남아있는데, 꺼진 것을 인식하기도 전에 불이 다시 켜지니 지속적으로 불이 켜진 것처럼 보이는 것이다. 곧 착시현상이 변화를 정지로 인식하게 하는 것이다.

움직이는 물체와 정지된 물체가 있다면 어느 것에 더 안정감을 느끼겠는가? 말할 필요도 없이 정지되어 있는 물체다. 그런데 오른쪽에서 왼쪽으로 움직였다는 것은 그 위치가 변했다는 것이다. 그리고 손을 아래에서 위로 움직였다는 것은 손의 위치가 아래에서 위로 변했다는 것이다. 다시 말해서 움직인다는 것은 변한다는 것이다. 그리고 정지되어 있다는 것은 변하지 않는다는 것이다. 그런데 시간이 적용되지 않는 사물은 그 어디에도 없다. 이것은 곧 변하지 않는 사물은 그 어디에도 없다는 말이다. 그러니 실제상황에서 물체는 모두가 변하고 있다. 그러니 판단상황이 실제상황과 일치한다면 항상 변하는 사물만을 보았을 것이고, 그렇다면 정지된 것보다 움직이는 사물에 더욱 익숙해야 한다. 그럼에도 불구하고 정지된 사물에 더 안정감을 느낀다는 것은 움직이는 사물보다 정지된 사물에 더 익숙하다는 말이 된다. 이것은 곧 시간은 실제상황에서는 변화임에도 불구하고 판단상황에서는 정지로 인식한다.

시간이 지나 오래간만에 만나자 훌쩍 커있는 아이, 너무 늙어버린 부모님, 낡아버린 집, 변화된 사실들은 우리들을 당황하게 만든다. 왜냐 하면, 사실은 시간이 흘렀음에도 불구하고 우리 기억 속에서는 변하지 않았기 때문이다. 이런 현상들은, 실제상황은 변화이지만 판단상황은 정지라는 것을 단적으로 증명하는 사례들이다.

이처럼 판단상황은 정지이기에, 중생들에게는 변화보다 정지가 더 친숙하다. 변화는 오히려 두렵기까지 하다. 그러니 새로운 것을 얻기보다는 현재 가진 것을 잃지 않으려는 심리가 더 강할 수밖에 없다.

심리를 파악하기 위한 실험이 있다. 어떤 주유소에서는 사은품을 준다는 현수막을 걸고 장사를 했을 때와, '당신의 차가 얼마짜리인데 아무 곳에서나 기름을 넣으시겠냐'는 현수막을 걸고 장사했을 때의 매출을 비교해 보았다. 그랬더니 후자의 경우의 매출이 1.5배 더 많았다고 한다. 왜냐하면 사은품을 받는 것은 새로운 것을 얻는 것이지만, 아무 곳에서나 기름을 넣는 것은 현재 가지고 있는 자동차의 성능을 잃어버릴 수 있기 때문이다. 이 실험을 통해 사람들은 새로운 것을 얻기보다는, 현재 가지고 있는 것을 잃지 않으려는 욕구가 더 강하다는 사실을 보여준다.

사람들은 새로운 것에 대한 시도를 하더라도 지금까지 이룬 것을 유지한 채로 시도하려고 한다. 방 안에서 밖으로 나가려면 방 안을 버려야 하는데, 방 안을 버리지 않고 나가려는 어리석은 짓을 하는 것과 같다. 그럼에도 불구하고 이것을 멈추지 않는다. 그 이유는, 시간은 실제상황에서는 변화이지만 판단상황에는 정지이기 때문이다.

또 과거는 변화가 완료된 것이고 미래는 아직 변화하지 않은 것이며 현재는 변화가 진행되고 있는 중이다. 따라서 아직 변화하지 않은 것이 변화를 진행하여 변화가 완료되는 것이기 때문에, 시간은 분명히 미래로부터 과거로 흐른다. 이것은 실제상황이다.

서울에서 부산으로 가고 있다면, 서울은 있었던 곳이고 부산에 앞으로 있을 곳이니, 서울은 과거이고 부산은 미래다. 그러니 서울에서 부산으로 가고 있다는 말은 과거에서 미래로 가고 있다는 말이다. 이 말은 변화가 완료된 것이 아직 변화하지 않은 것이 되고 있다는 말이 된다. 상식적으로 있을 수 없는 일이다. 그럼에도 불구하고 사람들에게는 이것이 상식이다. 다시 말해서 실제상황에서는 미래로부터 과거로 흐르는 시간이, 판단상황에서는 과거로부터 미래로 흐른다.

또 지금 가지고 있지 않은 것은 꺼낼 수 없듯이, 과거가 현재 속에 있기 때문에 회상할 수 있고 미래도 현재 속에 있기 때문에 예측할 수 있다. 그렇기 때문에 시간은 과거와 미래라는 알맹이를 품은 현재라는 껍데기로, 미래로부터 나와 과거가 되는 과정을 반복하고 있을 뿐이다. 이것이 실제상황이다.

하지만 판단상황 속의 시간은 과거에서 미래로 진행되는 직선이다. 따라서 과거는 지나가버려서 없는 것이요, 미래는 아직 오지 않았기에 없다. 오로지 있는 것은 현재뿐이다.

그러다보니 세 종류의 삶이 존재하는데, 하나는 과거만을 사는 삶이고 또 하나는 미래만을 사는 삶이고 마지막 하나는 현재만을 사는 삶이다. 과거만을 사는 삶이란 과거만을 회상하는 삶으로, 시간이 과거에 멈추어 있는 삶이다. 또 미래만을 사는 삶이란 미래를 위하여 모든 것을 희생하는 삶이다. 예를 들어 좋은 집에 살려고 온갖 고생을 다 하며 근검절약했는데 좋은 집을 장만하기 직전에 죽었다고 해보자. 온갖 고생이 무슨 소용이 있을까? 또 현재만을 사는 삶이란 자신의 과거가 어떠하였는지, 또 미래가 어떻게 될지 계획도 없이 눈앞의 이익과 편리만을 추구하며 사는 삶이다. 이렇게 사는 이유는 판단상황 속의 시간을 직선으로 인식하기 때문이다.

영생(永生)이라 하면, 죽지 않고 영원히 미래를 사는 모습을 상상한다. 판단상황 속의 시간이 직선이기 때문이다. 그런데 실제상황 속의 시간은 과거와 미래가 포함된, 심장처럼 제자리에서 박동하는 현재다. 과거도 미래도 현재도 다 살고 있으니 그 자체가 영생이다. 그것은 과거를 보고 현재의 위치를 파악하고, 미래를 보고 나아가야 할 방향을 잡아 현재를 살아가는 삶이다. 하지만 이런 삶을 사는 이들보다 과거나 현재나 미래 중 하나만을 사는 사람이 많은 이유는 판단상황의 시간이 실제상황의 시간과 다르기 때문이다.

이렇게 실제상황 속의 지금은 판단상황 속의 지금과는 확연하게 다르다.

2) 판단상황 속의 여기

'여기'란 공간이다. 공간이란 관계다. 그렇기에 실제상황에서의 모든 존재는 관계로만 존재한다. 선은 악이 있기에 존재하고 악은 선이 있기에 존재한다. 그런데 우리는, 선은 사랑하지만 악은 증오한다. 아름다움은 추함이 있기에 존재하고 추함은 아름다움이 있기에 존재한다. 그런데 우리는, 아름다움은 좋아하지만 추함은 싫어한다. 왜 그러는 것일까? 실제상황에서는 관계가 판단상황 속에서는 단절이기 때문이다.

'여기'란, 너에 의해 결정된 내가 너와 관계를 맺고 있는 공간이다. 그래서 아내가 너이면 나는 남편이다. 왜냐하면 나는 너에 의해 결정되기 때문이다. 이것이 실제상황이다. 그런데 아내가 시어머니의 흉을 보면 왠지 내 어머니 흉을 보는 것처럼 느껴진다. 분명히 나는 남편인데 어느새 아들이 되어버린다. 그리고 또 어머니가 너이면 나는 아들이다. 이것이 실제상황이다. 그런데 어머니가 며느리 흉을 보면 왠지 내 아내 흉을 보는 것처럼 느껴진다. 분명히 나는 아들인데 어느새 남편이 되어버린다. 이것은 실제상황 속에서의 나는 너에 의해 결정되지만, 판단상황 속에서의 나는 그 누구에 의해서도 결정되지 않는 절대적인 존재이기 때문이다.

또 점원이 누구냐고 물으면 손님이라 하고, 부모님이 누구냐고 물으면 아들이라 하고, 아내가 물으면 남편이라고 하고, 아이들이 물으면 아빠라고 대답한다. 이렇게 실제상황에서 나는 분명히 너에 의해 결정된다. 하지만 판단상황 속에서는 아무개라는 이름으로 불리는 동일한 인물만이 있을 뿐이다.

오래전 일이라 그 내용은 잘 생각나지 않으나, ○○은행에서 부당한 일을 당한 적이 있었다. 그래서 강력하게 항의를 하자 본점에서 잘못 내려진 지침으로 인하여 생겨난 일임이 밝혀졌다. 화가 가라앉지 않아 지점의 담당직원에게 언짢은 말을 계속하자, 담당직원은 본사가 잘못한 것인데 왜 규정대로 바르게 처리한 자기에게 그러냐며 언짢아

했다. 그래서 '나는 당신이 누구의 딸인지 누구의 아내인지 누구의 어머니인지 잘 모릅니다. 제가 알고 있는 당신은 ∞은행일 뿐입니다. 저는 지금 당신에게 화를 내고 있는 것이 아니라 ∞은행의 멍청한 지침에 화를 내고 있는 겁니다'라고 했던 일이 있다. 이 때 이 여직원이 언짢아했던 이유는, 은행직원으로서 규정대로 잘 처리한 자신에게는 아무런 잘못이 없음에도 불구하고 지속해서 잘못을 지적받는 것이 억울하다고 생각했기 때문이다. 그런데 이 여직원이 억울해야 할 대상은 은행이지 손님은 분명히 아니다. 왜냐하면 손님에게 있어서 여직원은 은행 그 자체이기 때문이다. 그럼에도 불구하고 억울한 이유는, 나는 너에 의해 결정되기 때문에 손님 앞에서는 ∞은행일 수밖에 없다는 것이 판단되지 않고 너와 상관없이 존재하는 내가 있다고 판단하기 때문이다.

'여기'는 너에 의해 결정된 내가 너와 관계를 맺은 공간이고, '거기'는 나에 의해 결정된 네가 나와 관계를 맺은 공간이며, '저기'는 우리가 제삼자와 관계를 맺은 공간이므로, 경험할 수 있는 공간은 '여기'뿐이다. '거기'와 '저기'는 '여기'에 대한 경험을 토대로 유추될 뿐이다. 이것이 실제상황이다. 그러나 판단상황은 그렇지 않다. '거기'와 '저기'도 다 자신의 경험으로 여긴다.

예를 들어, 회사에서 해고를 당하고 집에 돌아와 보니, 집안은 어질러져 있는 채로 아내가 TV를 보며 박장대소를 하고 있다고 가정하여 보자. 순간 '이 놈의 여편네까지 나를 무시하나? 남편이 들어오는데도 집안은 엉망이고 TV나 보고 있어?'라는 생각이 들어 아내가 괘씸하게 여겨진다. 그런데 내가 경험하는 '여기'는, 내가 남편으로서 아내와 관계를 맺고 있는 공간이다. 그리고 '거기'는 아내가 남편인 나와 관계를 맺고 있는 공간이다. '여기'에서의 남편은 직장에서 해고당하여 기분이 언짢아 있다. 하지만 '거기'에서의 남편은 직장에 갔다가 평소보다 일찍 들어오고 있다. 그리고 '여기'에서의 아내는 남편을 무시하고 있다. 하지만 거기에서의 '아내'는 대청소를 하다 잠깐 휴식을 취하며 TV를 보고 있는 중이다. 그러니 '거기'의 남편과 아내의 상태를 안다면 남편이 아내를 괘씸하게 생각해야 할 이유가 없다. 하지만 남편은 자신의 경험을 근거로 '거기'를 유추하기 때문에, 남편이 유추한 '거기'에서의 아내는 남편에게 아무 관심이 없는 사람이고, 남편은 그런 아내를 위하여 죽도록 일만 해야 하는 존재다. 이런 '거기'가 아무리 유추된 것이라 생각하여 이성적으로 이해해 보려고 노력한다고 하더라도, 여전히 어딘가 섭섭함이 남아있는 것은 분명하다. 이처럼 실제상황의 여기와 판단상황의 여기는 아주 다르다.

지금과 여기는 실제상황의 근원이다. 그럼에도 불구하고 중생들에게 있어서는 실제상황과 판단상황이 같을 수가 없다. 그러면 왜 이런 현상이 발생하는 것일까? 여기에 대한 불교의 대답은 12연기(緣起)에 있다.

3) 12연기(緣起)

12연기란 석존이 6년 고행을 버리고 보리수나무 밑에 앉아 7일간 역(逆)으로 순(順)으로 관(觀)한 내용으로, 그 결과 석존은 깨달음을 얻고 부처가 되었다고 한다. 따라서 그 사색은 6년 고행을 버리는 심정으로부터 출발한다. 그렇다면 육년 고행을 버리는 석존의 심정은 어떠했을까?

¹¹⁾爾時菩薩自念. 昔在父王田上坐閻浮樹下. 除去欲心惡不善法. 有覺有觀喜樂一心. 遊戲初禪. 時菩薩復作是念. 頗有如此道可從得盡苦原耶. 復作是念. 如此道能盡苦原. 時菩薩即以精進力修習此智. 從此道得盡苦原. 時菩薩復作是念. 頗因欲不善法得樂法不. 復作是念. 不由欲不善法得樂法. 復作是念. 頗有習無欲捨不善法得樂法耶. 然我不由此自苦身得樂法. 我今寧可食少飯麨得充氣力耶. 爾時菩薩. 於異時食少飯麨. 得充氣力.

(이 때 보살은 스스로 생각하였다. 부왕과 함께 살던 옛날, 밭 위 염부수 아래 앉아 욕심(欲心)과 악(惡)과 불선(不善)을 제거하자 깨달음이 있고 관(觀)이 있어 기쁘고 즐거운 일심이 초선(初禪)을 노닐었다. 이 때 보살은 또 이런 생각을 하였다. 자못 이와 같은 길이 있어서 이것으로부터 고통의 근원을 다할 수 있지 않을까. 또 이렇게 생각하였다. 이와 같은 길이 능히 고통의 근원을 다하게 할 수 있다. 그 때 보살은 바로 정진력으로써 이 지(智)를 닦고 익혀 이 방법으로 고통의 근원을 다할 수 있었다. 이 때 보살은 또 이런 생각을 하였다. 자못 욕(欲)과 불선으로 즐거움을 얻을 수 있을까 없을까. 또 이렇게 생각하였다. 욕과 불선으로는 즐거움을 얻을 수는 없다. 또 이렇게 생각하였다. 자못 무욕(無欲)을 익히고 불선을 버리면 즐거움을 얻을 수 있지 않을까. 그러나 나는 스스로 몸을 괴롭혔기 때문에 즐거움을 얻을 수 없었다. 나는 지금 편안하게 약간의 밥과 보릿가루를 먹고 기력을 채울 수 있다. 이 때 보살은 때가 아닌데도 약간의 밥과 보릿가루를 먹고 기력을 충만하게 하였다.)

---

11) 四分律 권제31 T1426 대정신수대장경(이하 '대정장') 22권 P781 上

그 때의 심정을 경전은 이렇게 전하고 있다.

석존이 6년 고행을 한 이유는 고통의 근원을 없애기 위함이었다. 그러나 아무리 노력해도 없앨 수 없었다. 그래서 좌절에 빠져 있던 순간, 출가(出家)하기 전에 일시적이나마 고통의 근원을 끊을 수 있었던 기억을 상기시켰다. 그리고 그 때 그것이 가능했던 이유는 욕심(欲心)과 악(惡)과 불선(不善)을 버렸기 때문이었다는 것도 상기할 수 있었다. 그렇다면 현재 그것이 되지 않는 이유는 욕심과 악과 불선을 버리지 않았기 때문이라는 생각으로 이어졌다. 그러면서 무엇이 욕심이고 악이고 불선인지 생각해 보았다. 그것은 고통의 근원을 없애고자 하는 집착이었다. 그 집착이 6년 동안의 그 혹독한 고행도 참아낼 수 있게 하였던 것이다.

그래서 약간의 밥과 보릿가루로 기력을 회복한 후 고통의 근원을 없애고자 하는 집착을 내려놓은 채로 보리수나무 밑에 앉았다. 그리고 원점으로 돌아가 자신이 왜 출가를 했는지에 대해 생각해 보았다. 그것은 늙고 병들고 죽는다면 부귀영화가 다 소용없음을 느끼고, 늙지 않고 병들지 않고 죽지 않는 길을 찾기 위해서였다.

12연기의 사색은 이렇게 시작되었다. 고통의 근원을 없앤다는 생각을 버리고 왜 늙고 죽는가라는 문제로부터 사색이 시작되어 그 인과관계를 따져 들어간 결과, 궁극적으로는 실제상황이 중생들에게 다르게 판단되는 원인을 발견하게 되었다. 이 사색의 과정이 12지분으로 나누어 설명되므로 12연기라 한다. 12가지가 인과관계로 묶여(緣) 일어나기(起) 때문이다. 그 12지분이란 노사(老死), 생(生), 유(有), 취(取), 애(愛), 수(受), 촉(觸), 육입(六入), 명색(名色), 식(識), 행(行), 무명(無明)이다.

그 내용을 살펴보자면, 12연기에 있어서 석존의 사색은 노사(老死)로부터 시작된다. "왜 늙고 죽는가?" 과학이 발달한 현대에 있어서 이것에 관한 가장 정통한 이론은 '텔로미어(telomere)' 학설이다. 텔로미어는 운동화끈 끝의 플라스틱처럼 생긴 나선형 염색체의 끝부분에 있는 유전자조각이다. 세포는 분열과 복제과정을 통해 새로운 세포를 만드는데, 그 때마다 텔로미어의 길이는 짧아진다. 그러면 늙고 그러다가 더 이상 새로운 세포가 만들어질 수 없을 정도로 짧아지면 죽는다. 또 다른 이론은 '활성산소' 학설이다. 활성산소는 에너지를 대사하는 과정에서 생기는 부산물로, 호흡을 통하여 들이마신 산소 중 2%정도가 몸 안에서 산화과정을 거쳐 활성산소로 바뀌는데, 이 활성산소가 세포에 상처를 입히고 노화를 촉진시킨다는 학설이다. 그렇다면 텔로미어 유전자 조각은 왜 있으며, 인체에서 활성산소를 왜 생기는가?

그것은 태어났기 때문이며, 또 살아있기 때문이다. 텔로미어니 활성산소니 하는 것들을 모른다 하더라도 이것만은 분명한 사실이다. 이처럼 생(生)이라는 석존의 대답은 텔로미어니 활성산소니 하는 현대과학의 답보다 더 명확하다. 더 이상 반박할 수 없는 대답이며 더 이상 질문을 만들어 낼 수 없는 결론이다. 태어났으니 살고, 산다는 것은 시간이 흐른다는 것이고, 시간이 흐른다는 것은 변화한다는 것이고, 변화한다는 것은 늙는다는 것이며 또한 죽는다는 것이다. 늙고 죽는 것에 대한 대답으로 이보다 명확하고 단호한 대답이 또 어디에 있을까?

그렇다면 태어났다는 것은, 그리고 또 살아있다는 것은 도대체 무엇일까? 늙고 죽는 이유에 대하여 더 이상 파고들 수 없는 단호한 답을 얻은 석존의 질문은 자연스럽게 그 다음으로 이어진다. 현대과학에 있어서, 살아있다는 것은 생물이 하는 활동으로, 성장하고 증식하며 물질대사를 하고 자기치유를 하며 자극에 반응하는 것이다. 하지만 이것은 살아있다는 상태가 무엇인지를 물어보는 질문에 대한 대답이지, 살아있는 의미가 무엇인지를 물어보는 근본 질문에 대한 대답은 아니다. 그러다보니 이것에 대한 석존의 대답은 철학적일 수밖에 없었다. 그 대답은 유(有)였다. 산스크리트어로 'bhava'이다. 곧 존재한다는 것이다.

석존의 질문은 그 다음으로 이어진다. 그러면 존재는 어떻게 입증되는가? 보이니까. 또는 느껴지니까. 즉 감각되니까 그 존재가 입증된다. 그러나 그것은 타에 의하여 존재가 입증되는 것이다. 그렇다면 타가 배제된 상태에서 그 존재는 어떻게 입증될까? 여기에 대한 석존의 결론은 취(取)다. 이것은 산스크리트어로는 'upādāna'인데, 연료 또는 활동적인 프로세스에 에너지를 공급하는 수단이며 근원을 말한다. 불교에서는 일반적으로 집착이라 번역한다. 이것은 곧 불교에서 말하는 집착으로, 활동적인 프로세스에 에너지를 공급하는 수단이자 근원으로, 활동하게 하는 연료다. 그러면 활동적인 프로세스란 무엇인가? 생각하고 말하고 행동하는 것이다. 거기에 에너지를 공급하는 수단이자 근원이 바로 집착인 것이다. 어쨌든 석존은 집착이 존재를 입증한다고 결론을 내렸다.

그리고 난 후 석존의 질문은 그 다음으로 이어진다. 그러면 집착은 왜 생기는가? 사색의 결과, 석존의 결론은 애(愛)다. 산스크리트어로 'tṛṣṇā'로 그 뜻은 갈증·욕망·갈망·탐욕이다. 다시 말해서 갈증과 같은 욕구가 집착을 일으킨다는 의미다.

계속해서 석존의 질문은 그 다음으로 이어지는데, 그러면 그런 욕구는 왜 생기는가? 사색의 결과, 석존의 답은 수(受)다. 산스크리트어로 'vedanā'로, 그 뜻은 전통적으로 감정 또는 감각으로 번역되는 불교 용어이지만, 일반적으로는 감각기관이 감각대상이나 그와 관련된 의식과 접촉할 때 발생하는 중립적인 감각을 말한다.

그렇다면 이런 감각은 왜 생기는가? 석존의 사색 결과는 촉(觸)이다. 산스크리트어로 'sparśa'로 접촉이라는 뜻인데, 이것은 감각기관과 감각대상과 감각의식(vijnana)의 3가지 요소가 함께 모이는 것으로 정의된다.

그리고 명색(名色)과 육처(六處), 그리고 식(識)이 이어진다.

'명색'은 산스크리트어로 'nāma – rūpa'인데, 'nāma'는 일반적으로 인간의 심리적 요소를 의미하는 것으로 간주되는 반면, 'rūpa'는 물리적인 것을 말하는데, 이것은 서로 의존적이며 분리할 수 없다. 왜냐하면 모든 물질은 인간에 의해 그 이름이 정해졌기 때문이다. 어쨌든 이러한 뜻의 '명색'은 감각대상을 말한다.

'육처'는 산스크리트어로 'ṣaḍ – āyatana'로, 안이비설신의(眼耳鼻舌身意)로 눈, 귀, 코, 혀, 피부, 그리고 감각기관으로서의 마음을 말한다. 즉 감각기관이다.

그리고 '식'은 산스크리트어 'vijñāna'로 감각의식이다. 이렇게 명색과 육처와 식이 접촉하면 중립적인 감각이 발생하는데, 이것이 '촉'이다.

석존의 사색은 그 다음으로 더 깊게 들어간다. 이렇게 해서 발생된 감각은 그 다음 어떻게 되느냐이다. 거기에 대한 사색의 결과, 석존의 결론은 행(行)이다. 산스크리트어로 'saṃskāra'로, 이것은 'mental dispositions', 즉 정신적 기질이다. 다시 말해서 감각기관이 감각대상을 받아들여 그것이 인식되면, 정신적인 기질에 의해 판단된다.

그렇다면 정신적인 기질이란 무엇인가? 그것을 석존은 무명(無明)이라 명명했다. 산스크리트어로 'avidyā'이다. 이것은 일반적으로 무지(無知) 또는 오해(誤解)로 번역된다. 그러면 무엇에 대한 무지인가? 실제상황에 대한 무지이다. 또 무엇에 대한 오해인가? 실제상황에 대한 오해이다. 이것이 석존의 결론인데, 석존의 사색이 실제상황과 판단상황이 다른 이유를 알기 위한 것은 아니었지만, 그 결과 그 이유를 발견하게 되었다. 그 이유는 실제상황을 분석하고 판단하는 기능을 가진 마음에 그것을 왜곡시키는 기질이 있기 때문이다.

4) 무명(無明)

산스크리트어로 'avidyā'이고, 무지(無知) 또는 오해(誤解)로 번역되는 무명이다. 이렇게 명명된 이유는, 실제상황을 왜곡시켜 실제상황을 오해하게 하고 알지 못하게 하기 때문이다. 이 무명이 불교의 두 번째 진리다.

불교에는 네 가지의 법칙인 진리란 뜻의 사법인(四法印)이라는 용어가 있다. 첫째가 제행무상으로, 모든 것은 변한다는 법칙이고, 둘째가 제법무아로, 모든 것은 관계로서 존재한다는 법칙이며, 세 번째가 열반적정으로, 완전연소는 고요하고 맑다는 법칙이며, 네 번째가 일체개고(一切皆苦)로, 모든 것은 괴로움이라는 것이다. 왜냐하면 우리가 알 수 있는 모든 것은 판단상황 뿐인데, 그 이유는 실제상황에 무지하기 때문이다. 이렇게 삼법인은 실제상황이 연기법임을 설명하고 있고, 사법인으로 거기에 추가된 일체개고는 판단상황은 실제상황에 무지할 수밖에 없다는 것을 무명으로 설명하고 있다.

그러면 판단상황이 실제상황에 무지한 것이 고통의 원인이라면, 판단상황이 실제상황을 통찰할 수 있으면 고통은 사라질 것이다. 그렇다면 무명을 없애면 된다. 이렇게 생각해서 석존은 12연기를 거꾸로 관하여 본다. 그러나 아무리 해보아도 그것은 답이 될 수 없다. 왜냐하면 무명은 생명활동의 근원이어서, 그것을 없애면 생명활동 자체가 불가능하기 때문이다.

예를 들어 식물의 생명활동을 가지고 생각해보자. 식물이 살아가기 위해서는 땅에 뿌리를 내리고 땅 속으로부터 영양분을 공급 받아야 한다. 그런데 땅 속에는 식물의 생존에 필요한 영양분만 있는 게 아니다. 또한 이것들은 실제상황에서는 관계가 단절되어 있지 않다. 따라서 식물에게 실제상황 그 자체가 판단상황이라면, 생존의 필요한 것과 필요 없는 것을 구분 없이 받아들여야 한다. 그렇게 된다면 식물은 생존할 수 없게 될 것이다. 아무리 실제상황이 그렇다 하더라도 판단상황은 그것을 분별하여 판단하기에, 생존에 필요한 것과 필요 없는 것을 구분하여 필요한 것만 받아들일 수 있다. 이러한 구분을 할 수 있게 하는 것, 그것이 바로 무명이다. 그러니 식물이 살 수 있는 이유는 '무명' 덕분이다. 다시 말해서 실제상황과 판단상황이 다른 덕분이다.

'하늘'을 한 번 생각해보자. '하늘'은 한 번도 똑같은 하늘이었던 적이 없다. 그러니 하늘을 정확하게 표현한다면 몇년몇월몇일몇시몇분몇초의 하늘이라고 표현해야 한다. 그러나 그것조차 말하는 동안 이미 지나갔기에 정확한 표현이 못된다. 그런데 그렇게 하면 의사소통이 불가능하다. 그러므로 의사소통이 가능한 언어로 '하늘'을 표현하려면 하늘을 정지시켜야 한다. 그리고 하늘은 하늘이 아닌 것과 동떨어져서 존재해 본 적이 없다. 그러니 하늘과 하늘이 아닌 것과의 관계를 단절하지 않고서는 하늘을 표현할 길이 없다. 그렇기에 의사소통이 가능한 언어로 하늘을 표현하려면 관계를 단절시켜야 한다. 이렇게 실제상황의 변화를 정지시키고 관계를 단절시켜 언어로 표현하게 하는 마음의 기질, 그것이 바로 무명이다.

그러니 무명은 판단상황의 창조주다. 이 창조주가 판단상황이라는 천지를 창조할 때는, 말씀은 언어를 사용하는 것이다. 이렇게 무명이 언어로 판단상황을 창조하기 때문에 생각이라는 것이 존재할 수 있고 생명활동이 가능하다. 하늘에 뜬 달은 하나지만 천개의 강에는 천개의 달이 뜨듯이, 실제상황은 하나지만 무명 덕분에 천명의 중생에게는 서로가 완전히 다른 천개의 판단상황이 존재하는 것이다.

받아야 할 괴로움과
받을 필요가 없는 괴로움

생명활동이란, 실제상황에 있는 여러 자극들을 감각기관이 감각하면 그것을 인식기관이 분석하고 판단하고 그렇게 해서 생긴 판단상황을 말과 행동을 사용하여 실제상황으로 출력하는 과정을 반복하는 활동이다. 이 때 실제상황의 자극들을 분석하고 판단하는 인식기관을 마음이라고 하는데, 거기에는 실제상황을 왜곡하는 기질이 있다. 이것을 무명(無明)이라 하는데, 이것은 곧 실제상황이 왜곡되지 않은 판단상황은 존재할 수 없다는 말이 된다. 따라서 실제상황은 하나지만 그것을 판단한 판단상황은 살아있는 생명체 숫자만큼 많을 수밖에 없다. 다시 말해서 하늘에는 하나의 달이 떠 있지만 천개의 강에는 천개의 달이 뜨는 셈이다.

그런데 강의 상태에 따라 어떤 강에는 세모난 달이 뜨기도 하고, 어떤 강에는 네모난 달이 뜨기도 하고, 어떤 강에는 고요한 달이 뜨기도 하고, 어떤 강에는 출렁이는 달이 뜨기도 한다. 이렇게 천개의 강에는 각기 다른 천개의 달이 뜨지만 틀린 달은 그 어디에도 없다. 단지 다를 뿐이다.

이처럼 실제상황은 하나뿐이지만 인구가 60억 명이면 60억 개의 판단상황이 존재하게 된다. 그리고 이 실제상황은 모두가 왜곡된 것이다. 그러니 그 누구도 정확한 실제상황은 알 수도 없고, 이 지구상의 그 누구도 불가능하다. 그러니 그 누구의 판단상황이라도 틀린 것은 없다. 오로지 다를 뿐이다. 그런데 각자가 자신의 판단상황만이 정확하다고 믿고 말하고 행동하니, 실제상황에는 왜곡된 실제 상황들이 충돌하고 있을 뿐이다. 이런 상태에서 우리는 행복해야 한다. 그러면 어떻게 하여야 행복할 수 있을까?

그 해법으로 불교가 제시하는 것이 사성제(四聖諦)다. 사성제는 석존이 깨달음을 얻고 부처가 된 후 최초로 설법한 녹야원의 설법내용이라 하는데, 그 뜻은 '넉 사(四)' '성스러울 성(聖)' ' 진리 제(諦)'로 '네 가지 성스러운 진리'이다. 네 가지란 고집멸도(苦集滅道)로, 이것은 의학에서 사람의 병을 치유하는 방식에서 착안했다고 한다. 예를 들어 열이 나고 기침을 하며 콧물을 흘리는 사람이 있으면, 그 원인을 찾은 후, 열을 내리고 기침과 콧물이 멎게 하는 처방을 한다. 곧 열이 나고 기침을 하고 콧물을 흘리는 것은 증상이다. 그것을 보고 그 원인을 찾은 후, 치료목표를 열이 내리고 기침과 콧물이 멎는 것으로 정한다. 그리고 그 목표에 도달할 수 있도록 처방을 내린다. 이것이 의학이 사람의 질병을 치료하는 방식이다.

사성제는 이런 방식에서 착안된 이론이다. 그래서 사성제의 첫 번째 고성제(苦聖諦)는 증상이다. 그리고 집성제(集聖諦)는 그 증상의 원인이고, 멸성제(滅聖諦)는 치료목표이고, 도성제(道聖諦)는 처방이다. 다시 말해서 고성제는 행복하지 못한 증상이다. 그리고 집성제는 그런 증상이 생긴 원인이며 멸성제는 행복하지 못한 원인이 제거되어 행복하지 못한 증상이 사라진 행복한 상태이며 도성제는 멸성제의 상태가 되기 위한 방법이다. 다시 말해서 행복하지 못한 원인을 제거하여 행복하지 못한 증상을 없애서 행복한 상태가 되는 방법이다.

01   고성제(苦聖諦)

그러면 우리에게는 어떤 행복하지 못한 증상이 있는 것일까? 그것을 말하고 있는 것이 사성제 중에 첫 번째 고성제다. 고성제란 괴로움이라는 성스러운 진리라는 뜻이다. 다시 말해서 괴로움이 행복하지 못한 증상이라는 것이다.

그러면 괴로움이란 어떤 것일까?

불교교리 중 사법인(四法印)이라는 용어가 있다. 네 가지의 변치 않는 법칙이라는 뜻의 사법인이란, 제행무상·제법무아·열반적정인 삼법인(三法印)에 일체개고(一切皆苦)가 더해진 것이고, 일체개고는 살아 있는 모든 것은 다 괴롭다는 뜻이다.

그런데 살아 있는 모든 것은 왜 괴로운 것일까? 살아 있다는 것은 생명활동을 하고 있다는 것이다. 생명활동에는 신진대사, 자가 치유, 자기번식 등의 여러 가지 활동이 있지만 그 중 가장 쉽게 인지되는 것은 외부자극에 반응하는 활동이다. 외부자극에 반응한다는 것은 감각기관이 받아들인 외부자극을 인식기관이 분석하고 판단한 후 그 결과물을 말과 행동으로 표현하는 것이다. 따라서 살아 있는 모든 것이 괴롭다는 것은 생명활동 그 자체가 괴롭다는 것이고 이것은 곧 외부자극에 반응하는 것 그 자체가 괴롭다는 것이 된다. 왜 그럴까?

그것은 감각기관이 받아들인 외부자극을 분석하고 판단하는 인식기관인 마음에는 실제상황을 왜곡시키는 기질이 있기 때문이다. 그렇기에 왜곡된 실제상황을 정확한 실제상황이라 착각하여 말하고 행동하니 이로 인한 분쟁과 충돌이 끊임없을 수밖에 없기 때문이다. 그런데 이런 괴로움은 마음에 있는 실제상황을 왜곡시키는 기질 때문이다. 그런데 이것은 생명활동의 근원이다.

그렇기에 불교에서는 실제상황을 왜곡시키는 기질을 무명(無明)이라 명명하면서 이것이 진리임을 공표하기 위하여 일체개고를 삼법인에 더해 사법인으로 하였다. 다시 말해서 불교의 진리가 사색되어진 '나는 지금 여기에 있다'라는 명제에서 '지금'과 '여기'에 대해 사색한 결과 발견된 연기법을 표현한 것이 삼법인이고, 여기에 하나가 더해진 사법인의 일체개고는 '나'에 대한 사색의 결과 발견된 무명을 표현한 것이라 할 수 있다.

어쨌든 살아있는 모든 것에 있어서는 생명활동의 근원이어서 결코 제거될 수 없는 무명이 있기에, 살아있는 모든 것에게는 다 괴로움이 있을 수밖에 없다. 불교는 이 괴로움을 분류하여 정리하였는데, 이것이 바로 사고팔고(四苦八苦)다.

1) 사고(四苦)

사고(四苦)란 생로병사(生老病死)의 고통이다.

생(生)의 고통이란 살아있는 고통이다. 그런데 살아있는 것이 어째서 고통일까? 살아있기 때문에 좋은 것도 많다. 그러니 설사 고통스러운 것이 있더라도 긍정적으로 생각하며 살아야 하는데, 살아있는 것 그 자체를 괴로움이라 단언한다는 것은 너무 염세적이고 부정적이다. 그런데 살아있는 것이 고통이라는 것은 살아있는 것을 고통으로 느끼며 살아야 한다는 말이 아니라, 살아있는 상태가 그렇다는 것을 말할 뿐이다. 그러면 살아있는 상태, 그것이 어째서 고통일까?

우선 살아있다는 것은 생명활동을 하고 있다는 것이고, 생명활동 중 하나가 외부의 자극에 반응하는 것이다. 외부의 자극을 받아들인다는 것은 감각기관인 눈·귀·코·혀·피부로 외부의 자극을 감각하고 인식기관인 마음으로 분석하고 판단하는 것인데, 감각기관이 받아들이는 모든 자극은 본래 고통이다. 즉 외부의 자극을 받아들인다는 것 그 자체가 고통이니, 산다는 것 그 자체가 어찌 고통이 아니겠는가? 그러면 외부자극을 받아들인다는 것, 그 자체가 어째서 고통일까?

아기가 태어나면 까무러칠 듯이 운다. 그 때 피부를 보면 빨갛다. 왜 그럴까? 어머니 뱃속 양수 속에 있을 때는 아무런 자극을 받지 않았던 피부가 태어나면서 갑자기 공기로부터 자극을 받기 시작하기 때문이다. 아무런 자극이 없다가 갑자기 자극받으면 아무리 약한 자극이라도 세게 느껴지는데, 그러기에 아기는 모든 자극이 다 통증으로 느껴진다. 상처가 아물면서 빨갛게 돋은 새 살에 잔잔한 바람만 스쳐도 쓰라리고 아픈 것과 같은 이치다. 이 때 느끼는 쓰라림과 통증을 아기는 온 몸으로 느끼니 어찌 까무러칠 듯 울지 않을 수 있겠는가? 이렇게 피부가 받는 자극은 원래 다 통증이다. 그 통증에 익숙해지면 자극이 강하게 느껴지지 않는다. 그렇게 되면 비로소 부드러움 따뜻함 시원함 등을 느끼게 되고 나아가 쾌락도 느낄 수 있게 된다.

피부의 자극만 그런 게 아니다. 눈이나 귀나 코 등으로 받는 자극도 강하면 괴로움이다. 아기가 태어나면서 눈을 뜨지 못하는 이유는 시각적인 자극이 거의 없던 어머니 양수 속보다 태어나서 받아야 하는 시각적인 자극이 너무 강하기 때문이다. 그렇게 강한 자극을 받아들일 만큼 눈이 완성되지 않았기 때문이다. 이것이 어두운 곳에 오래 있다가 갑자기 불빛을 만나면 눈이 부셔 눈을 뜨지 못하거나 그냥 하얗게 보이거나 하는 이치와 같다. 또 강력한 냄새를 맡으면 코가 아프고 굉음을 들으면 귀가 아픈 것도 강한 자극을 통증으로 느끼기 때문이다. 이처럼 살아있는 생물에게 있어서 강한 자극은 모두 고통이다.

강한 자극이 통증이라는 것은 자극 그 자체가 본래 통증이라는 것이다. 그런데 살아 있다는 것은 자극을 받는다는 것이다. 그러니 살아 있는 상태가 괴로움이 아니고 무엇이겠는가?

또 살기 위해서는 먹어야 한다. 그런데 음식에는 맛이 있다. 그 중 가장 괴로운 맛은 쓴 맛이다. 그러니 오죽하면 한자어 '괴로울 고(苦)'가 '쓸 고(苦)'이기도 할까? 그런데 모든 맛은 원래 쓴 맛이다. 그렇기에 아기가 태어나서 먹는 어머니의 젖에는 아무런 맛이 없는데 아기는 처음에는 그것마저도 거부한다. 아무런 맛이 없는 어머니의 젖조차도 쓰게 느껴지기 때문이다. 그래서 처음에는 젖꼭지를 거부하며 운다. 그러다가 배고프면 할 수 없이 빨기 시작하는데, 그러면서 쓴 맛에 익숙해지면 비로소 젖을 맛있게 느끼기 시작한다. 그렇기에 젖을 떼고 이유식을 먹일 때도 이유식에는 거의 아무런 간을 하지 않는다. 하지만 처음에는 아기는 그것조차도 거부한다. 쓰게 느껴지기 때문이다. 그래도 그것을 지속하여 먹이면 이유식도 맛있게 느끼기 시작한다. 그러면 서서히 여러 가지 간을 한 음식을 주면서 음식의 맛을 익히게 한다. 이처럼 맛이란 본래 쓴 것이다. 이 쓴 맛에 익숙해지면서 음식의 여러 가지 맛을 느끼고 즐길 수 있게 되는 것이다. 살기 위해 먹어야만 하는 음식조차도 원래 맛이 쓴 것이니 어찌 사는 것이 괴로움이 아닐 수 있겠는가?

대중 매체에서 전달하는 뉴스를 보면, 경제는 항상 안 좋다고 한다. 그리고 또 경제전문가들도 항상 경제가 불안하다고 말한다. 도대체 경제는 왜 맨날 안 좋은 것일까? 그리고 또 도대체 왜 항상 불안한 것일까? 그 이유는 불확실하기 때문이다. 호황을 누려도 그 호황이 언제까지 지속될지 모르기 때문이며, 불황이면 이 불황이 언제까지 갈지 확실치 않기 때문이다. 이처럼 미래가 확실하지 않은 것은 불안한 것이고, 불안한 것은 괴로운 것이다.

그런데 죽은 것이라면 내일도 모레도 항상 똑같이 죽어 있을 것이다. 미래가 항상 확실하다. 그러니 불안한 요소가 없다. 그러나 살아 있는 것은 내일도 모레도 살아 있을 것이라는 보장은 그 어디에도 없다. 직장에서 귀가하던 사람이, 자살하려고 아파트에서 뛰어내린 사람과 부딪쳐 그 자리에서 죽었고, 자살하려던 사람은 그 사람과 부딪친 덕분에 살았다고 한다. 이렇게 살아 있다면, 언제 어디서 예기치 못한 일이 있어 죽을지도 모르고, 또 죽고자 하더라도 못 죽을지도 모른다. 이처럼 살아있다는 것은 불확실한 미래를 산다는 것이다. 그리고 미래가 불확실하다는 것은 불안한 것이다. 그리고 불안한 것은 괴로운 것이다. 그러니 산다는 것, 그 자체가 어찌 괴로움이 아니겠는가?

그렇다고 해서 삶을 억지로 괴로움으로 느끼라는 말은 아니다. 산다는 현상, 그 자체가 괴로움이라는 것이다. 이것이 바로 생(生)의 괴로움이다.

노(老)의 괴로움이란 늙는 괴로움이다. 그런데 늙는 것이 어째서 괴롭기만 한 것일까? 물론 거리에서 빈 박스를 주우며 다니는 노인들, 그리고 홀로 사는 독거노인들을 보면 늙었다는 사실이 고통스럽게 느껴지기도 한다. 하지만 이들이 젊었을 때는 과연 얼마나 즐겁게 살았을까? 자식들 다 성공시키고 늙어서도 좋은 집에서 좋은 차를 타고 살며 여유로운 노년을 즐기는 이들을 보면 늙었다는 사실이 괴로움만은 아닌 것이 분명하다. 그러니 이것 역시 늙음을 괴로움으로 인식하라는 것이 아니다. 늙은 상태, 늙어가는 상태 그 자체가 괴로움이라는 것이다. 늙어가는 상태가 얼마나 괴로운 일인지 대중매체에 실린 기사를 소개하고자 한다.

아키히토(明仁) 일왕이 자신의 77번째 생일을 기념하는 기자회견에서 늙어가는 것에 대한 소회를 밝히고, 노인에 대한 사회적 배려를 요청했다고 한다. 그는 이날 건강에 대한 기자들의 질문에 "재작년부터 부정맥 등으로 일정을 취소하거나 연기하고 있다"며 "길을 가면 사람들이 '몸조심 하세요'라는 이야기를 많이 하고, 귀가 잘 안 들려 주위 사람들에게 이야기를 할 때 조금 큰 소리로 이야기 해달라고 요구하고 있다"고 전했다. 아키히토 일왕은 이어 "나도 노인의 한 사람으로 내가 경험하는 노화의 증상은 젊은 사람들이 좀처럼 상상하기 어려운 일들이 많다"며 "일본 내 노령인구가 급증하고 있다. 사람들이 고령자에게 좀 더 신경을 써 줬으면 좋겠다"고 당부했다. 아키히토 일왕은 앞서 지난 날 왕실 기자회견에서도 "청력에 문제가 생겼다"며 "사람들이 질문을 하면 잘 못 알아듣겠다. 크게 말해달라고 요청한다"고 밝혔다. 그는 최근 일본 사회를 뒤흔들었던 잇단 고령자 행방불명 사건과 관련해 "지난 1년을 돌아보면 고령자의 소재 불명 문제가 놀랍고 생사를 모르는 사람들이 있다는 것이 매우 유감스럽다"면서 "사람들이 노후를 편안하게 보낼 수 있기를 간절히 바란다"고 전했다. 아키히토 일왕은 도쿄에 있는 왕궁 발코니에 서서 자신의 생일을 축하하러 온 수천 명의 시민들에게 인사를 건네기도 했다.

한 나라의 국왕이면 부와 명예와 권력을 모두 가진 사람이다. 이런 사람에게 있어서도 늙는 것은 이렇게 괴로운 것이다. 이러니 일반인들이 느끼는 늙음은 얼마나 괴로울까?

어느 날 세수를 하다가 거울을 보니 피부도 뽀송뽀송하고 잘 생긴 청년은 안보이고 검은 수염과 흰 수염이 덥수룩한 중년아저씨가 서 있다. 젊고 예쁜 아가씨를 보면 가슴이 뛰고 얼굴에 홍조가 띄는 것은 젊었을 때와 변함이 없건만 그런 자신이 주책없어 보인다. 젊을 때는 쌀 한 가마니도 거뜬하게 짊어졌는데 20Kg쌀 2부대도 버겁다. 어린 자식들이 어느새 어른이 되니 할 일이 없어진 것 같다. 예쁜 아내의 머리카락에 흰머리가 보이기 시작한다. 어찌 이러한 일들이 즐겁겠는가? 아무리 잘생기고 예뻤던 사람이라도 늙으면 추해지고, 아무리 장사였던 사람이라도 늙으면 약해진다. 그리고 맛있는 음식도 마음껏 먹을 수 없게 되는 등 젊었을 때 누리던 많은 것들을 누릴 수도 없게 된다. 하고는 싶으나 몸이 따르지 않아 많은 것을 포기해야 한다. 그러니 이것이 어찌 유쾌한 일이겠는가? 이러니 늙는다는 것, 그 현상 자체는 괴로움일 수밖에 없지 않겠는가?

병(病)의 괴로움, 이것은 병이 든다는 것에 대한 괴로움이다. 병이란 생물체의 전신이나 일부분에 이상이 생겨 정상적 활동이 이루어지지 않아 괴로움을 느끼게 되는 현상이다. 즉 병이 되려면 괴로움이 있어야 하는데, 그 원인이 생명체 어딘가에 이상이 생겨 정상적인 활동이 이루어지지 못하기 때문이어야 한다. 예를 들어 콧물이 줄줄 흐르고 기침이 끊임없이 나오며 고열이 난다. 그래서 괴롭다. 그 원인은 몸에 이상이 생겨 정상적인 활동이 이루어지지 못하기 때문이다. 이러면 병이다. 그런데 높은 산을 오르는데 너무 힘들어 고통스럽다. 이것은 생명체 어딘가에 이상이 생겨 정상적인 활동이 이루어지지 않아 괴로움을 느끼는 것이 아니라, 과한 운동으로 체력에 부담을 주기 때문에 생기는 괴로움이다. 이런 것은 병이 아니다. 더욱이 이런 괴로움 후에는 만족감과 성취감, 그리고 상쾌함 등이 기다리고 있다. 하지만 병의 괴로움 후에 그런 것은 없다.

그러면 병은 다 괴롭기만 할까? 암에 걸려 거의 사형선고를 받다시피 한 사람이 그 질병을 잘 극복하고 난 후, 더 건강하고 더 보람찬 인생을 보낸다는 이야기는 종종 접할 수 있는 사연이다. 이런 사람들에게 있어서 병은 인생에 더 큰 행복을 가져다 준 선물이다. 그러니 병을 어찌 마냥 괴로운 것이라고만 할 수 있겠는가? 설사 병에 걸려 괴로움 중에 있더라도 병마와 친하게 지내면서 잘 관리한다면 건강한 사람보다도 더 행복하고 보람찬 인생을 보낼 수 있을지도 모른다. 거꾸로 병에 걸리는 것이 두려워 건강에 지나치게 집착해 모든 시간을 건강유지에만 할애하면서 몸을 잔뜩 웅크리고 사는 것보다, 병에 걸리는 것도 두려워하지 않으면서 몸을 사리지 않고 자신을 다 불사르는 삶이 훨씬 좋아 보인다.

그러니 병을 괴로운 것이라고만 치부한다면 그것은 너무 부정적이고 염세적이다. 그러나 '사고(四苦)'에서 말하는 병의 괴로움이란 병을 괴롭다고 인식하라는 것이 아니다. 병이라는 현상, 또 병에 걸린 상태 그 자체가 괴로움이라는 것이다.

사(死)에 대한 고통, 이것은 죽음에 대한 고통이다. 살아있는 존재가 죽음을 좋아할 수는 없다. 그렇기에 살아있는 모든 생물에게 죽음은 두려움이고 공포 그 자체로 괴로움일 수밖에 없다. 그러면 왜 자살하는 것일까? 자살은 사실 죽고 싶어서 하는 것이 아니다. 괴로움이 없는 곳에서 살고 싶어서 하는 것이다.

그렇다고 해서 죽음의 공포를 느끼며 항상 괴로워하라는 것은 아니다. 살아있는 것은 언젠가는 죽어야 한다. 그런데 항상 죽음에 대한 공포를 느끼며 산다면 무슨 일을 할 수 있을까? 거꾸로 죽음을 각오하고 몸을 사리지 않는 삶을 살아야 하지 않을까? 그러니 죽음의 공포를 느끼며 항상 괴로워하라는 것은 말이 안 된다. 그렇기에 '사'에 대한 괴로움은 죽음이라는 상태가 괴롭다는 것이지, 그것을 그렇게 느끼라는 말은 아니다.

2) 팔고(八苦)

'팔고'는 위의 '사고'에 애별리고(愛別離苦)·원증회고(怨憎會苦)·구부득고(求不得苦)·오온성고(五蘊盛苦)가 더해진 여덟 가지 괴로움이다.

'애별리고'란 사랑하는 사람과 헤어져야 하는 고통이다. 아내, 남편, 아들딸, 그리고 부모님, 나아가 형제, 친구 등 태어나 살아가면서 많은 사람들을 만나고 또 사랑을 한다. 그런데 그 어떤 만남도 이별을 전제로 하지 않는 것은 없다. 천재지변이나 전쟁 등 어쩔 수 없는 상황이 아니더라도 죽음은 반드시 찾아오니, 언젠가는 반드시 이별해야만 한다. 이별이 다 괴로운 것은 아니다. 싫은 사람과의 이별은 즐겁기까지 하다. 그러니 괴로운 것은 사랑하는 사람과의 이별이다. 그런데 이 괴로움은 살아있는 존재이라면 누구나 다 반드시 겪어야 하는 괴로움이다.

'원증회고', 미워하는 사람과 만나야 하는 괴로움이다. 살아가면서 수없이 많은 사람들을 만난다. 그 중 모든 사람이 다 자기 마음에 들고 좋은 것은 아니다. 때로는 마음에 들지 않고 거북하며 밉기까지 한 사람도 있다. 그런데 그들이 매일같이 만나야 하는 직장상사나 동료라면, 또는 형제라면, 부모라면, 나아가 배우자라면, 그것이 자식이라면, 안 만날 수 없는 노릇이다. 밉다는 감정이 노력한다고 안 생기는 것도 아니고 그 감정 자체가 괴로운 것인데, 그런 감정이 생기게 하는 사람을 반드시 만나야만 한다면 그것이 어찌 괴로움이지 않겠는가? 원증회고, 그것 역시 살아있다면 누구나가 다 겪어야 하는 괴로움이다.

'구부득고', 이것은 구하나 얻지 못하는 괴로움이다. 이 괴로움은 불타는 사막을 걸으며 목이 타들어가는 갈증 속에서 시원한 한 잔의 물을 구하는 것과도 같은 괴로움이다. 문명이 발달하지 않은 원시사회에서야 생존을 위해 구해야 할 것이 양식과 안전한 주거뿐이었다. 하지만 문명이 발달할수록 인간의 욕구는 다양해졌고 위협 또한 다양해졌다. 그러다보니 구해야할 것들도 참으로 많아졌다. 그러나 그런 것들이 구한다 해서 그렇게 쉽게 얻어지는 것은 아니다. 어떤 때는 피나는 노력을 해야 할 때도, 또는 끝없는 인내를 가지고 많은 역경을 감내해야 할 때도 있다. 이러니 '구부득고', 그것 역시 살아있다면 누구나가 다 겪어야 하는 괴로움임에 틀림없다.

팔고의 마지막은 '오온성고'다. '오온성고'란 오온이 성한 괴로움이다. 이것은 또 무슨 말일까? '오온(五蘊)'이란 다섯 가지의 묶임이란 뜻으로, 색온(色蘊)·수온(受蘊)·상온(想蘊)·행온(行蘊)·식온(識蘊)이다. 색온이란 색(色)의 묶임인데 색이란 물질을 말하는 것이니 이것은 물질의 묶임이다. 불교에서는 안이비설신(眼耳鼻舌身)과 색성향미촉(色聲香味觸)을 물질의 묶임이라 한다. 안이비설신은 감각기관인 눈·귀·코·혀·피부를 말하는 것이고, 색성향미촉은 감각기관이 감각하는 물질 대상인 모양과 색깔·소리·냄새·맛·느낌을 말한다. 그리고 식온(識蘊)은 인식기관인 마음을 말하며 수온·상온·행온은 감각기관이 받아들인 물질정보를 인식기관인 식온이 분석하고 판단하면 생기는 생각들의 모임을 분류한 것이다. 그러니 오온이란 생물이 외부의 자극에 반응하는 메커니즘을 표현한 불교이론이다. 따라서 오온이 성(盛)하다는 것은 생명활동이 성하다는 것이다. 다시 말해서 외부자극을 받아들이고 그것을 분석하고 판단하는 활동이 성하다는 것이다. 그러면 외부자극을 받아들이고 그것을 분석하고 판단하면 무엇이 생길까? 생각이다. 그러니 오온이 성하다는 것은 생각이 성하다는 것이다. 따라서 오온성고란 생각이 끊임없이 일어나는 고통이다.

그러면 생각이 끊임없이 일어나는 것이 왜 괴로운 것일까? 아무리 좋은 생각이라도 생각에 생각이 꼬리를 물고 끊임없이 이어져 일어난다면, 이제 그런 생각은 그만하고 싶은데 그것이 마음대로 되지 않는다면 그것은 괴로움이다. 그런데 살아있는 것이 어찌 생각을 멈출 수 있을 것인가? 그러니 오온성고 이것 역시 살아있다면 누구나가 다 겪어야 할 괴로움이다.

3) 받아야 하는 괴로움과 받을 필요가 없는 괴로움

사고팔고, 이것은 살아있다면 누구나가 다 겪을 수밖에 없는 괴로움이다. 살아있기에 외부로부터 자극을 받아야 한다. 그리고 살아있기에 아파야 하고 늙어야 하고 죽어야 한다. 또 살아있기에 사랑하는 사람과 헤어져야 하고 미워하는 사람과 만나야만 한다. 또 살아있기에 구해야 하는 것도 많고 반드시 얻을 수 있는 것도 아니다. 또 살아있기에 생각이 끊임없이 일어난다. 살아 있기에 이것들이 다 괴로움이다. 그러니 이런 괴로움은 죽지 않으면 끝나지 않는다.

그렇다면 이러한 괴로움은 어떻게 하여야 할까? 출가 전 어른이 되어가면서 느꼈던 석존의 고민을, 경전은

[12]爾時菩薩 漸漸長大 諸根具足 於閑靜處作是念 今觀此世間甚爲苦惱 有生有老有病有死 死此生彼以此身故 不盡苦際 如是苦身何可得盡(이 때 보살은 점점 장대해져 모든 근이 구족되었다. 한가하고 고요한 곳에서 이런 생각을 하였다. 지금 이 세간을 관하면 다함없는 고뇌이다. 생이 있고 노가 있고 병이 있고 죽음이 있는데, 죽음은 이것이 생이며 저것은 이 몸으로 인한 것이어서 고통이 다할 틈이 없다. 이와 같은 고통의 근본을 어찌하면 다할 수 있을까.)

---

12) 『사분율(四分律)』 권제31 T1426 대정신수대장경(이하 '대정장') 22권 P779 下

와 같이 전하고 있다. 다시 말해서 '사고팔고'는 몸이 있는 한 어쩔 수 없는 것이다. 그래서 석존은 출가를 하여 명상수행을 하고 또 6년간 피나는 고행을 한다. 그리고 그 결과를

[13]爾時菩薩自念。昔在父王田上坐閻浮樹下。除去欲心惡不善法。有覺有觀喜樂一心。遊戲初禪。時菩薩復作是念。頗有如此道可從得盡苦原耶。———생략——— 復作是念。頗有習無欲捨不善法得樂法耶。然我不由此自苦身得樂法. 我今寧可食少飯麨得充氣力耶. 爾時菩薩。於異時食少飯麨. 得充氣力 ———생략——— 時菩薩氣力已充。復詣尼連禪水側。入水洗浴身已出水上岸。往菩提樹下。時去樹不遠。有一人刈草。名曰吉安。菩薩前至此人所語言。我今須草見惠少多。吉安報曰。甚善不為愛惜。即授草與菩薩。菩薩持草。更詣一吉祥樹下。自敷而坐。直身正意繫念在前。時菩薩除欲愛惡不善法。有覺有觀喜樂一心。遊戲初禪。是謂菩薩最初得勝善法。何以故。由繫意專念不放逸故。(이 때 보살은 스스로 생각하였다. 부왕과 함께 살던 옛날, 밭 위 염부수 아래 앉아 욕심(欲心)과 악(惡)과 불선(不善)을 제거하자 깨달음이 있고 관(觀)이 있어 기쁘고 즐거운 일심이 초선(初禪)을 노닐었다. 이 때 보살은 또 이런 생각을 하였다. 자못 이와 같은 길이 있어서 이것으로부터 고통의 근원을 다할 수 있지 않을까. ———생략——— 또 이렇게 생각하였다. 자못 무욕(無欲)을 익히고 불선을 버리면 즐거움을 얻을 수 있지 않을까. 그러나 나는 스스로 몸을 괴롭혔기 때문에 즐거움을 얻을 수 없었다. 나는 지금 편안하게 약간의 밥과 보릿가루를 먹고 기력

---

13) 『사분율(四分律)』 권제31 T1426 대정신수대장경(이하 '대정장') 22권 P781 上

을 채울 수 있다. 이 때 보살은 때가 아닌데도 약간의 밥과 보릿가루를 먹고 기력을 충만하게 하였다. ---생략--- 보살은 이미 기력이 충만하게 되자 다시 니련선수가에 이르렀다. 물에 들어가 몸을 깨끗하게 씻고 물 밖으로 나와 언덕을 올라 보리수나무 아래로 갔다. 이 때 나무로부터 멀지 않은 곳에 풀을 베는 한 사람이 있었는데 이름이 길안이었다. 보살이 이 사람 앞에 이르러 말하기를 지금 나에게 이 풀로 은혜를 베풀어 주시오. 길안이 대답하여 말하기를 "보잘 것 없는 것입니다." 하면서 바로 풀을 보살에게 주었다. 보살은 풀을 가지고 다시 한 그루 길상수 아래에 이르러 스스로 펴고 앉았다. 몸을 곧게 펴고 염을 이어 생각을 바르게 하고 앞으로 나아갔다. 그러자 보살은 욕애와 악과 불선법을 없앴다. 깨달음이 있고 관이 있는, 기쁘고 즐거운 일심이어서 초선을 노닐었다. 이것은 이른바 보살이 최초로 얻은 승선법이었다. 어째서 그런가하면 생각을 이어 오로지 염하여서 불방일이었기 때문이다.)

라고 경전은 전하고 있다. 다시 말해서 생로병사의 괴로움은 몸이 원인이었다. 그래서 6년간 몸을 괴롭혔지만 생로병사의 괴로움으로부터 벗어나지 못했다. 그러다가 집에 있을 때 괴로움으로 벗어날 수 있었던 때를 떠올리면서 괴로움의 원인이 몸이 아니라 집착임을 알게 된다. 다시 말해서 생로병사의 괴로움으로부터 벗어나기 위한 집착으로 인하여 고진감래(苦盡甘來)하며 6년간 고행을 한 것이 나쁜 욕심(慾·不善)이었던 것임을 알게 되었다. 그래서 그 집착을 버리기 위하여 음식을 먹고 목욕을 한 후 목동이 주는 풀을 펴고 나무 밑에 앉는다. 다시 말해서 집착을 내려놓은 것이다.

그리고는 몸을 곧게 펴고 염을 이어 생각을 바르게 하고 앞으로 나아갔다(直身正意繫念在前). 그러자 생로병사의 고통으로부터 벗어날 수 있었다. 여기에서 가장 주목해야 할 부분이 '염을 이어 생각을 바르게 했다(正意繫念)'이다. '염'이라는 한자를 보면 '지금 금(今)' 밑에 '마음 심(心)'이 있다. 마음이 지금에 가 있는 형상이다. 그러면 이것이 의미하는 바가 무엇일까?

한가한 어느 날, 카페에서 커피 한잔 시켜놓고 멍한 채 있어본 적이 있는가? 그러면 여러 가지 생각이 떠오른다. 그러다가 반드시 떠오르는 것은 불편한 생각이다. 그 이유는 마음은 불편한 곳으로 가는 속성이 있기 때문이다. 마음이 지금에 있다는 것은, 아무런 생각을 하지 않고 그냥 마음이 가는대로 놓아두고 있다는 것이다. 그러면 마음은 분명히 지금의 불편한 곳으로 갈 것이다. 불편한 생각이 떠오른다는 것이다.

그러면 석존이 염을 이어간다는 것은 무엇일까? 바로, 마음이 지금의 불편한 곳으로 가도록 내버려두고 불편한 생각이 이어지도록 한다는 것이다. 그렇다면 그 당시 석존에게 있어서 불편한 것은 무엇이었을까? 생로병사의 괴로움이었다. 마음이 이곳에 있으면서 생각이 이어진다면 어떻게 될까?

생로병사의 괴로움은 몸이 주는 괴로움이다. 그렇다고 몸을 없앨 수는 없다. 왜냐하면 몸은 살아있다면 당연히 있어야 하는 것이기 때문이다. 그래서 몸을 괴롭혔다. 그러나 생로병사의 고통으로부터 벗어날 수 없었다. 그런데 생로병사의 고통으로부터 벗어나고자 하는 집착을 버리면, 생로병사의 고통으로부터 벗어날 수 있지 않을까? 그런데 이러한 생각들은 몸을 곧게 펴면서 했다. 몸을 곧게 편다는 것은 도망가지 않고 맞서는 모습이다. 다시 말해서 생로병사로부터 도망가려 하지 않고 맞섰다는 것이다. 그러자 생로병사의 괴로움으로부터 벗어날 수 있었다.

사고팔고는 사람에게나 짐승에게나 살아있는 모든 생물들에게는 괴로움일 수밖에는 없다. 하지만 사람은 이 괴로움을 받지 않으려 하고 다른 생물들은 운명처럼 받아들인다. 그렇기에 짐승들은 사고팔고가 있어도 느끼지 못하지만 사람은 그것을 느낀다. 그렇기에 사람은 이 사고팔고를 극복하려고 노력한다. 그러나 살아 있는 한 사고팔고는 극복되지 않는다. 그렇기에 사람은 사고팔고에다 그것을 극복하려는 괴로움까지 느낀다.

그러면 사람은 왜 이럴까? 사람은 다른 생물들과는 다르다. 다른 생물들은 환경에 순응하지만 사람은 순응하지 않고 극복한다. 다시 말해서 다른 생물들은 살 수 없는 환경에서 순순히 죽음을 맞이하지만 사람은 살 수 있는 환경으로 바꾸려고 노력한다. 그렇기에 다른 생물들은 살 수 없는 환경에서는 멸종하지만, 사람은 저 추운 북극에서도, 저 뜨거운 적도에서도, 그리고 심지어는 잠수함을 만들어 물속에서도, 우주선을 만들어 우주 밖에서도 생존한다.

'사고팔고'는 그 어떤 생물이라 하더라도 반드시 마주해야만 하는 환경이다. 그렇기에 모든 생물들은 이것을 운명처럼 받아들인다. 그렇기에 설사 사고팔고가 있더라도 그들은 그것을 느끼지 못한다. 하지만 환경에 순응하지 않는 사람이라는 생명체는 이것조차도 극복하려 한다. 그러니 사고팔고를 느낄 수밖에 없는 것이다.

그렇기에 그것을 극복하려고 사고팔고에 맞선다. 그 덕분에 인간은 지금과 같은 문명을 이룰 수 있었다. 시각에 좋은 자극을 주기 위하여

미술을, 청각에 좋은 자극을 주기 위하여 음악을, 그리고 후각과 미각에 좋은 자극을 주기 위하여 음식과 조리법을 개발하고 발전시켜 왔다. 또 좋은 촉각을 얻기 위하여 입기 편한 소재의 옷감을 개발하였고, 살기 좋은 집을 개발하여 발전시켜 왔다. 그리고 병들고 늙고 죽는 괴로움을 극복하기 위하여 꾸준히 의학을 발전시켜 왔다.

또 사랑하는 사람과 헤어지는 괴로움을 극복하기 위하여, 장례식을 치르고 무덤을 만들며 제사를 지내기 시작했다. 또 미워하는 사람과 만나야 하는 괴로움으로부터 벗어나기 위하여, 전쟁을 하고 승리하기 위해 전술을 연구하고 수많은 무기들을 개발해왔다. 또 구하는 것을 얻지 못하는 괴로움으로부터 벗어나기 위해, 수많은 연구를 하여 여러 가지 학문을 발전시켜 왔다. 그리고 생각이 많은 고통으로부터 벗어나기 위해, 명상과 요가를 하며 또 마음을 수련하기도 한다. 이렇게 사고팔고를 운명처럼 받아들이지 않고 극복하기 위하여 끊임없이 노력한 결과, 인간들은 지금과 같은 문명을 만들어 냈고 그리고 또 앞으로도 이 문명을 더 더욱 발전시켜 나갈 것이다.

그러니 사고팔고를 느끼고 그것을 극복하려는 인간의 의지는 분명히 부정적인 것이 아니다. 차라리 다른 생물들이 누릴 수 없는 윤택하고 풍부한 삶을 선사하는 인간에게만 주어진 선물이라고 할 수 있다. 사고팔고, 그것은 살아있는 생명체라면 그 어떤 것에게나 있는 현상이다. 다시 말해서 살아있기에 주어지는 선물이다. 그런데 그것을 느끼는 것은 인간뿐이다. 인간은 그것을 괴로움으로 느끼기에 다른 생물체처럼 신진대사나 하는 생명활동을 하지 않는다. 그 결과 인간의 생명활동은 그리고 인간의 삶은 고귀하고 위대할 수밖에 없다. 그러니 사고팔고를 느끼고 그것을 극복하기 위하여 느끼는 괴로움은 인간이기에 주어지는 선물일 수밖에 없다.

그렇다면 무엇이 문제인가? 사고팔고는 살아있기에 느낄 수밖에 없는 현상이다. 그리고 그것을 극복하려는 의지와 노력, 그래서 그것으로부터 오는 괴로움은 인간에게만 주어지는 특권이다. 그렇기에 이런 괴로움은 받아야만 하는 괴로움이다. 다시 말해서 없어서는 안 되는 괴로움이다.

그런데 때로는 환경을 극복하려는 인간의 의지는 사고팔고가 없는 상태에 대한 집착으로 변질되기도 한다. 왜냐하면 사고팔고는 완화할 수는 있지만 결코 극복될 수는 없기 때문이다. 이러한 집착이 새로운 괴로움을 만들어 낸다. 이것은 받을 필요가 없는 괴로움이며 있어서는 안 되는 괴로움이다. 석존의 6년 고행이 바로 그런 괴로움이다. 사고팔고가 없는 상태에 집착하여 그러한 상태를 만들려고 그 모진 고행을 견뎌낸 것이다. 그래서 석존은 그것을 욕(慾)이며 불선(不善)이며 애착(愛著)이었다고 고백하신 것이다. 그러나 사고팔고가 없는 상태에 집착하는 이들 중에는 석존처럼 모진 고행을 하는 이들보다, 재산 명예 권력들에 집착하는 이들이 더 많다.

어쨌든 고성제의 괴로움은 일체개고의 괴로움과 다르다. 다시 말해서 사고팔고의 괴로움도 아니며 그것을 극복하기 위한 의지가 만들어 낸 괴로움도 아니다. 사고팔고의 괴로움은 살아 있기에 존재하는 괴로움이며, 그것을 극복하려는 의지가 만들어 낸 괴로움은 인간이기에 존재하는 괴로움이다. 따라서 이것은 괴로움의 증상이 아니다. 그렇기에 제거할 필요가 없다. 이것은 일체개고의 괴로움이다. 그러나 고성제의 괴로움은 받을 필요가 없는 괴로움이며 있어서는 안 되는 괴로움이어서 있다면 반드시 제거해야만 하는 괴로움이다. 그리고 그것은 사고팔고가 없는 상태에 집착하기에 생긴 괴로움이다. 이것이 바로 불교에서 제거하고자 하는 괴로움이다. 그리고 이것이 바로 고성제로, 불필요한 고통을 받는 사람의 증상이다.

02

집성제(集聖諦)

사성제 중 두 번째인 집성제는 이러한 증상에 대한 원인이다. 그러면 이런 괴로움은 왜 생기는 것일까? 그 이유는 사고팔고가 없는 상태에 집착하기 때문이다. 그러면 왜 사고팔고가 없는 상태에 집착하는 것일까? 그것은 환경에 순응하지 않고 극복하려는 의지가 지나치기 때문이다. 그러면 왜 그런 현상이 발생하는 것일까?

1) 근원적인 이유

여기에는 생물이기에 나타나는 근원적인 이유가 있다. 다시 말해서 생물은 생명활동을 하는데, 생명활동이란 몸에 있는 감각기관이 외부 자극을 감각하고 마음에 있는 인식기관이 그것을 판단하고 분석하면 생각이 생기고, 그렇게 해서 생겨난 생각을 말과 행동으로 출력하는 활동이다.

따라서 산다는 것은 몸을 사용하고 마음을 사용하는 것인데, 사용을 하게 되면 당연히 피로해진다. 다시 말해서 몸과 마음은 피로해지고 그러면 죽을 것 같아진다. 그런데 살아 있는 것은 그 어떤 것도 죽고 싶어 하지 않는다. 그렇기에 죽을 것 같은 상태를 만들고 싶어 하지 않는다. 그러다 보니 될 수 있는 한 몸과 마음을 사용하려 하지 않는다. 그러면서 편안함을 느낀다.

따라서 살아 있는 모든 생물들은 편안함을 추구한다. 하지만 그 어떤 생명에게도 주어진 환경은 편안함을 허락하지 않는다. 그런데 인간은 그러한 환경을 극복하려 한다. 그리고 그것에 집착한다. 이것이 받을 필요가 없는 괴로움이 인간에게 생기는 이유이다.

2) 집착(執着)

병이란 생물체 어딘가에 이상이 생겨 정상적으로 활동이 이루어지지 않아 괴로움이 생긴 상태를 말한다. 예를 들어 몸에 열이 나고 콧물이 흐르고 기침을 해서 괴로움이 생겼다면 이것이 몸이 정상적으로 활동하지 않아 생긴 괴로움이다. 따라서 이것은 병이다.

그런데 '사고팔고'가 분명히 괴로움이고, 이 괴로움으로부터 벗어나려는 인간의 노력 역시 분명히 괴로움이다. 그런데 사고팔고가 괴로움인 이유는 살아있기 때문이며 그것을 극복하려 하기에 생기는 괴로움은 인간이기 때문이다. 다시 말해서 어딘가에 이상이 생겨서 정상적인 활동이 이루어지지 않아서 생긴 괴로움이 아니니 이것은 병이 아니다. 따라서 이것은 고성제가 말하는 괴로움의 증상이 아니다.

부처님 당시에 있었던 일이다. 죽은 아이를 병들었다고 생각하여 들쳐 업고 의사를 찾아 헤매는 여인이 있었다. 주변에서 아무리 아이가 죽었다고 말해도 믿으려 하지 않았다. 시간이 지나자 아이의 시신은 여인의 등에서 썩어 시체 썩는 냄새가 진동을 했다. 그래도 여인은 아이의 죽음을 인정하려 하지 않았다. 보다 못한 이웃이 석존을 찾아가면 아이를 살릴 수 있을 것이라 가르쳐 주었다. 그래서 여인이 석존을 찾아가자 석존께서는, 일가친척 중 죽은 사람이 한 사람도 없는 집에 가서 겨자씨 3알을 가져다 먹이면 아이가 살 것이라 하셨다. 그래서 여인은 겨자씨를 구하러 다녔지만, 겨자씨는 있어도 일가친척 중 죽은 사람이 한 사람도 없는 집은 그 어디에도 없었다. 거기에서 여인은, 사랑하는 사람을 잃은 슬픔은 누구에게나 다 있다는 것을 깨닫고, 아이의 죽음을 인정하고 장례를 치러주었다.

이 일화에서, 사랑하는 자식을 잃은 어머니의 괴로움은 정상적이다. 그리고 또 그 슬픔을 극복하기 위하여 아이의 장례를 치르는 괴로움 역시 정상적이다. 그러나 사랑하는 사람과 헤어지는 괴로움을 받지 않으려고, 아이의 죽음을 인정하지 않고 아이에 집착하는 괴로움은 비정상적이다. 이것은 병의 증상이다. 사성제 중 고성제의 증상은, 바로 이러한 괴로움이다. 그 원인은 사고팔고의 괴로움을 받지 않으려는 '집착'이다. 다시 말해서 사고팔고가 없는 상태에 대한 집착이다.

3) 집성제(集聖諦)

생(生)의 괴로움을 받지 않으려고, 좋은 것만 보려하고, 좋은 소리만 들으려 하고, 좋은 냄새만 맡으려하고, 좋은 음식만 먹으려 하고, 부드럽고 쾌락적인 자극만을 추구하며 그런 것에 집착한다. 노(老)의 괴로움을 받지 않으려고 젊음에 집착하여 온갖 추태를 다 부린다. 또

병(病)의 괴로움을 받지 않으려고 건강에 집착하여 몸에 좋다는 것은 그것이 무엇이든 가리지 않고 다 구하여 먹고 또 하려 한다. 사(死)의 괴로움을 받지 않으려고 불로초(不老草)를 구하고 또 많은 이들을 희생시키면서 화려한 무덤을 만든다.

애별리고(愛別離苦)를 받지 않으려고 사랑하는 사람에 집착하여 변심하면 온갖 증오심으로 인간으로서 해서는 안 될 흉측한 범죄도 마다하지 않고, 사랑하는 사람이 누군가에 의하여 다치거나 죽임을 당하면 자신의 모든 것을 다 잃더라도 반드시 복수하고자 한다. 또한 사랑하는 사람이 사고나 병으로 죽으면 상심이 커서 언제까지나 거기에서 빠져나오지를 못한다.

원증회고(怨憎會苦)를 받지 않으려고 미워하는 사람에게 집착하여 생각은 항상 증오심으로 가득하고 입에서는 항상 독설을 내뱉고 행동은 거칠고 포악하다. 그러면서 사람으로서 해서는 안 될 일들을 거침없이 행한다.

구부득고(求不得苦)를 받지 않으려고 구하는 것에 집착하여 그것을 얻기 위해서라면 수단과 방법을 가리지 않으니 생각에는 집착이 가득하고 입에는 남을 이간하는 말과 아첨하는 말이 가득하고 행동은 야비하고 비겁하기 짝이 없다.

그리고 오온성고(五蘊盛苦)를 받지 않으려 편안한 생각에 집착하니 자신이 처한 환경이 어떻든 모든 것을 편하게만 해석하려 하니, 생각은 어리석기가 짝이 없고 입에서는 필요한 말이 나오지 않고 행동은 게으르기 짝이 없다.

또한 재산과 명예와 권력이 있으면 없는 이들보다는 어느 정도 사고팔고로부터 벗어날 수 있으니, 없는 이는 있는 이 앞에서 기가 죽고 있는 이는 없는 이를 업신여기며 기고만장한다. 그러다보니 재산과 명예와 권력에 집착하여 서로 가지려고 안간힘을 쓰는데, 없는 이는 호시탐탐 빼앗으려 하고 있는 이는 안 빼앗기려 안간힘을 쓴다. 그러니 재산과 권력과 명예는 없으면 불편하고, 있으면 불안할 수밖에 없다. 있는 이가 없는 이의 부모고 형제고 벗이고 스승이고 제자고 은인이라도 도와주지 않으면 원망하는 마음이 가득하고, 없는 이가 있는 이의 부모고 형제고 벗이고 스승이고 제자고 은인이라도 있는 이는 혹 피해를 입지 않을까 전전긍긍한다. 그러다가 피치 못할 사정으로 누군가가 곤궁에 빠지면, 없는 이는 빼앗으려 하고 있는 이는 안 빼앗기려 싸우는데, 그러다가 감정이 상해 상대가 부모든 자식이든 형제든 벗이든 스승이든 제자든 은인이든 누구든 상관없이 서로 원수가 되어 물어뜯고 싸운다. 이렇듯 사고팔고의 괴로움을 받지 않으려고 돈과 권력과 명예에 노예가 되어 살지만, 태어났으면 언젠가는 반드시 죽는 법, 아무리 아끼고 지켜도 죽을 때는 아무 것도 가져갈 수 없다.

이렇듯 언젠가는 물거품처럼 사라질 재산과 명예와 권력을 수호하느라 자신이 살고 싶은 삶은 살아보지도 못하는데, 그 원인은 사고팔고의 괴로움을 받지 않으려는 집착 때문이다. 다시 말해서 사고팔고가 없는 상태에 대한 집착 때문이다. 이것이 속박된 상태에서 몸을 사리는 삶을 사는 괴로움의 증상의 원인으로, 이것을 집성제(集聖諦)라 한다.

제6강

행복과 해피

01

행복과 해피

1) 행복(幸福)과 해피(happy)의 어원

우선 행복과 해피에 대한 어원부터 살펴보면, 앞에서도 말했듯이 행복의 '행(幸)'은 차꼬의 상형문자다. 차꼬는 죄인을 포박할 때 쓰는 물건이니 '행'이란 죄인이 포박된 것이다. 죄인이란 재앙이다. 그러니 '행'은 재앙을 막았다는 뜻이 된다. 그리고 '복(福)'은 '보일 시(示)'와 '찰 복'으로 되었다. 그리고 '찰 복'은 '한 일(一)'과 '입 구(口)'와 '밭 전(田)'으로 구성되어 있다. '일(一)'은 '모두'라는 뜻이며. '구(口)'는 '입'이고 '전(田)'은 '밭'이다. 밭이란 식량이 생산되는 곳이니 '찰 복'은 모두의 입이 만족될 정도의 풍족한 식량을 말한다. 그리고 '시(示)'는 제단 위에 재물이 놓여 있는 상형문자로 무엇인가를 기원한다는 의미가 있다. 그러니 '복(福)'이란 기원하여 풍족한 식량을 얻었다는 의미가 된다. 그러니 한자의 어원에서 보면 '행'이란 '재앙을 막았다'는 것이고 '복'은 '풍족함을 얻었다'는 것이니 행복이란 재앙을 막고 풍족함을 얻은 것이다.

그러면 해피(happy)의 어원을 살펴보면, 'happy'는 명사 'hap'에 형용사 어미 '−y'가 붙으면서 짧은 모음 때문에 'p'가 겹쳐지면서 만들어진 단어다. 그런데 명사 'hap'은 고대 스칸디나비아어 'happ'에서 생겨난 말이며, 북유럽 언어인 Old Norse에서 온 단어로 운(chance), 사건(occurrence) 등의 뜻을 가지고 있다. 따라서 이것의 형용사형인 'happy'의 원래 뜻은 '기회가 되어서 무엇인가가 오거나 일어나는 것(coming or happening by chance)' 또는 '좋은 운이나 행운을 가지는 것(having good hap or fortune)'인데, 어쨌든 'happy'의 뜻은 좋은 일이 생긴다는 것이다. 다시 말해서 해피는 항상 좋은 일만 있는 것이다.

이렇게 어원에서 살펴보면 행복은 재앙이 찾아와서 그것을 막아내서 풍족함을 얻는 것이지만, 해피는 그 어디에도 재앙이란 존재할 수 없다. 따라서 생활에서 충분한 만족과 기쁨을 느끼어 흐뭇하거나 그러한 상태를 행복이라 정의하는 사전적인 의미에 있어서 행복에는 어원적인 의미에서의 행은 찾아볼 수 없다. 오로지 복만이 있을 뿐이다. 따라서 어원적인 의미에서 생각해보면 사전적인 의미의 행복은 행복이라기보다는 차라리 해피다.

그러면 이렇게 재앙을 마주하여 얻어내는 행복과 재앙은 그 어디에도 없는 해피는 구체적으로 어떻게 다를까?

2) 해피는 편안함이고 행복은 즐거움이다.

에메랄드빛으로 빛나는 푸른 바닷가, 파라솔 밑 썬 베드에 사랑하는 연인과 함께 누워 차가운 맥주를 마시며 일광욕을 즐기는 장면을 상상해보자. 여기에서 느끼는 감정은 어떤 것일까? 편안함이다.

얼마 전 유튜브에서 본 영상이다. 집채만 한 파도를 뚫고 서핑 하는 장면이었다. 영상에는 서핑보드 앞머리부분과 이것을 탄 사람이 앞으로 뻗은 손만 보이고, 머리 위에는 집채만 한 파도가 천정처럼 감싸고 있고, 멀리 조그마하게 보이는 밝은 동그라미를 향해 아슬아슬하게 앞으로 나아가는 장면을 담은 동영상이었다. 위험천만하여 보는 사람의 가슴을 조이게 하는 모습이어서, 이 사람이 무사히 앞에 보이는 밝고 조그만 동그라미에 도착하기를 바라며 지켜보고 있었다. 그러던 중 다행스럽게도 무사히 빠져나와 천정처럼 머리 위를 덥던 집채만 한 파도는 사라지고 찰랑거리는 파도와 평화로운 해변이 펼쳐졌다. 그 광경을 보고 한숨 돌리고 있는데, 이 사람은 서핑보드를 타고 다시 뒤로 돌아 지나온 그 위험천만한 파도 속으로 다시 들어가며 영상은 끝났다. 도대체 서핑을 하는 것이 얼마나 재미있으면 그 위험천만한 파도 속으로 다시 들어갈까? 도대체 그것이 얼마나 재미있으면 죽는 것도 두렵지 않을 수 있을까? 여기에서 서핑보드를 타는 사람의 감정을 느낄 수 있었다. 그것은 즐거움이다. 그리고 재미있음이었다.

편안한 상태에서도 행복하다하기도 하고 해피하다 하기도 한다. 그리고 즐겁거나 재미있는 상태에서도 행복하다 하기도 하고 해피하다 하기도 한다. 그런데 편안한 상태에서는 재앙은 없다. 그러나 즐겁거나 재미있는 상태에서는 반드시 재앙이 있다. 그러니 편안한 상태는 해피라 할 수 있고 재미있거나 즐거운 상태를 행복이라 할 수 있지 않을까?

3) 해피는 재앙을 외면해도 얻을 수 있지만 행복은 반드시 마주해야만 한다.

불교에는 이런 설화가 있다. 어떤 사람이 사나운 도적무리와 맹수무리에 쫓겨 광야로 나왔다. 몸 숨길 곳을 찾다가 커다란 웅덩이를 발견하였다. 다행히 칡넝쿨이 있어서 몸을 숨기려고 그것을 타고 내려갔다. 그런데 밑으로 내려가다 보니 밑에는 독사가 우글거리고 있었다. 위에는 사나운 도적무리와 맹수무리가 기다리고 있고, 밑에는 독사들이 혀를 날름거리고 있으니 진퇴양난(進退兩難)이었다. 그런 채로 칡넝쿨에 매달려 있는데, 설상가상(雪上加霜)으로 검은 쥐와 하얀 쥐가 번갈아가며 칡넝쿨을 갉아먹고 있다. 그러니 칡넝쿨도 조만간 끊어질 판이다. 그런 와중에 어디선가 꿀이 떨어져 입 안으로 들어오고 있다. 이런 상황에서, 이 사람은 꿀의 달콤한 맛에 빠져 자신이 처한 위기상황을 잊고 있다.

꿀의 달콤함에 빠져 위기상황조차 잊고 있는 이 설화 속 사람의 상태는 해피다. 그러나 행복은 아니다. 왜냐하면 아무리 꿀의 달콤함이 있더라도 위기상황은 끝나지 않았기 때문이다. 다시 말해서 꿀의 달콤함에 빠져 위기상황을 인지하고 있지 못할 뿐 위기상황이 없어진 것은 아니기 때문이다. 다시 말해서 위기상황이라는 재앙은 있지만 달콤함에 빠져 그것에 맞서지를 않는다. 그렇기에 비록 해피할지는 모르겠으나 행복하지는 않다.

그러면 일상적인 우리 이야기로 돌아가 보자.

능력 없는 만년과장, 따뜻한 가족애를 소재로 다루는 드라마에 아버지의 역할로 자주 등장하는 인물이다. 회사입장에서는 누구나 다 할 수 있는 역할이어서 당장 그만 두어도 아쉽지 않다. 그리고 능력

있는 후배들에게는 무시의 대상이다. 생각 같아서는 당장 그만두고 싶지만 그렇다고 해서 딱히 오라는 곳도 없다. 그래서 정년퇴직만 기다리고 산다. 그나마 다행스러운 것은 그 덕분에 가장노릇을 할 수 있다는 것이다.

능력 없는 만년과장은 해피하다. 아직 가장노릇을 할 수 있기 때문이다. 하지만 행복하지는 않다. 왜냐하면 언제 잘릴지 모르는 위기와 후배로부터의 무시라는 재앙이 있기 때문이다. 아직 가장노릇 할 수 있다는 달콤함에 빠져 저 재앙과 맞서지는 않는다. 그렇기에 비록 해피할지는 모르겠으나 결코 행복할 수는 없다. 그러니 저 설화 속의 인물과 무엇이 다를까?

또 회사경영보다는 다른 것에 더 관심이 많으면서도 아들이라는 이유로 어쩔 수 없이 회사를 물려받아 경영을 해야 하는 재벌2세, 이 역시 신데렐라 같은 사랑을 소재로 다루는 드라마에 자주 등장하는 인물이다. 자유분방하게 살고 싶지만 회사에 얽매여 그렇게 살 수는 없다. 그렇다고 거부하자니 부귀영화를 포기해야 한다. 그래서 부귀영화가 주는 향락에 빠져, 원하는 삶을 포기하고도 그 사실조차 모른다.

재벌2세의 상태도 해피하다. 왜냐하면 부귀영화가 있기 때문이다. 하지만 행복하지는 않다. 왜냐하면 자유분방한 삶을 살고 싶어 하는 욕구와 그런 삶을 살 수 없다는 재앙은 여전하지만. 부귀영화를 위해 그것과 마주하지 않기 때문이다. 부귀영화라는 달콤함에 빠져 원하는 삶을 포기하고도 그것을 알아차리지도 못한 재벌2세, 이 또한 저 설화 속의 인물과 무엇이 다를까?

이렇게 해피는 재앙과 마주하지 않아도 느낄 수 있는 것이지만 행복은 결코 그렇지 못하다. 반드시 재앙과 마주해야만 얻을 수 있다.

**4) 해피는 사고팔고를 느끼지 않아야 얻을 수 있지만 행복은 마주
해야 얻을 수 있다.**

그러면 해피란 구체적으로 어떤 때 느껴지는 감정일까? 눈앞에 참
으로 아름답고 장엄한 풍경이 펼쳐져 있다. 그리고 어디선가 아름답
고 부드러우면서도 웅장한 음악이 흘러나오고 있다. 또 달콤하면서도
부드러운 냄새가 침샘을 자극하고, 혀에서는 그런 맛이 느껴진다. 온
몸을 감싸는 부드러우면서도 따뜻하고 이제까지는 그 어디에서도 경
험할 수 없는 감촉이 피부를 자극한다. 어떤 감정이 느껴질까? 해피
이다. 다시 말해서 해피는 보기 좋은 것을 보고, 듣기 좋은 것을 듣고,
맛있는 것을 먹고, 좋은 냄새를 맡고, 좋은 자극을 받으면 느껴지는
감정이다. 즉 생고(生苦)를 느끼지 않아야 느낄 수 있는 감정이다.

젊게 보인다는 말을 들었을 때, 건강하다는 말을 들었을 때, 가장
안전한 상황에 있을 때 어떤 감정이 느껴지는가? 해피다. 다시 말해
서 노고(老苦) · 병고(病苦) · 사고(死苦)가 없는 상태에서 느낄 수 있
는 감정이다.

너무나 사랑하는 사람이 '죽음이 우리를 갈라놓는다 하여도 저는
영원히 당신과 함께 할 거예요'라는 말을 들었다고 해보자. 어떤 감
정이 느껴질까? 또 그 무엇보다도 증오하던 사람이 비참한 죽음을
맞이하였다는 소식을 접했다고 하여보자. 과연 어떤 감정이 느껴질
까? 또 그렇게 간절히도 구하던 것을 겨우 손에 넣었다고 하여보자.
과연 어떤 감정이 느껴질까? 해피다. 애별리고(愛別離苦) · 원증회고
(怨憎會苦) · 구부득고(求不得苦)가 없는 상태에서 느낄 수 있는 감정
이다.

명상을 통하여 생각이 끊어진 상태인 무념무상(無念無想)을 경험해

본적이 있는가? 그 때 느끼는 감정 그것이 바로 해피다. 이것 역시 오온성고(五蘊盛苦)가 없는 상태다.

이처럼 해피란 사고팔고가 없어야 느낄 수 있는 감정이다.

그러면 행복은 어떨까?

왕이 어느 날 사냥을 나갔다가 길을 잃어 헤매다가 산골마을에 들어갔다. 오랫동안 헤매었기에 배가 고파 요기꺼리를 찾았더니 내 놓을 것이 없다면서 삶은 감자를 몇 개 내놓았다. 그것이 얼마나 맛이 있었던지 그것이 먹고 싶어 궁전에 돌아가 찾으니 그렇게 맛있는 감자는 그 어디에서도 먹을 수 없었다고 한다.

이처럼 보기 싫은 광경만 보다가 참으로 보기 좋은 광경을 접하고, 듣기 싫은 소리만 듣다가 좋은 음악을 듣게 되고, 고약한 냄새만 맡다가 달콤한 냄새를 맡고, 맛없는 음식만 먹다가 맛있는 음식을 먹게 되고, 나쁜 자극만을 받다가 좋은 자극을 받게 되면 이 때 느끼는 해피는 얼마나 크겠는가?

늙어 보인다는 말을 듣고 운동해서 젊어 보인다는 소리를 듣게 되었을 때, 몸이 아프다가 건강해졌을 때, 죽을 뻔한 고비를 넘기고 살아남았을 때 느끼는 해피는 또 얼마나 크겠는가?

살아하는 사람과 헤어져 있다가 다시 만났을 때, 미워하는 사람과 매일 만나다가 다시는 안 만날 수 있게 되었을 때, 아무리 구해도 구하지 못하던 것을 구하게 되었을 때, 궁리 끝에 난제를 해결했을 때의 해피는 얼마나 크겠는가?

이렇게 행복은 사고팔고를 마주해야 얻을 수 있다. 그렇다면 해피를 느끼지 못한다면 행복하지 못한 것일까?

5) 해피를 느껴야만 행복할까?

몇 해 전인가. PC방에서 며칠 동안 먹지도 자지도 않고 게임에 몰두하다가 과로사로 죽은 사람에 대한 기사를 본 적이 있다. 도대체 게임이 얼마나 재미있기에 자신이 죽어가는 것도 몰랐을까?

게임을 시작할 때 게임 속의 캐릭터 레벨은 1이다. 그러면 미션 역시 그 레벨에 어울리게 적당한 것이 주어진다. 그래서 그 미션을 해결하면 능력치가 올라가고 또 아이템도 얻게 된다. 그리고 레벨도 올라간다. 그러면 또 그 레벨에 맞는 적당한 미션이 주어진다. 그래서 다시 그 미션을 해결하면 또 능력치가 올라가고 아이템을 얻게 된다. 단순하게 이런 과정이 반복될 뿐이다. 그런데 이 단순한 것이 왜 이렇게 재미있는 것일까?

우선 미션이 능력에 맞게 너무 어렵거나 쉽지 않고 적당하다. 다시 말해서 어렵기는 하지만 해결하고자 최선을 다한다면 해결 못할 것도 없을 정도다. 그리고 그것이 해결되면 능력치가 올라간다. 다시 말해서 미션을 해결하면서 자신의 능력치를 올리는 경험 그것이 게임에 있다. 그리고 이것은 무엇보다 즐겁고 재미있는 경험이기 때문이다.

그런데 미션을 해결하기 위해서 필요한 성공은 단 한번뿐이다. 하지만 실패는 부지기수로 많이 필요하다. 그런데 실패는 해피할 수 없다. 그러니 미션을 해결해 가는 과정은 결코 해피할 수 없다. 그 해피는 엔딩을 보아야 느낄 수 있다. 이렇게 해피하지 않은 순간은 부지기수이고 해피한 순간은 찰나일 뿐인데 그럼에도 불구하고 게임이 끝나면 우리는 게임을 다시 시작한다. 그것은 왜 그럴까? 사실 미션을 해결하는 과정에서는 해피는 느끼지는 못했는지를 모르지만 그 과정은 행복했기 때문이다.

고달픈 현실 속에서 걱정과 근심으로 괴로워하면서 운전했던 길을 몇 년이 지난 후 달리면서 지난날이 아련해지고 그리워했던 경험이 있는가? 그렇다면 그 순간은 바로 해피하지 않았을지 모르지만 사실은 행복했던 순간이었다.

이것은 험한 산을 찾아 오르는 등산가들을 보아도 알 수 있다. 험난하고 위험한 산을 목숨 걸고 올라간다. 그들이 산소가 부족해 숨쉬기도 힘들고 추운 곳에서 야영하며 오르는 험난한 길이 어찌 해피하겠는가? 이들이 해피를 느끼는 순간은 정상에 올랐을 때일 것이다. 그런데 그 순간은 잠깐이고 해피하지 않은 순간이 더 많다. 그럼에도 불구하고 등산의 맛을 아는 사람이라면 더 험한 산을 찾아 오르고 또 오른다. 그것은 산을 오르는 과정 그 자체가 다 행복이었기 때문이다. 이처럼 해피는 행복은 끄트머리에 있는 느낌이다. 그리고 해피를 느끼지 못한다고 결코 행복하지 않은 것은 아니라는 것이다.

6) 해피만 추구하는 이유

그러면 우리는 왜 해피만 추구할까? 그것은 생명에게는 어쩔 수 현상이다. 왜 그럴까?

생물이란 살아있는 것이다. 산다는 것은 몸과 마음을 사용해서 만들어내는 활동이다. 다시 말해서 생명활동의 가장 큰 특징은 외부자극에 반응하는 것인데, 그 과정을 보면 외부의 자극을 몸에 있는 감각기관이 받아들이면 이것을 마음이 분석하고 판단한다. 그렇게 해서 분석되고 판단된 것을 몸을 가지고 말과 행동으로 표현한다. 그러니 생명활동을 한다는 것, 즉 산다는 것은 몸과 마음을 사용한다는 것이다.

그러니 생명활동을 지속하면 당연히 몸도 마음도 지치게 된다. 그러면 꼭 죽을 것 같은 상태가 된다. 그런데 살아 있는 것은 그 무엇도 죽고 싶어 하지 않는다. 살고 싶어 한다. 그러니 죽을 것 같은 상태를 원하지 않는다. 그래서 될 수 있는 한 몸과 마음이 지친 상태를 만들려고 하지 않는다. 그래서 가능한 한 몸과 마음을 사용하지 않으려 한다. 그러다 보면 편안한 상태가 된다. 그러면 그 때 느끼는 감정이 해피이다. 그렇기에 해피가 행복인 줄 착각하게 된다.

보통 감동을 받고 찐한 여운을 남기는 영화에서 영화 속 주인공은 결코 해피하지 않다. 그런 상태에서 자신이 원하는 것을 이루기 위하여 최선을 다하는 모습을 보여준다. 우리는 이런 영화 속 주인공의 삶을 부러워하면서 정작 자신은 해피한 삶을 꿈꾼다. 이처럼 살아있는 모든 것이 진정으로 원하는 것은 행복한 삶이다. 그런데 해피가 행복인줄로 착각을 하고 해피해지려고 노력한다. 그렇기에 스스로는 결코 행복해질 수 없다. 이것이 바로 불교가 필요한 이유다.

02

불교에서의 행복

그러면 이제 불교에서 말하는 행복은 어떤 것인지에 대하여 소개하 겠다.

1) 성불(成佛)

제1강에서 정의하였듯이 종교란 행복의 내비게이션이다. 그러니 그 범주에 속하는 불교 역시 행복의 내비게이션이다. 그러니 불교의 목 적은 행복이어야 한다. 그런데 불교를 믿어야 하는 목적은 무엇일까? 누구나 알고 있듯이 그것은 성불이다. 곧 부처가 되는 것이다. 그러면 부처가 되면 행복해진다는 것인가? 도대체 부처가 무엇이기에 부처 가 되면 행복해지는 것일까?

부처가 되려면 해탈(解脫)하여야 하고 열반(涅槃)을 얻어야 한다. 해탈이란 육도윤회(六道輪廻)의 속박으로부터 벗어난 것을 말한다. 그리고 열반이란 완전 연소하였다는 것이다.

육도(六道)란 모든 생명체가 사는 세계를 천상(天上), 인간(人間), 수라(修羅), 축생(畜生), 아귀(餓鬼), 지옥(地獄)의 여섯으로 구분한 것이며, 윤회(輪回)란 바퀴가 도는 모습이다. 그러니 육도윤회란 이 육도를 생사(生死)를 거듭하며 바퀴처럼 끊임없이 돌고 있는 상태를 말한다. 그런데 이것은 자신의 의지와는 상관없이 일어나는 현상이다. 따라서 이 자체는 속박일 수밖에 없다. 그렇기에 육도윤회 그 자체는 속박인 것이다.

어쨌든 육도란 생명체들이 사는 세계라는 것인데, 그러니 육도윤회를 한다는 것은 끊임없이 지속되는 생명활동인 것이며, 이 생명활동이 자신의 의지와 상관없이 지속되고 있다면 이것은 육도윤회의 속박이다. 해탈이란 이러한 속박으로부터 벗어난 것이니, 곧 자신의 의지와는 상관없이 끊임없이 지속되는 생명활동으로부터 벗어난 것이다.

그러면 생명활동이란 무엇인가? 몸과 마음을 가지고 생각하고 말하고 행동하는 활동이다. 그러니 자신의 의지와 상관없이 생각하고 말하고 행동하고 있다면 이것이 바로 육도윤회의 속박인 것이고, 자신의 의지로 생각하고 말하고 행동하고 있다면 이것이 바로 해탈인 것이 된다.

그리고 또 열반이란 완전 연소하는 것인데, 완전 연소한다는 것은 무엇인가를 찌꺼기가 남지 않게 완전히 다 태운다는 것이다. 그러면 무엇을 태우는 것일까? 그것은 생명활동이다. 즉 생각과 말과 행동을 다 태우는 것이다. 그러면 생각과 말과 행동을 다 태운다는 것은 무엇일까? 자신의 생각이 분명하고 그것을 제대로 말과 행동으로 표현한다는 것이다. 이것이 열반이다.

그러니 해탈하여 열반을 얻으면 부처가 된다는 것은, 자신의 의지로 생각하고 말하고 행동하며 자신의 생각을 분명히 하여 그것을 제대로 말하고 행동한다면 부처가 된다는 것이다. 그러면 여기에서 불교에서 말하는 행복이라는 것이 무엇인지 분명해진다. 즉 불교에서 말하는 행복이란 삶이 자신의 의지로 이루어지며 자신의 생각이 분명하고 그것이 제대로 말과 행동으로 표현되는 상태, 이것을 행복이라 하는 것이다. 다시 말해서 삶의 주체가 자기 자신이며 생각과 말과 행동에는 찜찜함이 없이 개운한 상태, 이것이 바로 불교에서 말하는 행복인 것이다.

2) 극락세계(極樂世界)

이러한 삶을 살기 위하여 가는 세계가 극락세계다. 그렇기에 극락(極樂)은 불교를 믿어 최종적으로 가는 곳이며 불교도들의 목적지인 셈이다.

그러면 극락이란 어떤 세계일까? 이제부터 이것에 대하여 이야기하겠는데, 우선 극락세계에 대하여 설한 경전에는 〈정토삼부경(淨土三部經)〉이라는 것이 있다. 〈정토삼부경〉이란 〈무량수경(無量壽經)〉·〈관무량수경(觀無量壽經)〉·〈아미타경(阿彌陀經)〉의 세 경전을 일컫는 말로, 이 중 극락세계에 대하여 아주 자세하게 설명하고 있는 경전이 〈무량수경〉이다. 그 내용은 극락세계가 만들어지게 된 사연과 극락세계의 모습, 그리고 극락세계에 가는 방법과 극락세계에 사는 사람들의 모습, 나아가 석존이 극락에 가기를 권유하시고 또 경계해야 한 것들에 대한 당부말씀으로 구성되어 있다. 그 다음으로 〈관무량수경〉은 실제로 극락세계로 인도된 실제 사례인데, 마가다국에서 일어난 비참한 사건에 연루된 그 나라 왕비인 위제희부인의 청으로, 석존이 그녀를 극락으로 인도하는 과정이 상세하게 설명되어 있다. 그리고 〈아미타경〉은 〈무량수경〉을 축약한 것으로, 이 경전은 극락세계의 모습과 극락세계에 가는 방법, 그리고 시방의 부처님들이 극락세계에 가기를 권유하는 모습으로 구성되어 있다.

어쨌든 이 경전들에 설해져 있는 극락세계를 소개하면 우선 14) 〈아미타경〉에 의하면 극락은 그 어떤 괴로움도 없고 오로지 즐거움만 있는 곳이다. 그런데 15) 〈무량수경〉에 의하면 이곳은 육도윤회가 있는 곳이다. 육도에는 분명히 괴로움이 존재한다. 이것은 분명히 괴로움이 없이 오로지 즐거움만 있다는 〈아미타경〉과는 상반된 주장이다. 그럼에도 불구하고 이 두 경전의 상반된 주장에는 그 어디에도 모순이 없다. 왜 그런 것일까?

한여름의 40도가 넘는 더위는 정말 괴로움이다. 그런데 찜질방의

---

14) 舍利弗！彼土何故名爲極樂？其國衆生 無有衆苦，但受諸樂，故名極樂。(사리불아! 저 땅을 어찌 극락이라 하는지 알겠느냐. 그 나라의 중생들에게는 모든 고통이 있지 않고 단지 모든 즐거움만을 받으므로 극락이라 이름 하느니라.) (참종성전 p240 불기2560년 참종출판 부간)

15) 爾時阿難白佛言。世尊。若彼國土無須彌山。其四天王及忉利天。依何而住。佛語阿難。第三炎天。乃至色 究竟天。皆依何住。阿難白佛。行業果報不 可思議。佛語阿難。行業果報不可思議。諸佛世界亦不可思議。其諸衆生功德善力。住行業之地。故能爾耳。(그 때 아난이 부처님께 여쭈었다. "세존이시여, 만약 저 국토에 수미산이 없다면 그 사천왕과 도리천은 어디에 의지하여 머물 수 있습니까." 부처님께서 아난에게 말씀하셨다. "제삼의 야마천(夜摩天)으로부터 색구경천(色究竟天)까지의 모두 어디에 의지하여 머무르고 있는가" 아난이 부처님께 사뢰었다. "행한 업의 불가사의한 과보입니다." 부처님께서 아난에게 말씀하셨다. "행한 업의 불가사의한 과보라면, 모든 부처님의 세계도 또한 불가사의하여, 그 모든 중생들의 공덕과 선의 힘이 업이 행하는 땅에 머물기 때문에 능히 그러하느니라.") 만약 극락세계에 육도윤회가 없다면 천상의 세계가 없어야 한다. 그렇기에 아난에 질문에 석존의 답은 육도를 벗어났으니 천상이 어디 있겠느냐고 대답하여야 한다. 그러나 석존은 스스로의 업에 의하여 있다고 하니 이것은 곧 육도윤회가 있다는 말이 된다.(참종성전 p57 불기2560년 참종출판부간)

사우나의 온도는 몇 도인가? 평균적으로 40도 그 이상이다. 그럼에도 불구하고 그곳에서의 더위는 즐거움이다. 왜 그런 것일까? 한여름의 더위는 자신의 의지와는 상관없이 받아야 하는 더위다. 그러나 사우나의 더위는 자신의 의지로 받는 더위다. 이처럼 극락에도 괴로움은 있다. 하지만 그것은 자신의 의지로 받는 괴로움이다. 다시 말해서 이미 받기로 각오한 괴로움이다. 즉 자신에게 찾아온 역경이나 재앙을 피하지 않고 마주하려 하기에 받는 괴로움이다. 그렇기에 극락은 괴로움은 없고 오로지 즐거움만 있다는 것이다. 이것은 분명히 해피가 아니라 행복이다.

어떤 젊은 친구가 필자에게 진로상담을 청한 적이 있었다. 그 내용을 잠깐 소개해 보겠다.

필자: 앞으로 어떤 인생을 살고 싶으세요?

청년: 참 말도 안 되는 소리 같지만, 개인 시간도 많이 가지면서 돈도 많이 버는 삶을 살고 싶습니다.

필자: 어째서 그것이 말도 안 되는 소리라고 생각하지죠?

청년: 돈을 많이 벌려면 개인시간이 없을 것이고, 개인 시간이 많으면 돈을 많이 벌 수 없을 터인데, 이 두 가지를 다 얻고자 하니 말이 안 되는 소리가 아니겠습니까?

필자: 아니에요. 말도 안 되는 소리가 아니에요. 성공하면 다 그렇게 살아요.

청년: 아 그러네요.

필자: 그러면 어떻게 하면 성공할 수 있을까요?

청년: 성공하려면 우선 돈을 많이 벌어야 합니다. 그래서 저는 돈을

많이 버는 직업을 가지려고 그런 학과에 들어가 공부하면서 여러 가지 자격증에 도전하고 있습니다.

　필자: 그러면 성공할 수 없을 것 같은데요?

　청년: 왜 그러죠?

　필자: 능력 있는 사람은 노력하는 사람을 못 이기고, 노력하는 사람은 노는 사람을 못 이긴다는 말이 있어요. 이것은 곧 놀아야 성공할 수 있다는 말이죠. 그런데 돈을 벌려는 것은 노력하는 것이잖아요. 놀려면 너무 재미있어서 돈을 벌려는 것조차 잊어야 하지 않겠어요.

　주경야독(晝耕夜讀)해서 장원급제하였다는 이야기는 누구나 한 번쯤 들어본 적이 있을 법한 이야기이다. 주경야독이 무엇인가? 낮에는 밭을 갈고 밤에는 책을 읽는 것이다. 그런데 정말 주경야독하면 장원급제할 수 있었을까? 아마 밤새 책을 읽느라고 자지 못했으니 피곤이 쌓여 낮에는 밭을 제대로 갈 수 없고, 낮에는 밭에서 일했으니 밤에는 피곤해서 책이 눈에 들어오지 않을 것이 당연하다. 만약 이 짓을 죽을 때까지 한다면 죽을 때까지 과거준비만 하면서 대책 없는 삶을 살았을 것이 분명하다.

　그럼에도 불구하고 주경야독해서 장원급제했다는 사람은 도대체 어떤 사람이었을까? 낮에는 일이 끝나면 책을 읽을 기대에 부풀어 밭을 갈았을 것이고, 밤에는 다음날 밭을 갈아야하기에 오늘밤은 기필코 조금만 읽고 자야겠다고 생각하면서 조금만 조금만 하다가 어느새 아침이 찾아와 밤새 책을 읽은 것을 후회하면서 밭일을 나갔을 것이다. 이런 생활이 반복되다 보니 저절로 주경야독이 되었을 것이다. 다시 말해서 주경야독을 하려고 해서 한 것이 아니라 공부하는 재미에 빠져 자기도 모르게 주경야독을 하게 된 것이다.

이렇게 장원급제하여야 한다는 부담감에서 주경야독하는 것은 괴로움이다. 하지만 책을 읽는 즐거움에 빠진 주경야독은 즐거움이다. 이러한 즐거움에 빠져야 인생도 성공할 수 있다.

사람들의 삶은 크게 네 종류로 분류할 수 있다. 하나는 자유도 없고 부귀영화도 없는 삶이고, 둘은 부귀영화는 있지만 자유가 없는 삶이다. 그리고 셋은 비록 부귀영화는 없지만 자유가 있는 삶이고, 넷은 자유도 있고 부귀영화도 있는 삶이다. 네 번째의 삶, 이것은 누구나가 다 원하는 삶이다. 젊은이들 대다수가 그런 것처럼, 사람이라면 누구나가 다 바라는 삶은 네 번째 삶이다.

그런데 불교에서는 부처가 되는 것이 행복한 삶이라 하였다. 그리고 부처가 되려면 해탈을 하고 열반을 얻어야 한다고 하였다. 그리고 또 해탈을 한다는 것은 자신의 의지로 자신의 삶을 사는 것이며, 열반을 얻는다는 것은 자신의 생각을 분명히 하고 이것을 말과 행동으로 제대로 표현하는 것이라 하였다. 그러니 부처가 되기 위해서는 자신의 생각을 분명히 하고 이것을 제대로 말과 행동으로 표현하며 자신의 삶을 사는 것이다. 그러면 이것은 어떤 모습인가? 어떤 것에 푹 빠져 있는 모습이 아닐까? 그것이 너무 재미있어서 멈출 수 없는 상태에 있는 것이 아닐까? 이것이 바로 불교가 말하는 행복이다. 그리고 이러한 행복은 분명히 우리의 인생을 성공으로 이끌 수 있다. 다시 말해서 자유롭고 부귀영화가 있는 삶으로 우리를 인도할 수 있는 것이다.

그래서 16)〈무량수경〉은, 극락세계는 부처가 되는 것이 보장된 곳이며 만약 부처가 되지 않기를 원한다면 부처가 되는 것이 보장된 상태로 있어도 된다고 하고 있다. 다시 말해서 부처가 되었다는 것은 열반을 얻었다는 것이다. 열반을 얻었다는 것은 삶을 완전 연소하였다는 것이다. 삶을 완전 연소하였다는 것은 생각과 말과 행동을 완전 연소하였다는 것이다. 그런데 완전 연소하였다는 것은 란 탈 수 있는 것은 다 타고 더 이상은 탈 것이 없는 상태라는 것이다. 그런 상태에서는 당연히 불이 꺼져있다. 불이 꺼졌으니 빛도 없고 열도 없다. 빛이 없으니 어둡고 열이 없으니 춥다. 역동적이지 않고 정적이다. 그리고 시끄럽지 않고 고요하다. 그야말로 적정(寂靜)의 상태다.

　하지만 완전연소중일 때는 불이 활활 타오르고 있는 상태다. 빛이 있고 열기가 있다. 빛이 밝고 열이 있으니 따뜻하다. 역동적이고 시끄럽고 모든 것이 살아서 꿈틀거린다. 극락세계가, 부처가 되는 것이 보장된 세계라는 것은 완전연소중인 세계라는 말이다. 생각과 말과 행동이 활활 타오르는 세계다. 삶에는 빛이 있고 열이 있다. 그러니 삶은 항상 밝고 뜨겁다. 역동적이고 시끄럽다. 그러니 너무 즐겁고 기쁘다. 그러니 극락일 수밖에 없지 않겠는가? 그런데 이런 세계는 완전연소를 목표로 해야만 얻을 수 있는 세계. 이것이 바로 불교가 목적지를 성불로 삼는 이유다. 그런데 부처가 되면 극락은 끝이다. 그러니 〈무량수경〉에서 부처가 되기를 원하지 않는다면 그냥 부처가 보장된 상태로 있어도 된다는 것이다. 다시 말해서 해탈하여 열반을 얻어가고 있는 상태, 자기의 삶을 맘껏 즐기는 상태로 있어도 된다는 것이다.

---

16) 佛告阿難。彼國菩薩。皆當究竟一生補處。除其本願。爲衆生故。以弘誓功德而自莊嚴。普欲度脫一切衆生。(부처님께서 아난에게 말씀하셨다. "저 나라의 보살들은 모두가 반드시 일생보처(一生補處)에 이르게 되느니라. 그러나 그 본원이 중생을 위하는 까닭에 큰 서원의 공덕으로써 스스로를 장엄하고 두루 일체중생을 제도하여 해탈시키고자 하면 제외된다.) 일생보처란 다음 생에는 반드시 부처가 된다는 것이다. 그러나 그것을 원하지 않는다면 일생보처의 보살로 있어도 된다는 뜻이다. (참종성전 p97 불기2560년 참종출판부간)

이러한 세계가 바로 불교가 지향하는 세계이며 이것이 바로 사성제 중 세 번째 진리인 멸성제(滅聖諦)인 것이다. 그러면 어떻게 하면 이런 삶을 살 수 있을까? 그 방법을 제시하고 있는 것이 도성제(道聖諦)로, 그것이 바로 팔정도(八正道)다.

제7강

붓다의 행복해지는 법
(팔정도(八正道))

불교에서의 행복은 성불(成佛)이다. 성불하려면 해탈(解脫)을 하여 열반(涅槃)을 얻어야 한다. 해탈을 한다는 것은 그 누구에게도 구속되거나 속박되지 않은 자기만의 생각을 갖는 것이다. 그리고 열반을 산다는 것은 자신의 생각을 분명히 하고 말과 행동을 제대로 하는 것이다. 다시 말해서 불교에서 말하는 행복은 그 누구의 판단이 아닌 자신의 판단을 가지고 생각하고 그것을 제대로 말하고 행동하며 사는 것, 그래서 사는 것이 너무도 재미있고 성공이 보장된 삶이다.

그러면 어떻게 하면 그러한 삶을 살 수 있을까? 그 답이 사성제의 네 번째 도성제(道聖諦)인데, 도성제의 도(道)란 팔정도(八正道)다. 팔정도란 여덟 단계의 바른 길인데, 이제부터 이것에 대하여 말하고자 한다.

01

바르게 알기
(정견(正見))

팔정도의 첫 번째는 정견이다. 바른 견해라는 뜻의 정견이란, 사성제를 바르게 이해하는 것을 말한다. 사성제란 고성제(苦聖蹄)·집성제(集聖諦)·멸성제(滅聖諦)·도성제(道聖諦)니까 이것들을 바르게 아는 것이 정견이다. 고성제를 바르게 안다는 것은 고(苦)라는 증상이 무엇인지를 바르게 아는 것이고, 집성제를 바르게 안다는 것은 그 증상의 원인이 무엇인지를 바르게 아는 것이고, 멸성제를 바르게 안다는 것은 증상이 사라진 상태가 어떤 것인지를 바르게 아는 것이고, 도성제를 바르게 안다는 것은 그렇게 되려면 무엇을 어떻게 해야 하는지를 바르게 아는 것이다.

여기에서 고성제의 고의 증상은 행복하지 않은 상태다. 불교에서는 근원적인 괴로움을 사고팔고(四苦八苦)로 분류한다. 그런데 사고팔고(四苦八苦)가 있는 상태가 고의 증상은 아니다. 다시 말해서 보기 싫은 것을 보고, 듣기 싫은 것을 듣고, 냄새 맡기 싫은 냄새를 맡고, 맛

보기 싫은 것을 맛보고, 느끼기 싫은 것을 느끼는 것이 행복하지 않은 상태는 아니다. 그리고 또 늙었기 때문에, 병들었기 때문에, 죽기 때문에 행복하지 않은 것도 아니다. 사랑하는 사람과 헤어져야 하기에, 미워하는 사람과 만나야 하기에, 구하는 것을 얻지 못하기에 행복하지 않은 것도 아니다. 그리고 또 생각이 복잡하기에 행복하지 않은 것도 아니다. 다시 말해서 이러한 상태가 불행한 것은 아니다. 만약 이러한 것들 때문에 불행해서 살 수 없다면 죽으면 된다. 왜냐하면 이런 괴로움들은 살아있다면 누구나가 다 겪어야만 하는 괴로움이기 때문이다.

또 이런 괴로움으로부터 벗어나고자 하기에 겪어야 하는 괴로움 역시 고의 증상은 아니다. 다시 말해서 보기 좋은 것을 보려 하고, 듣기 좋은 소리를 들으려 하고, 좋은 냄새를 맡으려 하고, 맛있는 것을 먹으려 하고, 좋은 느낌을 느끼려 하기 때문에 행복하지 않은 것도 아니다. 젊기를 원하고, 건강하기를 원하고, 살기를 원하기 때문에 행복하지 않은 것도 아니다. 사랑하는 사람과 헤어지고 싶어 하지 않고, 미워하는 사람과 만나기 싫어하고, 구하는 것을 얻으려 하고, 생각이 편안하기를 바라기에 행복하지 않은 것도 아니다. 왜냐하면 이 괴로움은 인간이라면 누구나가 다 겪어야 하는 괴로움이기 때문이다. 만약 이 괴로움 때문에 불행해서 살 수 없다면 인간이기를 포기하고 짐승이 되어 살면 된다.

고의 증상은, 다시 말해서 행복하지 못한 이유는, 보기 싫은 것만 보고 보기 싫은 것은 무슨 일이 있어도 안 보려 하며, 듣고 싶은 소리만 듣고 듣기 싫은 소리는 무슨 일이 있어도 안 들으려 하며, 맡고 싶은 냄새만 맡고 맡기 싫은 냄새는 무슨 일이 있어도 안 맡으려 하며,

맛있는 것만 먹고 맛없는 것은 무슨 일이 있어도 안 먹으려 하며, 느끼고 싶은 것만 느끼고 느끼기 싫은 것은 무슨 일이 있어도 느끼지 않으려 하기 때문이다. 또 항상 젊기만 바라고 무슨 일이 있어도 늙지 않으려 하고, 항상 건강하기만 바라고 무슨 일이 있어도 병들지 않으려 하며, 항상 살아있기만 바라고 무슨 일이 있어도 죽으려 하지 않기 때문이다. 또 사랑하는 사람과는 무슨 일이 있어도 헤어지려 하지 않고, 미워하는 사람과는 무슨 일이 있어도 만나지 않으려 하며, 구하는 것은 무슨 일이 있어도 수단과 방법을 가리지 않고 얻으려하고, 생각이 항상 편안하기만 바라서 무슨 일이 있어도 불편한 생각은 하지 않으려 하니까 행복하지 않은 것이다. 다시 말해서 사람이 숨쉬는 것이 괴롭다며 숨 안 쉬며 살려고 노력하고, 밥 먹는 것이 괴롭다며 밥 먹지 않고 살려고 노력하는 것처럼, 살아 있기에 또 인간이기에 받아야 하는 것들을 괴롭다며 받지 않으려는 쓸데없는 노력을 하며 단 한 번뿐일 수도 있는 인생을 허비하는 삶, 이것이 바로 불행한 삶이며 이것이 고의 증상이다. 이렇게 아는 것이 고성제를 바르게 아는 것이다.

그리고 그 원인은 살아있기에 받을 수밖에 없는 사고팔고가 없는 상태에 집착하여 그런 상태를 만들고 불필요한 것들에 집착하고 그러한 것들을 모으기 때문이다. 이렇게 아는 것이 집성제를 바르게 아는 것이다.

따라서 행복한 상태란 몸과 마음을 사리지 않고 자신의 삶을 자신의 생각과 의지를 가지고 제대로 살아가는 것이라고 아는 것이 멸성제를 바르게 아는 것이다. 그리고 이러한 삶을 살기 위해서는 팔정도를 실천하여야 한다고 아는 것이 도성제를 바르게 아는 것이다.

이렇게 고성제 · 집성제 · 멸성제 · 도성제를 아는 것, 이것이 정견이다.

다시 말해서 정견이란 행복하지 않은 상태는 어떤 것이며, 또 그 원인은 무엇이며, 그렇다면 행복한 상태는 어떤 것이며, 또 그렇게 되려면 무엇을 어떻게 해야 하는지를 바르게 아는 것, 이것이 바로 팔정도의 첫 번째 정견이다.

02

바르게 생각하기
(정사(正思))

1) 생각이란?

정사란 바르게 생각하는 것이다. 그러면 생각이란 무엇인가?

길을 지나가는데 어디선가 맛있는 냄새가 난다. 그래서 냄새가 나는 쪽을 보니 방금 튀겨진 통닭이 보였다. 순간 맛있겠다는 생각이 들었다. 자 그러면 이 생각은 왜 든 것일까? 그것은 코라는 감각기관이 맛있는 냄새를 맡았고, 눈이라는 감각기관이 맛있어 보이는 음식을 본 것을 인식기관인 마음이 맛있는 통닭이라고 판단하였기 때문이다. 이렇게 외부의 자극을 감각기관이 받아들이면, 인식기관이 그것을 분석하고 판단하는데, 그 때 그 과정과 그 결과물, 그것이 생각이다.

아침에 급히 나오느라고 맛있게 차려진 아침상을 먹지도 못하고 나왔다. 그런데 자꾸 그 생각이 나면서 아침을 먹고 있는 자신을 상상한다. 순간 맛있겠다는 생각이 든다. 자 그러면 이때 이 생각은 왜 든 것일까? 눈이라는 감각기관이 차려진 아침상을 보았다. 그리고 인식기관인 마음이 그것을 맛있는 아침상이라 판단하였다. 그랬던 경험이 회상되었다. 그렇기에 이런 생각이 든 것이다. 이렇게 생각은 감각기관이 감각하고 인식기관이 판단했던 것에 대한 회상이기도 하다.

어쨌든 생각이 생기려면 감각기관이 받아들인 외부자극이 있어야 한다. 그리고 그것을 인식기관이 분석하고 판단하여야 한다. 다시 말해서 생각이란 감각기관이 감각한 것을 인식기관이 분석하고 판단해야 생기는 것이다. 따라서 생각을 만드는 주체는 인식기관이다. 그 인식기관을 마음이라 한다. 따라서 마음이 없으면 생각도 없다. 다시 말해서 마음이 주체이고 생각은 그것에 의하여 만들어진 것이다. 그래서 불교에서는 마음을 심왕(心王)이라 하고 생각을 심소(心所)라 한다.

자, 그렇다면 생각의 주체인 마음, 이것은 어디에 있는 것일까?

2) 마음은 어디에 있는 것일까?

아난존자는 석존의 사촌동생으로, 출가하여 부처님을 평생 시봉했던 분이다. 왕족으로 용모가 단정한 귀공자여서 여인들의 가슴을 설레게 하였다고 한다. 그런 아난존자가 마을 우물가에서 어떤 여인이 준수면제가 탄 물을 마시고 정신을 잃었다. 깨어나 보니 벌거벗은 채로 낯선 여인과 누워 있는 것이었다. 놀라서 황급히 옷을 챙겨 입고 부처님 곁으로 돌아오자, 석존께서는 아난의 초췌한 행색을 보시고 엄지손가락을 들어 보이시며 석존과 아난존자 사이의 문답이 시작된다.

석존: 이것이 무엇이냐?

아난: 손가락입니다.

석존: 어떻게 알았느냐?

아난: 보이니까 알았습니다.

석존: 무엇이 보았느냐?

아난: 눈이 보았습니다.

석존: 그러면 눈이 있으면 누구나 다 볼 수 있느냐?

아난: 예. 그렇습니다.

석존: 그렇다면 죽은 자는 눈이 있는데도 왜 보지를 못하느냐?

아난: 마음이 없기 때문입니다.

석존: 그렇다면 눈이 본 것이 아니고 마음이 본 것이 아니냐?

아난: 그렇습니다.

석존: 그러면 마음은 어디 있느냐?

아난: 제 몸속에 있습니다.

석존: 이 누각에서 밖을 보면 누각 안이 먼저 보이고 밖이 보이는데, 이처럼 만약 마음이 몸속에 있다면 몸속이 먼저 보이고 밖이 보여야 할 터인데, 어찌 몸속의 오장육부(五臟六腑)는 보이지 않고 밖만 보이느냐?

아난: 제 생각이 틀렸습니다. 마음은 몸속에 있는 것이 아니라 몸밖에 있는 것 같습니다.

석존: 그렇다면 다른 것들은 다 보이면서 어찌 너는 보지를 못하느냐?

아난: 제 생각이 틀렸습니다. 마음은 눈과 눈 사이에 귀와 귀 사이에 코와 코 사이에 입과 입 사이에 피부와 피부 사이에 있는 것 같습니다.

석존: 유리에 눈을 대고 밖을 보면 먼저 유리가 보이는 것처럼 마음이 눈과 눈 사이에 있다면 수정체가 먼저 보여야 하는데 어찌 수정체는 보이지 않느냐?

20대 초반에 승려가 되어 여수 향일암(向日庵)에 머물면서 읽었던 〈수능엄경(首楞嚴經)〉의 내용이다. 이런 식의 문답이 이어지는 〈수능엄경〉을 읽다 보니 마음이 어디 있는지가 무척 궁금해졌다. 그런데 책이 끝나도록 도대체 마음이 어디 있는지에 대한 대답은 나오지 않았다. 향일암을 나와 청학동과 쌍계사를 전전하고 선친(先親)이신 효란(曉鸞) 큰스님이 주석하시던 서울 서원사(西願寺)에 이르도록 그 궁금증은 풀리지 않았다.

큰스님은 중국무술영화를 즐겨 보셨다. 그 때도 큰스님은 중국 소림사를 소재로 한 비디오를 보고 계셨다. 필자도 그 옆에서 같이 보고 있었는데. 영화 속에서 제자가 고된 수련을 견디지 못하고 포기하려 하자 스승이 제자에게 "마음이 어디 있느냐?"고 호통 치듯 물어보는 장면이 나왔다. 마침 궁금하던 차에 호기심을 가지고 보고 있는데, 그 누구도 거기에 대한 답은 하지 않고 스승은 주장자로 제자를 호되게 때리고 가버리는 것이었다. 그래서 큰스님께 여쭈었더니, 큰 스님은 필자를 힐끔 보시더니 "미친 놈!"하시고는 다시 비디오를 시청하실 뿐이었다. 혹시 영화를 보시는데 방해를 해서 혼이 났나 싶어서 영화가 끝나기만을 기다리다가, 영화가 끝나 화장실을 가시는 큰스님의 뒤를 따르며 여쭈어 보았다.

필 자: 큰스님! 마음은 도대체 어디 있는 겁니까?

큰스님: 미친 놈! 정말로 몰라서 물어보는 것이냐?

필 자: 예. 그렇습니다. 정말로 궁금합니다.

큰스님: 야, 이 멍청한 놈아! 향하는 곳에 있지 어디 있겠냐? 너는 아직도 그것도 몰랐단 말이냐!

순간 머리를 한 대 얻어맞은 것 같았다. 그렇다. 마음은 몸속에도 또 몸 밖에도 있는 것이 아니었다. 깃발이 흔들리는 곳에 바람이 있듯이, 마음은 생각이 있는 곳에 있는 것이었다. 다시 말해서 집 생각이 나면 마음은 집에 있는 것이고 회사생각을 하면 마음은 회사에 있는 것이다. 그렇기에 더러운 생각은 마음이 더러운 곳에 있기 때문이고, 깨끗한 생각은 마음이 깨끗한 곳에 있기 때문이다. 또 나쁜 생각은 마음이 나쁜 곳에 있기 때문이고, 좋은 생각은 마음이 좋은 곳에 있기 때문이다. 하지만 마음은 더러운 곳에 있어도 더러워지지 않고 깨끗한 곳에 있어도 깨끗해지지 않는다. 또 나쁜 곳에 있어도 나빠지지 않고 좋은 곳에 있어도 좋아지지 않는다. 그런 곳에 있으면 단지 그런 생각을 만들어 낼 뿐이다. 다시 말해서 마음은 생각을 만들어 내는 도구일 뿐이다.

그렇다면 행복하고, 편안하고, 즐겁고, 기쁜 생각을 하고 싶다면 마음이 그런 곳에 있으면 된다. 그러면 행복해지고, 편안해지고, 즐거워지고, 기뻐진다. 자, 그렇다면 어떻게 하면 마음은 그런 곳에 둘 수 있을까? 그것을 알려면 마음을 움직이게 하는 그 원동력이 무엇인지를 알아야 할 것이다.

3) 마음의 움직임

자, 그러면 마음을 움직이는 원동력은 무엇일까?

부처님께서는, 마음은 창문이 많은 탑 속에 가둔 원숭이와 같다고 하셨다. 창문이 많은 탑 속에서 원숭이는 한시도 가만히 있지를 않는다. 이 창문에 얼굴을 빼꼼 내밀고 또 저 창문에 얼굴을 빼꼼 내밀며 바삐 움직인다. 마음 역시 이 원숭이처럼 한시도 가만히 있지 않는다는 것이다. 그런데 원숭이를 움직이게 하는 것은 호기심이다. 그렇다면 마음은 무엇이 움직이게 하는 것일까?

마음이 움직일 때를 생각해보자. 미팅이 있어 미팅에 대하여 생각하면서 길을 가고 있는 중이다. 그런데 어디선가 청국장 냄새가 난다. 그러면 청국장 생각이 날 것이다. 그것은 마음이 청국장으로 이동했기 때문이다. 그래서 냄새가 나는 쪽으로 얼굴을 돌리는데 벌거벗은 여자의 모습이 담긴 광고판이 보인다. 그러자 갑자기 음란한 생각이 난다. 그것은 마음이 음란한 곳으로 이동했기 때문이다. 그런데 마침 옆으로 아들 또래의 아이들이 장난을 치면서 깔깔거리며 지나간다. 그러자 갑자기 아들은 무엇을 하고 있을까 하는 생각이 난다. 그것은 마음이 아들에게로 이동하였기 때문이다. 자 그러면 마음은 왜 청국장으로 음란한 곳으로 또 아들에게로 이동하였을까? 무엇이 마음을 그리로 이동하도록 하였을까? 그것은 청국장냄새가 벌거벗은 여자의 모습이 아들또래의 아이들이다. 그러면 이것들은 무엇인가? 외부로부터 들어온 자극이다. 자 그러면 마음을 움직이게 하는 원동력은 무엇인가? 그것은 외부의 자극이다.

그렇다면 똑같은 외부의 자극이라면 마음도 같은 곳으로 이동할까? 다시 말해서 청국장냄새를 맡으면 누구나 다 마음이 청국장으로 갈까? 방에 들어갔는데 어디선가 발꼬랑내가 난다. 그러면 "야 이 더러운 냄새는 뭐야! 누가 발도 안 닦고 다니는 거야"라 하는 사람이 있는가 하면, "이 맛있는 냄새는 뭐야! 청국장 끓이나?"라는 사람도 있다. 왜 그럴까? 발꼬랑내를 맡고 전자의 마음은 더러운 발로 이동했는데, 후자는 청국장으로 이동을 했기 때문이다. 다시 말해서 외부로부터의 자극은 같은 발꼬랑내인데도 불구하고 마음이 이동한 곳은 각자 달랐기 때문이다. 왜 이럴까? 그것은 경험 때문이다. 전자는 청국장을 맛있게 먹어 본 경험이 없기 때문이고 후자는 맛있게 먹어 본 경험이 있기 때문이다. 이처럼 마음은 같은 외부의 자극이라도 그 경험에 따라 움직이는 것이 다르다.

그렇다면 같은 외부의 자극과 같은 경험이라면 마음 역시 같은 곳으로 이동할까? 예를 들어 광고판에서 벌거벗은 여인의 사진을 본다고 다 음란한 생각이 들까? 버스를 기다리는데 정류장의 광고판에 비키니를 입은 예쁜 여인이 웃으며 서 있었다. 그러면 어떤 사람은 비키니 속의 신체부위가 궁금해지는 사람이 있을 것이고, 또 어떤 사람은 춥겠다고 생각하는 사람도 있을 것이다. 왜 이런 생각이 들까? 전자는 마음이 음란한 곳으로 이동했기 때문이고, 후자는 추위로 이동했기 때문이다. 그러면 왜 이런 현상이 일어나는 것일까? 그것은 마음이 가지고 있는 기질 때문이다. 마음에는 불편한 곳으로 가는 기질이 있다. 다시 말해서 마음이 음란한 곳으로 이동하는 이유는 지금 성적인 욕구불만이 있기 때문이고, 추운 곳으로 이동하는 이유는 지금 춥기 때문이다.

이처럼 외부의 자극, 경험, 불편한 곳으로 가는 마음의 기질, 이 세 가지가 마음을 움직이는 원동력이다. 따라서 행복하고, 편안하고, 즐겁고, 기쁜 생각을 하려면 그런 외부의 자극이 있어야 하고, 또 그런 외부의 자극에 의하여 그런 것을 느꼈던 경험이 있어야 하고, 또 불편한 것도 없어야 한다. 그런데 과연 외부의 자극, 경험, 마음의 기질을 조종할 수 있을까? 만약 외부의 자극을 조종하려고 보아서는 안 될 것들, 들어서는 안 될 것들, 냄새 맡아서는 안 될 것들, 먹어서는 안 될 것들, 느껴서는 안 될 것들을 정하고 그러한 자극들을 받지 않으려고 노력하며 산다고 행복해질까? 아마 그것은 몸을 잔뜩 웅크리는 삶이 되어 더 불편해지고 더 괴로워질 것이다. 그리고 또 행복해지는 경험만 얻으려고 보아야 할 것, 들어야 할 것, 냄새 맡아야 할 것, 먹어야 할 것, 느껴야 할 것들을 정하고 그러한 자극들만을 받으려고 노력한다고 정말 행복한 경험만 할 수 있을까? 이것 역시 더 불편해지고 괴로워질 것이 분명하다.

그렇다고 또 어떤 외부의 자극이 있더라도 불편한 곳으로 가는 마음의 기질이 발휘되지 못하면 정말 행복해 질 수 있을까? 예로부터 호랑이에게 잡혀가도 정신만 차리면 산다는 말이 있다. 그런데 이것이 과연 호랑이에게 잡혀가도 행복하고 편안한 생각만 하면 살 수 있다는 말일까? 호랑이에게 잡혀갔으니 언제 먹이가 될지도 모르는 상황이다. 목숨이 경각에 달려있으니 얼마나 괴롭고 불안하고 무섭겠는가? 이 말은 그럼에도 불구하고 그 상황을 있는 그대로 보면서 살 궁리를 하여야 살 수 있다는 말이다. 그러니 외부에서 어떤 자극이 들어오더라도 불편한 곳으로 가는 마음의 기질이 발휘되지 못한다면 어떤 위험도 인지할 수 없게 된다. 이것은 상황을 더 위험하고 불안하고 괴롭게 만들 뿐이다.

이처럼 마음의 움직임은 조종할 수도 없고 해서도 안 된다. 그런데 생각은 마음이 만드는 것, 그러니 생각 역시 조종할 수도 없고 해서도 안 된다. 그렇다면 바르게 생각한다는 것은 무엇일까?

4) 바르게 생각할 수 없는 이유

생각이란 마음이 있는 곳에서 떠오르는 것이고, 그리고 마음은 외부의 자극과 경험 그리고 불편한 곳으로 가는 기질에 의하여 움직인다. 그 중 경험과 기질이 발휘되려면 반드시 외부로부터의 자극이 필요하다. 그런데 외부의 자극은 실제상황에 있다. 그러니 외부의 자극을 감각기관이 감각하면 경험과 기질에 의하여 인식기관인 마음이 이동을 하는데, 이동된 그곳에서 마음은 실제상황을 판단한다. 이러한 과정과 그 결과물 이것이 바로 생각이다. 그렇다면 바른 생각이란 무엇일까? 아마도 그것은 실제상황을 다르지 않게 똑같이 판단한 것이어야 할 것이다.

그런데 마음이 외부자극을 분석하는 이유는 실제상황을 판단하기 위해서다. 그런데 또 마음이 외부자극을 분석하려면 반드시 실제상황을 왜곡할 수밖에 없다. 왜냐하면 마음의 기능은 실제상황을 판단하는 것인데 그 기능은 실제상황을 왜곡하지 않으면 발휘될 수 없기 때문이다. [17]이렇게 마음에는 실제상황을 왜곡하는 기질이 있다. 이것을 불교에서는 무명(無明)이라 한다. 그러니 마음에 의하여 분석되고 판단된 그 결과물인 생각은 실제상황이 왜곡된 것이어서, 실제상황에 대한 오해의 산물이며, 실제상황에 대한 무지의 소치(所致)일 수밖에 없다. 따라서 생각은 그 자체가 바를 수가 없다. 그럼에도 불구하고 바르게 생각하라는 것은 무엇인가?

'뷰티플 마인드'라는 영화가 있다. 1949년 27쪽짜리 박사 논문 하나로 150년 동안 지속되어 온 경제학 이론을 뒤집고, 신경제학의 새로운 패러다임을 제시한 천재 수학자 존 내시의 이야기를 담은 영화다. 그는 기존 게임이론에 대한 새로운 분석으로 제2의 아인슈타인이라 불린 인물이지만, 50년 동안 정신분열증에 시달렸다. 그러나 모든 것을 이겨내고 1994년 노벨경제학상을 수상하였다. 영화 속에서 그는

---

17) 이 부분이 이해가 안 된다면 제4강의 무명을 참조하기 바란다.

실제로 존재하지 않는 것들을 자신만이 감각하고 인식한다는 사실을 인정하지 못하여 괴로워한다. 그러다가 자신이 정신분열증을 앓고 있음을 인정하고 자신의 감각과 인식에 대하여 항상 의구심을 가지고, 실재한다고 이미 검증된 주변 사람들에게 자신의 감각과 인식을 검증받기 시작한다. 그렇게 함으로써 정신분열증을 가진 채로 정신분열증을 극복하여 노벨경제학상을 수상한다. 정신분열증은 실재하지 않는 것이 감각되는 정신병이다. 이런 정신병에 걸린 사람은 존 내시 주변에서 자기 자신뿐이었다. 따라서 그는 자신의 분석과 판단을 주변 사람들의 도움을 얻어 검증하고 수정할 수 있었다.

그런데 중생에게는 누구에게나 마음에는 실제상황을 왜곡시키는 기질이 있으니, 모든 사람의 생각 역시 실제상황에 대한 오해와 무지의 산물일 수밖에 없다. 이처럼 기준이 없으니 자신의 판단상황을 바로 잡을 수도 없다. 그럼에도 불구하고 바르게 생각한다는 것은 무엇일까?

5) 생각

우선 생각에 대하여 생각해보자. 생각이란 무엇인가?

결론부터 말하자면 그것은 '참 나'이다. 다시 말해서 태어나 성장하여 결혼하고 아이 낳아 키우다가 죽는 나, 내 인생을 살고 있는 주인공, 이것이 바로 내 생각이다. 그렇기에 내 생각이 무시되면 한없이 수렁으로 떨어지는 모멸감과 치욕감을 느끼고, 내 생각이 존중되면 하늘 끝까지라도 날아오를 것 같은 우월감과 행복감을 느낀다. 또 아무리 잘생긴 남자라도 또 예쁜 여자라도 그 생각이 유치하고 형편없으면 잘생겨 보이지도 예뻐 보이지도 않는다. 부모님이 존경스러울 때는 부모님의 생각이 존경스러워서이고, 아내가 사랑스러울 때는 아내의 생각이 사랑스러워서이고, 아이가 자랑스러울 때는 아이의 생각이 자랑스러워서이다. 그러니 내가 만나고 있는 부모는 부모의 생각이고, 아내는 아내의 생각이고, 아이는 아이의 생각이다. 또 내가 만나고 있는 친구는 친구의 생각이고, 사장은 사장의 생각이고 직원은 직원의 생각이다. 이런 것처럼 그들이 만나고 있는 나도 내 생각이다.

더 쉽게 설명하자면, 영화관에는 영사기와 스크린만 있을 뿐이다. 그런데 우리가 영화관에 가는 이유는 그것들을 보려고 가는 것이 아니라 그것들이 만들어낸 허상인 영화를 보려고 간다. 이처럼 실재하는 것은 몸과 마음뿐이다. 그런데 다른 사람이 만나는 나는 내 몸과 마음이 아니라 내 몸과 마음이 만든 허상인 내 생각이다. 그리고 이 세상을 살고 있는 나도 실재하는 몸과 마음이 아니라 내 몸과 마음이 만든 허상인 내 생각이다.

따라서 괴로운 것은 생각이 괴로운 것이고, 나쁜 것은 생각이 나쁜 것이다. 그리고 또 행복한 것은 생각이 행복한 것이고 불행한 것도 생각이 불행한 것이다. 그런데 생각은 외부의 자극에 의하여 또 경험에 의하여 또 불편한 곳으로 가는 마음의 기질에 의하여 변화무쌍하게 생멸을 거듭한다. 생각이 고귀할 때도, 천할 때도, 착할 때도, 나쁠 때도, 지혜로울 때도, 어리석을 때도 있다. 고귀할 때는 고귀한 사람이고, 천할 때는 천한 사람이고, 착할 때는 착한 사람이고, 나쁠 때는 나쁜 사람이고, 지혜로울 때는 지혜로운 사람이고, 어리석을 때는 어리석은 사람이다. 이것이 다 나다. 또 생각이 고귀할 때는 그것을 보며 흐뭇해하는 생각이 있고, 또 흐뭇해하는 그 생각을 보는 또 다른 생각이 있다. 천할 때는 창피해 하는 생각이 있고, 또 그 생각을 보는 생각이 있다. 이처럼 하나의 생각이 생기면 그것은 천 갈래 만 갈래 갈라지며 수없이 많은 생각들이 생겨난다. 이것이 다 나다. 그렇기에 나는 특정될 수 없고 또 특정되어서도 안 된다. 흐르는 강물을 막으면 강이 아니고 둑인 것처럼, 나 역시 특정되는 순간 그것은 참다운 내가 아니라 인위적으로 만들어진 거짓 나일 수밖에 없다. 그러니 나는 고귀한 사람이기도, 천한 사람이기도, 착한 사람이기도, 나쁜 사람이기도, 지혜로운 사람이기도, 어리석은 사람이기도 하다.

6) 바르게 생각하기

이렇게 생각이란, 마음이 외부의 자극과 경험과 불편한 곳으로 가는 기질에 의하여 이동하여, 외부의 자극을 분석하고 실제상황을 판단하는 과정과 그 결과물인데, 이것은 실제상황을 왜곡한 것으로 실재하지 않는 허상이다. 이 생각이 인생을 살아가는 '참 나'다. 한 가지 생각이 생겨나면 그것은 꼬리에 꼬리를 물고 끊임없이 일어나고 또 천 갈래 만 갈래 갈라진다. 이것이 다 나다. 이러한 것을 바르게 한다는 것은 무엇일까? 다시 말해서 바르게 생각한다는 것은 무엇일까?

무명 때문에 실제상황이 정확하게 판단될 수는 없다. 또 누구나가 다 그러니 바르게 수정할 수 있는 기준도 없다. 이런 상황에서 바른 것이란 왜곡된 그 생각, 그 자체가 바른 것이다. 다시 말해서 하늘에는 하나의 달이 뜨지만 천 개의 강에는 천 개의 달이 뜨듯이 실제상황은 하나지만 천명의 사람에게는 천개의 판단상황이 있다. 어떤 것이 바른 것인지 알 수 없으니 어느 것도 틀린 것이 없다. 다시 말해서 다 바른 생각이다. 단지 서로 다를 뿐이다. 애초부터 틀린 생각은 없다. 그럼에도 불구하고 분명히 바르지 못한 생각이 존재한다. 그것은 자기 생각이 틀렸다는 생각이다. 다르다는 생각이 아니라 틀렸다는 생각, 이것이 바르지 못한 생각이다.

또 나란 천 갈래 만 갈래 갈라지는 생각이 다 나다. 그런데 그 중에서 하나만을 특정하려는 생각이, 이것이 바로 바르지 못한 생각이다.

그러니 바르게 생각한다는 것은 떠오르는 대로 그냥 두는 생각이다. 다시 말해서 외부의 자극과 경험 그리고 불편한 곳으로 가는 마음의 기질에 의하여 이동한 마음이 만들어낸, 실제상황을 왜곡하여 분석하고 판단한 생각 그 자체가 바로 바른 생각이다. 따라서 바르게 생각하려면 실제상황도 경험도 또 마음도 그 어느 것도 조종하지 말아야 한다.

03

바르게 말하고
(정어(正語))
바르게 행동하기
(정업(正業))

말하고 행동한다는 것은 생각을 실제상황에 출력하는 것이다. 생각이란 감각기관에 의하여 감각된 외부의 자극을 인식기관인 마음이 분석하고 판단한 결과물이다. 이것이 실제상황에 출력되면 실제상황은 변한다. 그러면 실제상황에는 새로운 자극이 생긴다. 그러면 또 이것을 감각하고 인식한다. 그러면 다시 또 생각이 생기고 그것을 말과 행동으로 표현하면 실제상황은 또 변하고, 이것이 반복되는 것이 생명활동이다.

그런데 인식의 주체인 마음에는 실제상황을 왜곡시키는 기질이 있다. 그러니 생각은 실제상황에 대한 무지와 오해의 산물일 수밖에 없다. 그러니 이것이 출력되면 실제상황과의 충돌은 피할 수 없다. 또 이런 생각들이 출력되는 것이니 생각들끼리도 충돌은 피할 수 없다. 이러한 충돌이 좋은 결과를 가져올 수도 있지만 나쁜 결과를 가져올 수도 있다. 이 때 나쁜 결과가 오지 않도록 출력하는 것, 이것이 바르게 말하고 바르게 행동하는 것이다.

　그러면 어떻게 말하고 행동하는 것이 바르게 말하고 행동하는 것일까?

1) 업(業)

　누구나가 한번쯤은 업(業)이란 말을 들어 봤을 것이다. 필자가 경승으로 활동하고 있을 때의 일이었다. 경승이란 경찰로 복무하시는 분들 중 불교신자의 신앙지도를 하는 직책인데, 일주일에 한 번씩 경찰서 내에 마련된 조그만 법당에서 법회를 한다. 법문 중에 하루는 이런 질문을 한 적이 있다.

　필자: 업이 무엇인지요? 누구 아시는 분 말씀해 보세요.
　청중1: 전생부터 오랫동안 쌓아온 죄 같은 것 아닐까요?
　청중2: 기독교로 치면 뭐 원죄 같은 것 아닐까요?
　청중3: 안 좋은 일을 생기게 하는 원인 같은 것 같습니다만.
　청중4: 불교에서는 소멸시켜야 하는 나쁜 것으로 번뇌 아닐까요?
　이 때 앞에서 졸고 있던 경찰 분을 발견하고 잠을 깨울 요량으로 그분에게 물어 보았다.
　필자: 거기 앞에서 졸고 계시는 분
　졸던 분: (깜짝 놀라면서) 아, 죄송합니다. 어제 잠복을 해서.
　필자: 나쁜 놈들 잡으러 다니시느라고 참으로 고생이 많으십니다. 그런데 업이 무엇이지요.
　졸던 분: 아! 예. 저는 경찰입니다만. 갑자기 그것은 왜?
　그러자 청중들이 박장대소를 했다.

필자: 맞습니다. 그것이 업입니다.

이 글을 읽고 계신 분들 중에는 상당수가 알고 있는 업은 이 법회에 참가하신 경찰 분들과 대동소이(大同小異)할 것이다. 그러니 업을 물어보자 직업을 말씀하신 경찰분의 말이 맞다고 하는 필자의 말이 의아할 수도 있을 것이다.

업이란 인도어 'karma'를 의역한 것으로, 'karma'란 'kṛ'라는 동사의 명사형인데 'kṛ'는 '하다'라는 뜻이다. 이것의 명사형이니 우리말로 직역하면 '짓'이다. 불교에서는 삼업(三業)을 말하는데 신업(身業) · 구업(口業) · 의업(意業)이 그것이다. 신업이란 몸으로 하는 짓이니 '행동'이고, 구업은 입으로 하는 짓이니 '말'이며, 의업은 마음으로 하는 짓이니 '생각'이다. 즉 업이란 생각과 말과 행동이다. 그러니 직업(職業)이란 직분을 가지고 하는 생각과 말과 행동인 것이니, 졸다가 대답하신 그 경찰분의 말도 틀린 것은 아니다.

2) 인과응보(因果應報)

불교에는 인과응보라는 말이 있다. 이것은 불교의 교설 중 아주 중요한 교설로 원인(因)에는 응당한 결과(果)가 따른다는 법칙이다. 흔히 '콩 심은데 콩 나고 팥 심은데 팥 난다'는 말로 표현되기도 하는데, 곧 선업(善業)을 지으면 선과(善果)를 받고 악업(惡業)을 지으면 악과(惡果)를 받는다는 업이 생각과 말과 행동이니, 선업이란 좋은 생각과 말과 행동이고 악업은 나쁜 생각과 말과 행동이다. 그리고 선과는 좋은 결과이니 좋은 일이고 악과는 나쁜 결과이니 나쁜 일이다. 그러니 인과응보란 좋은 생각과 말과 행동에는 반드시 좋은 일이 따르고 나쁜 생각과 말과 행동에는 반드시 나쁜 일이 따른다는 법칙이다.

생각은 씨앗이다. 씨앗을 땅에 심지 않으면 싹이 트지 않듯이, 생각 역시 말하고 행동하지 않으면 어떤 결과도 생기지 않는다. 다시 말해서 생각이 좋거나 나쁘더라도 그것을 말하고 행동하지 않으면 좋은 일도 나쁜 일도 생기지 않는다. 그렇기에 좋은 일이나 나쁜 일은 좋은 생각이나 나쁜 생각 때문이 아니라 좋은 말과 행동이나 나쁜 말과 행동 때문이다.

또 아무리 씨앗을 땅에 심어도 온도나 습도 등의 조건이 맞지 않으면 싹이 틀 수 없듯이, 말과 행동 역시 그 결과가 생기려면 조건이 맞아야 한다. 씨앗을 인(因)이라 하고 조건을 연(緣)이라 하는데, 과(果)는 인(因)과 연(緣)이 맞아야 생기는 것이기에 모든 것은 다 인연(因緣)의 소치(所致)이다. 따라서 말과 행동에 따른 결과가 찾아오려면 연이 익어야 한다.

그런데 땅 속의 씨앗은 싹을 틔우지 못하면 썩어버린다. 하지만 말과 행동은 썩는 법이 없어 연이 성숙될 때까지 잘 보관되어 있다가 연이 성숙되면 반드시 그 결과를 가져온다. 이렇게 언젠가 반드시 연이 성숙되면 찾아오는 말과 행동의 결과, 이것을 업보(業報)라 한다.

그러면 좋은 생각과 나쁜 생각이란 어떤 생각일까? 좋은 생각은 자신과 남을 이롭게 하는 생각이고, 나쁜 생각은 자신과 남을 해치는 생각이다. 그렇기에 자신과 남을 이롭게 하는 생각을 좋게 말하고 행동하는 것이 선업(善業)의 씨앗을 심는 것이고, 나와 남을 해치는 생각을 나쁘게 말하고 행동하는 것이 악업(惡業)의 씨앗을 심는 것이 된다. 선업의 씨앗은 언젠가 반드시 자신과 남에게 이로운 일이 생기게 하고, 악업의 씨앗은 언젠가 반드시 자신과 남에게 해로운 일이 생기게 한다. 그리고 또 지금 자신과 남에게 이로운 일을 겪거나, 자신이나 남에게 해로운 일을 겪고 있다면 그것은 다 업보를 받고 있는 것이다. 이와 같은 인과응보의 법칙은 온갖 부귀영화를 다 가진 현명한 사람이더라도, 또 온 우주를 다스리는 전지전능한 신이더라도, 또 부처라 하더라도 피할 수 없는 불변의 법칙이다.

3) 바르게 말하고 바르게 행동하기

그러니 좋은 일이 있기를 바란다면 악업의 씨앗은 심으면 안 되고 선업의 씨앗은 심어야 한다. 그러려면 좋은 생각만 좋게 말하고 행동하고 나쁜 생각은 절대로 나쁘게 말하거나 행동해서는 안 된다.

가끔 뉴스에 살인자나 강도 또는 강간범 등 흉악범이 잡힌 소식을 접하곤 한다. 그 때 선량하게 보이는 범인이 "죄송합니다. 저도 제가 그 때 왜 그랬는지 모르겠습니다. 저도 제가 어떻게 그런 짓을 했는지 믿을 수가 없어요. 정신 차려 보니 제가 그러고 있더라고요"하는 식의 인터뷰를 종종 접하곤 한다. 이것은 곧 스스로는 나쁜 생각을 말하고 행동하지 않으려고 했는데, 자신도 모르는 사이에 나쁜 말과 행동이 저절로 나왔다는 것인데, 왜 이런 일이 벌어지는 것일까?

똥은 더럽다. 그런데 몸속에는 똥이 있다. 하지만 그 때는 더럽지 않고 그것이 밖으로 나와야 더럽다. 그렇다고 밖으로 내보내지 않으면 어떻게 될까? 참다가 더 이상 참을 수 없게 되면 쌀 것이다. 이처럼 나쁜 생각을 한다고 나쁜 것이 아니라, 그것을 나쁘게 말하고 행동하니 나쁜 것이다. 그렇다고 말하고 행동하려 하지 않는다면 똥을 참다가 싸게 되듯이 싸게 된다. 그 결과 정신 차려 보니 흉악범이 되어 있는 것이다. 그러니 나쁜 생각은 절대로 말하고 행동하지 않는 것이

능사가 아니다. 똥은 아무리 잘 누어도 더럽다. 왜냐하면 똥 그 자체가 더러운 것이라서 더럽지 않게 눌 수는 없기 때문이다. 하지만 덜 더럽게 눌 수는 있다. 이처럼 나쁜 생각 역시 좋게 말하고 행동할 수는 없더라도 덜 나쁘게 말하고 행동할 수는 있다. 이것이 나쁜 생각을 바르게 말하고 행동하는 것이다.

예를 들어 성적인 매력이 느껴지는 여인을 만났다고 하여보자. 자신도 모르게 그녀의 벗은 몸이 그려지며 생각이 음란해진다. 그러면 그런 생각을 하는 자신이 너무 부끄러워진다. 그렇다고 해서 생각을 하지 않으려고 노력하거나, 또는 그런 생각이 들통 날까 두려워 숨기기에만 급급하다면, 자신도 모르게 눈이 게슴츠레해지고 자신도 모르게 그녀를 힐끔힐끔 보게 될 것이다. 그러면 그녀는 나를 변태라고 생각하며 경계하게 된다. 하지만 그런 생각을 "너무나 매력적이세요. 남편분이나 남자친구분이 참 행복하시겠어요."라고 말하면서 정중하게 그녀에게 머리를 숙이며 밝게 웃었다고 해보자. 그러면 그녀는 기뻐하며 호감을 가지게 될 것이다. 이렇게 나쁜 생각도 얼마든지 덜 나쁘게 말하고 행동할 수 있다.

실험에 의하면 꽃을 보고 화를 내니 꽃이 시들었다고 한다. 이런 현상은 분노에는 꽃도 시들게 할 정도의 독한 독이 있음을 말해준다. 그런데 그 화를 참는다면 어떻게 될까? 그 독한 독을 내가 품고 살게 된다. 그러니 애초부터 화가 안 나도록 하여야 한다는 사람들도 있다. 그런데 화 역시 생각이다. 생각은 외부의 자극으로 인하여 생기는 것이다. 그러니 화가 난다는 것은 화가 날 수밖에 없는 상황이 있다는 것이다. 그럼에도 불구하고 화가 나지 않는다면 팔이 잘리고 다리가 잘려도 통증을 느끼지 못하는 것과 무엇이 다를까? 또 설사 화를 내지 않았다고 해서 화가 날 수밖에 없는 상황이 개선이 될까? 화가 날 수밖에 없는 상황임에도 불구하고 화가 안 나게 훈련한다면 그것은 마음을 병들게 할 뿐이다. 그리고 화를 참으면 독을 품고 살 뿐이다. 그러니 알아야 하는 것은 화가 안 나게 한다거나 참을 일이 아니라, 잘 내는 법이다.

그러면 화는 왜 날까? 두렵기 때문이다. 두려움을 이길 수 있는 유일한 방법이 증오심이기 때문이다. 그래서 전쟁에 나가는 군인들에게는 증오심이 일어나도록 적군의 만행을 보여주는 것이다. 자, 그러면 왜 두려울까? 아무것도 보이지 않는 칠흑같이 어두운 곳에서 정체를 알 수 없는 무엇인가가 다가온다. 두려울 것이다. 손전등을 비추어보니 어머니였다. 두려움이 사라질 것이다. 그런데 알 수 없는 사람이 다가오고 있다. 두려울 것이다. 왜 그럴까? 상대가 누구인지도 모르고 그 이후 어떤 일이 생길지도 예측이 안 되기 때문이다. 다시 말해서 아는 것이 없기 때문이다. 이처럼 두려움을 느끼는 이유는 모르기 때문이다. 그러면 왜 모를까? 그것은 소통이 되지 않기 때문이다. 따라서 화가 나는 이유는 상대와 소통이 되지 않아 상대에 대하여 갑자기 모르게 되었기 때문에 두려움이 생겼고, 그러자 그것을 극복하려고 자기도 모르게 증오의 감정이 생겼기 때문이다. 따라서 소통이 되면 화는 사라진다. 그런데 오만상을 찌푸리며 소리를 질러보라. 상대는 그 모습이 두려워 더욱 더 견고히 자기방어를 할 것이다. 그러면 소통은 더 어렵게 된다. 그러니 화를 잘 내는 방법은 차분하게 자신의 생각을 차근차근 말하는 것이다. 그러면 소통이 될 가능성이 더 높다. 이것이 화를 잘 내는 방법이 아닐까?

어쨌든 설사 나쁜 생각이라 하더라도 반드시 말하고 행동하여야 한다. 그런데 그 때는 반드시 덜 나쁘게 말하고 행동하여야 한다. 이것이 바로 나쁜 생각을 바르게 말하고 행동하는 것이다.

그리고 또 좋은 생각은 더 좋게 말하고 행동하는 것이 바르게 말하고 행동하는 것이다. 정성스럽게 만든 맛있는 음식을 요강에 담으면 어떨까? 그 음식이 정성스럽고 맛있게 느껴질까? 대충 만든 맛없는 음식이라도 예쁜 그릇에 예쁘게 데코레이션한다면 어떨까? 정성스럽고 맛있게 느껴지지 않을까? 이처럼 아무리 좋은 생각이더라도 나쁘게 말하고 행동한다면 그것은 선업이 될 수 없다. 좋은 생각은 좋게 말하고 행동하여야 하는데 그것을 더 좋게 말하고 행동한다면 선업은 더 커질 것이다. 이처럼 나와 남에게 이로운 생각은 더 이로워지도록 말하고 행동하는 것이 바로 좋은 생각을 바르게 말하고 행동하는 것이다.

4) 행복은 말과 행동에 있다.

몇 해 전에 보았던 드라마인데, 주인공은 젊은 나이에 성공하여 모든 부와 명예와 권력을 다 가진 사람이다. 그의 뒤에는 항상 건장한 보디가드들이 따르고, 그를 만나는 사람들은 모두가 그와의 만남을 영광스럽게 생각한다. 최고급 승용차가 여러 대나 있고 수영장이 딸린 궁전 같은 집에 아름다운 부인이 있음에도 불구하고 젊고 예쁜 여자들이 그와 함께 동침하기를 원한다. 전 세계의 유명 인사들이 그의 말 한마디에 움직인다. 그런데 영상이 갑자기 바뀌더니 그는 실제와 환상을 구분할 수 없는 삼차원 게임기를 안경처럼 끼고 길거리에 누워 침을 질질 흘리며 바동거리고 있었다. 사람들은 더러운 그의 모습을 힐끔거리며 그를 피하면서 바쁜 걸음을 재촉하며 오고가고 있었다.

외부로부터 그런 자극이 없음에도 불구하고 생각만 행복하다면 이 드라마 속의 주인공과 무엇이 다를까? 분명히 나는 생각이다. 그렇기에 생각이 행복하면 내가 행복한 것은 분명한 사실이다. 하지만 행복한 생각이 생기려면 그런 생각이 생기게 하는 자극을 외부로부터 감각하여야 한다. 그러려면 외부에는 그런 자극이 있어야 한다. 그러려면 그런 자극이 생기도록 말하고 행동하여야 한다. 따라서 행복한 자극이 생기도록 좋은 생각은 더 좋게 말하고 행동하며 나쁜 생각은 덜 나쁘게 말하고 행동하여야 하는 것이다. 이것이 바로 바르게 말하고 행동하는 것이다.

5) 선과를 받을 땐 선업을 짓고 악과를 받을 때는 악업을 소멸시켜야 한다.

선업은 좋은 생각을 악업은 나쁜 생각을 말하고 행동한 것인데, 이것은 인(因)이 되어 연(緣)이 익으면 반드시 선업은 선과(善果)를 가져오고 악업은 악과(惡果)를 가져온다. 좋은 생각은 나와 남을 이롭게 하는 생각이고, 나쁜 생각은 나와 남을 해롭게 하는 생각이니, 그러니 선업은 나와 남을 이롭게 말하고 행동한 것이고 악업은 나와 남을 해롭게 말하고 행동한 것이다. 이것은 조건이 성숙되면 반드시 나와 남에게 이로운 일이 생기게도 하고 나와 남에게 해가 되는 일이 생기게도 하는데, 이것이 선인선과(善因善果) 악인악과(惡因惡果)라는 인과응보의 법칙이다. 이와 같은 법칙은 전지전능한 신이라 하더라도 세상의 모든 이치를 깨우친 부처라 하더라도 피할 수 없다.

그러기에 좋은 일을 겪고 있다면 그것은 과거에 언젠가 뿌린 선업이 연이 익어 찾아온 것이며, 나쁜 일을 겪고 있다면 그것 역시 과거에 언젠가 뿌린 악업이 연이 익어 찾아온 것일 뿐이라는 사실을 알아야 한다. 누구나 좋은 일은 겪고 싶고 나쁜 일은 겪고 싶지 않다, 그러니 좋은 일을 겪을 때는 선업의 씨앗이 끝나지 않도록 다시 선업의 씨앗을 뿌려야 하고, 나쁜 일을 겪을 때는 여기에서 악업의 씨앗이 끝나도록 하여야 할 것이다. 어떻게 하면 그렇게 할 수 있을까?

좋은 일을 겪을 때는 오만방자하지 말자. 그리고 모든 것을 덕분이라 생각하자. 사업에 성공해서 좋은 집에 좋은 차를 타며 사랑하는 사람과 결혼하여 살고 있다고 해보자. 이러한 결과는 이러한 결과가 나올 수밖에 없는 말과 행동을 하였고 그 말과 행동이 이러한 결과를 가져오게 할 수밖에 없는 환경이 조성되었기 때문에 생긴 것이다. 그런데 이것이 자신의 현명함과 탁월한 능력, 그리고 피나는 노력의 결과라고 생각한다면, 자신의 부와 행복은 너무도 당연한 것이 된다. 그러니 가난하고 불행한 이들을 업신여기는 생각은 저절로 생긴다. 이런 상태에서 과연 새로운 선업의 씨앗을 뿌릴 수 있을까? 물론 자신의 현명함과 피나는 노력, 이런 것들도 분명히 있었겠지만, 그것보다 과거에 같이 하였고 또 지금 같이 하고 있는 사람들 덕분에 이러한 행복을 누리고 있기에 자신은 참 행운아라고 생각하여야 하지 않을까? 그렇게 생각하면 저절로 자신과 남에게 이로운 생각을 하고 그것을 말하고 행동할 수 있을 것이다.

이 지구에는 참으로 많은 책이 있다. 그중 한국어로 읽을 수 있는 책도 상당하다. 그런데 75억의 지구 인구 중 한국어를 읽을 수 있는 사람은 얼마나 될까? 그리고 그 중 지금 이 책을 읽을 수 있는 사람은 얼마나 될까? 이 책에는 분명히 그 어느 책에서도 접할 수 없는, 당신을 행복하게 만들어 줄 비법이 담겨져 있다. 그러니 이 책을 읽을 수 있는 당신은 분명히 과거에 언젠가 남들과는 비교도 되지 않는 다른 특출한 선업의 씨앗을 뿌렸기 때문이고 그 연이 성숙되어 지금 이 책을 읽고 있는 것이다. 그럼에도 불구하고 오만방자한 마음으로 이 책을 읽는다면 당신의 선업은 지식만 얻은 것으로 끝날 것이다. 하지만 이 책을 만난 것을 행운으로 알고 은혜롭게 생각한다면 또 다른 선업의 씨앗이 뿌려져 당신을 반드시 행복하게 만들어 줄 것이다. 이처럼 오만방자함은 선과를 받더라도 더 이상 선업의 씨앗을 뿌리지 못하게 한다. 그러니 겸손하고 감사할 줄 알아야 한다.

나쁜 일을 겪고 있다면 그것은 과거에 언젠가 했던 나쁜 말과 행동이 연이 익어 찾아온 것일 뿐이다. 그런데 자신이 뿌린 씨앗을 거둔다고 생각하지 않고 원망과 분노 속에 있다면 어떻게 되겠는가? 또 다른 악업을 만드는 결과가 될 뿐이다.

비바람만 피할 허름한 집에서 먹을 것도 제대로 먹지 못하며 궁핍하게 사는 이유는, 그러한 결과가 올 수 밖에 없는 말과 행동을 하였고 또 그 결과가 찾아올 수밖에 없는 환경이 성숙되었기 때문이다. 그런데 이것을 자신은 열심히 부지런히 노력하였는데 세상이 불공평해서 세상 사람들이 어리석고 간악하며 자신만이 겪고 있는 불공평한 결과라고 생각한다면 과연 이 상태가 개선될 수 있을까? 만약 조금이라도 나은 삶을 살고 싶다면 모든 것은 다 자신의 말과 행동 때문이라 생각하고 자신의 말과 행동을 살펴보아야 한다.

악업은 소멸되지 않는다. 그렇기에 언젠가는 반드시 그 대가를 치러야 한다. 그럼에도 불구하고 소멸될 수 있다면 단 한가지의 방법이 있다. 그것은 참회(懺悔)다. 참회란 자신의 잘못을 뉘우치고, 그로 인하여 상처를 받은 이의 상처는 최대한 아물도록 노력하고, 피해를 입은 이의 피해는 최대한 손실이 적도록 노력하고, 자신의 상처나 손실은 달게 받고자 생각하고 그렇게 말하고 행동하는 것이다. 다시 말해서 악업에 대한 대가를 달게 받으려 하여야 한다.

예를 들어 자신의 부모를 죽인 원수가 있다고 하여보자. 그 원수가 찾아와 자신의 잘못을 크게 뉘우치고 생명이 다할 때까지 그 과보를 받겠다고 하며 그것을 실천한다면 언젠가는 저절로 용서가 될 수도 있을 것이다. 그런데도 불구하고 복수 당할 것이 두려워 용서를 빈다면 더욱 괘씸해질 것이다.

가끔 사찰 문 앞에 '수자영가천도'라고 적은 문구를 볼 때가 있다. 수자란 낙태한 아이이며 영가란 죽은 자의 혼백이다. 낙태란 무엇인가? 임신한 아이를 부모가 죽이는 것이다. 다시 말해서 존속살인이다. 부모는 자신이 지은 죄과가 두려워 또 용서를 빌고 싶어서 이런 의식을 한다. 그런데 아이 입장에서 보면, 원해서 만들어진 것도 아닌데 부모의 상황에 따라 죽어야 했다. 자기 멋대로 만들고 자기 멋대로 죽이고 자기 멋대로 용서를 빈다. 그런다고 악업이 소멸될까? 진정한 참회라면, 자기마음 편하자고 용서를 빌 것 아니라 존속 살인한 아픔을 죽을 때까지 짊어지고 살면서 괴로워하여야 하지 않을까? 이것이 진정한 참회가 아닐까?

어쨌든 바르게 말하고 행동한다는 것은 좋은 생각은 더 좋게 나쁜 생각은 덜 나쁘게 말하고 행동하는 것이며, 좋은 일은 겸손하고 감사하게 받아들이고 나쁜 일은 피하지 않고 참회하며 받아들이는 것이다.

04   바른 생활(정명(正命))과
바른 노력(정정진(正精進))

  바르게 생각하고(正思), 바르게 말하고(正語), 바르게 행동하면(正業) 생활이 바르게 되는데, 이것이 8정도의 다섯 번째 정명(正命)이다. 왜 그런가 하면 생활이 바르다는 것은 곧 생명활동이 바르다는 것이 되는데, 생명활동이란 외부의 자극에 반응하는 활동으로, 감각기관에 의하여 외부의 자극이 감각되어 인식기관이 실제상황을 분석하고 판단하여 생긴 생각을 말하고 행동하는 것이 외부의 자극에 반응하는 활동이다. 그러니 생명활동이란 생각하고 말하고 행동하는 것이니, 생각과 말과 행동을 바르게 하는 것이 당연히 생명활동을 바르게 하는 것이며, 또 그것이 바른 생활이 아니면 무엇이겠는가?

  이런 바른 생활이 지속될 수 있도록 바르게 생각하고 말하고 행동하려고 노력하는 것, 이것이 바른 노력으로, 정정진(正精進)이다. 다시 말해서 마음이나 생각을 조종하지 않도록 노력하는 것, 그 어떤 생각이라도 다 말하고 행동하려고 노력하되 나와 남을 이롭게 하는 생각은 더 이롭게 말하고 행동하려 노력하고 나와 남을 해롭게 하는 생각은 덜 해롭게 말하고 행동하려고 노력하는 것이다.

흔히 불교라 하면 마음 공부하는 것으로 아는 이들이 있다. 그런데 마음이 만드는 것은 생각일 뿐이다. 그리고 생각이 비록 씨앗이더라도 그것이 말하고 행동하지 않으면 아무런 결과를 가져오지 않는다. 행복한 생각이란 그러한 자극이 있어야 하는 법, 외부의 그런 자극도 없는데도 자기만의 망상 속에서 행복해봐야 무슨 소용이 있겠는가? 말과 행동이 있어야 외부로부터 그런 자극이 있는 법, 그러니 말과 행동을 닦고 수행해야지 마음을 닦고 수행하면서 마음공부를 해보아야 아무런 소용이 없다.

이 세상만사 모든 일이 헛되고 꿈이라며 산 속으로 들어가 도를 닦으면 꿈에서 깨어나는가? 어차피 살아야 하는 세계가 무명이 만들어낸 허상의 세계라면 그런 궁상맞은 세상을 살 것이 아니라, 사랑하는 사람들과 아름답고 좋은 것을 보고 느끼고 경험하면서 이 세상이 행복해지는 것에 일조하며 사는 것이 더 행복하지 않을까?

불교는 행복의 내비게이션이다. 그러니 불교를 신앙하는 이유는 행복해지기 위한 것, 그러니 바른 정진이란 부처님의 가르침도 아닌 것을 가지고 행복해지겠다고 노력하는 것이 아니라 불교를 제대로 알고 불교가 가르치는 효율적인 방법을 사용하는 것이다.

05

정념(正念)

이러한 바른 노력은 일곱 번째 단계인 정념으로 인도하는데, 염(念)이라는 한자를 보면 '지금 금(今)' 밑에 '마음 심(心)'이 있다. 곧 마음이 지금에 있는 것이다. 마음이 지금에 있으면 어떤 생각이 생길까? 마음에는 불편한 곳으로 가는 기질이 있다. 그러니 마음이 지금에 있게 되면 지금의 불편한 곳으로 가게 된다. 그러면 괴로운 생각이 생긴다. 이것이 염이다. 그런데 이런 염에도 두 가지가 있는데, 하나는 잡념(雜念)이고 또 하나는 정념이다.

어렸을 때 어른에게 혼날 때 갑자기 아무런 생각도 떠오르지 않던 경험, 이것은 누구나 한 번쯤은 겪었을 일이다. 생각이란 마음에 의하여 생기는 것, 그렇기에 아무런 생각도 떠오르지 않는다는 것은 마음이 정지되어 있다는 것이다. 다시 말해서 어른에게 혼날 때 마음이 긴장을 해서 꼼짝하지 않기에 아무런 생각도 떠오르지 않는 것이다. 이처럼 괴로운 생각이 들면 마음은 긴장을 한다. 그러면 마음은 불편한 그곳에서 정지되어 좀처럼 움직이려 하지 않는다. 그러니 부정적이고 비관적인 생각만 든다. 끝없이 두렵고 불편하고 괴로울 뿐이다. 이런 상태가 잡념(雜念)이다.

그런데 마음에는 불편한 곳으로 가는 기질만 있는 것이 아니다. 왜냐하면 마음이 불편한 곳으로 가는 이유는 불편한 것은 해결되어야 하기 때문이다. 그렇기에 마음이 불편한 곳에 묶여 있지 않으면 불편한 문제를 해결하기 위하여 천방지축으로 돌아다닌다. 이것 또한 마음이 가진 기질이다. 이렇게 마음이 불편함을 해결하기 위하여 천방지축으로 돌아다니는 상태, 그래서 생각이 불편함을 해결하려는 궁리로 가득 찬 상태, 이런 상태가 정념(正念)이다.

옛날 어느 곳에 두 아들을 둔 노파가 있었는데, 한 아들은 우산 장수였고 또 한 아들은 짚신장수였다. 비오는 날에는 짚신이 안 팔리고 맑은 날에는 우산이 안 팔리니, 노파는 비오는 날은 짚신장수 아들을 생각하며, 맑은 날은 우산장수 아들을 생각하며 걱정과 근심이 끊이지 않았다. 안타깝게 지켜보던 이웃이 노파에게, 맑은 날에는 짚신장수 아들을 생각하고 비오는 날에는 우산장수 아들을 생각하도록 권하였다. 그렇게 하자 노파의 근심과 걱정은 사라졌다고 한다.

여기에서 노파의 근심걱정이 사라진 이유는 노파의 생각이 바뀌었기 때문이고, 노파의 생각이 바뀐 이유는 마음을 조종하였기 때문이다. 다시 말해서 비오는 날에는 짚신장수 아들에게, 맑은 날에는 우산장수 아들에게 마음이 저절로 가던 것을, 비오는 날에는 우산장수 아들에게, 그리고 맑은 날에는 짚신장수 아들에게 억지로 마음을 두었기 때문이다. 그래서 비오는 날은 짚신이 안 팔리고 맑은 날에는 우산이 안 팔리는 것은 여전한데도, 노파의 근심과 걱정은 사라진 것이다.

그렇다면 노파의 마음이 비오는 날에는 짚신장수 아들에게 맑은 날에는 우산장수 아들에게 가는 것은 저절로 되면서 거꾸로 하는 것은 왜 억지로 해야 할까? 그것은 마음이 가진 불편한 곳으로 가는 기질 때문이다. 이 이야기 속 노파는, 비오는 날에는 짚신장수 아들 그리고 맑은 날에는 우산장수 아들이 불편하다. 그러니 마음이 저절로 그리로 가지만, 비오는 날 우산장수 아들은, 그리고 맑은 날 짚신장수 아들은 불편하지 않으니 마음을 그리로 가게 하는 것은 억지로 해야 한다.

어쨌든 비오는 날에는 짚신장수 아들을, 맑은 날에는 우산장수 아들을 생각하면서 근심과 걱정으로 가득한 상태는, 염은 염이지만 잡념이다. 그래서 마음이 불편한 곳에서 움직이지 않는다. 그러니 항상 괴로움으로 가득할 수밖에 없다. 보다 못한 이웃이 비오는 날은 우산장수 아들을 맑은 날은 짚신장수 아들에게 마음을 두게 하였다. 그래서 근심이 사라졌다. 그런데 이것은 마음이 병든 것이다. 왜냐하면 마음의 기질은 불편한 곳으로 가기 마련인데 불편하지 않은 곳에 멈추어 있기 때문이다. 이것 역시 잡념이다.

정념이란 마음을 잡지 않는 것이다. 그냥 내버려두는 것이다. 그러면 불편한 것을 해결하기 위하여 천방지축으로 돌아다닌다. 그러면 비오는 날에도 팔릴 수 있는 짚신을, 맑은 날에도 팔릴 수 있는 우산을 궁리하게 될 것이다. 그러다 보면 비오는 날에는 반드시 신어야 할 나막신을, 그리고 맑은 날에는 해를 피할 양산을 개발하지 않았을까?

이렇게 정념이란 자신의 불편함을 미션으로 받아들이게 한다. 덕분에 자신은 더 업그레이드된다. 그런데 이런 상태는 바르게 생각하고 바르게 말하고 바르게 행동하는 것을 지속적으로 노력하면 저절로 되는 것이니 스스로 억지로 만들려고 할 필요는 없다.

06

정정(正定)

게임에 중독된 20대가 PC방에서 장시간 게임을 하다 결국 과로로 숨졌다. 8일 대구 북부경찰서에 따르면 지난 5일 오후 10시 30분께 대구시 북구 복현동 한 PC방에서 게임을 하던 이모(28.무직)씨가 게임을 하던 도중 갑자기 쓰러져 병원으로 옮겼으나 3시간여만에 숨졌다. 조사결과 이 씨는 지난 3일 오후 9시부터 약 50시간동안 PC방에서 잠을 자지 않고 먹지도 않은 채 게임에만 몰두했으며 지난 달 초에는 게임에 빠져 결근이 잦아 다니던 회사에서 해고된 것으로 밝혀졌다. 경찰은 이 씨가 과로로 인한 심장마비로 숨진 것으로 보고 정확한 사인을 조사 중이다.

이것은 2005년 8월 8일 한겨레신문 보도내용이다.

앵커: PC방에서 먹고 자며 20일 넘게 온라인 게임을 하던 30대가 게임을 하던 도중 숨졌습니다. 죽음 부른 게임 중독증, 조효정 기자가

보도합니다.

기자: 어제 저녁 6시쯤 한 PC방에서 온라인 게임을 하던 38살 김 모씨가 쓰러져 병원으로 옮겨졌으나 숨졌습니다. 김 씨는 지난 11월 중순부터 20일 가까이 이곳에서 숙식을 해결하며 온라인 게임을 해왔습니다.

PC방 종업원 : 하루에 20시간 씩 하면서 잠도 거의 2,3시간 주무시고 식사도 그냥 여기서 라면으로 한 끼 떼우고…

기자 : 가족들과 떨어져 건설현장에서 번 돈으로 생활해 왔던 김 씨는 지난 9월에도 한 달 동안 이 PC방에서 살다시피 했습니다. 경찰은 김 씨가 특별한 병이 있던 게 아닌 만큼 오랜 시간 게임을 하다 몸에 이상이 생겨 사망한 것으로 추정합니다. 장시간 한 자리에 앉아 게임을 하면 비행기를 오래 탈 때 나타나는 이코노믹 클래식 증후군과 같은 증상을 불러올 수도 있습니다.

이정섭 교수(인하대병원 정신과 전문의) : 뇌의 정맥에 혈액이 응고되어 있다가 그것이 갑자기 위로 올라가면서 심장혈관이나 뇌혈관을 갑자기 막게 되면서 급사하는 경우가 있거든요.

기자 : 지난달에도 9시간 동안 쉬지 않고 온라인 게임을 즐기던 고등학생이 숨지는 등 최근 비슷한 사고가 잇따르고 있습니다.

이것은 2005년 12월 9일 MBC의 보도내용이다.

도대체 컴퓨터 게임이라는 것이 얼마나 재미있기에 죽어가는 줄도 몰랐을까? 사실 게임의 구조는 참으로 간단하다. 게임에는 미션이 있다. 그런데 그 미션은 아주 어렵지도 쉽지도 않고 적당히 어렵다. 조금만 궁리하고 노력하면 해결될 수 있을 것 같은 미션이다. 그렇기에

게임 속의 캐릭터가 레벨1일 때는 미션 역시 레벨1이다. 여러 번의 시행착오를 통해 미션을 해결하면 레벨은 올라가고 새로운 아이템을 얻는다. 그렇게 능력치가 올라가면 미션 역시 더 어려워진다. 그 능력치에 맞게 적당히 어려운 미션이다. 또 그것을 해결하면 새로운 아이템을 얻게 되고 능력치가 올라가면서 또 레벨이 상승한다. 이렇게 아무리 레벨이 오르고 능력치가 오르더라도 미션은 결코 쉬워지지 않고 적당히 어려운 것이 새롭게 주어질 뿐이다. 그러니 똑같은 짓을 단순하게 반복할 뿐이다. 그런데도 불구하고 도대체 이것이 왜 재미있는 것일까? 비록 어려움이 있기는 하지만 그것은 적당히 어려우며 그것을 해결하면 능력치가 올라가기 때문이다. 스스로가 발전하는 것, 어제와 같은 오늘 오늘과 같은 내일이 아니라 어제보다 더 능력치가 오른 오늘 오늘보다 더 능력치가 오른 내일이 기대되기 때문이다. 이것이 재미있는 것이다.

바르게 생각하고 말하고 행동하는 것을 지속하면 정념의 상태가 된다. 정념이란 불편함이 미션이 되어 그것을 해결하기 위하여 궁리하는 상태다. 그러니 그것은 언젠가는 해결될 것이다. 그러면 능력치가 올라가게 된다. 어제보다 능력치가 오른 오늘, 오늘보다 더 오른 능력치가 기대되는 내일 그런 나날이 지속된다. 그러니 사는 것이 얼마나 재미있을까?

삼매란 무엇인가에 집중되어 있는 상태다. 책을 읽는 것에 푹 빠져 다른 생각이 없으면 독서삼매에 빠진 것이고, 바둑을 두는 것에 푹 빠져 있으면 바둑삼매에 빠진 것이고, 영화에 푹 빠져서 보고 있으면 영화 삼매에 빠진 것이다. 왜 이런 삼매에 빠지는가. 재미있기 때문이다. 이처럼 사는 것이 재미있어서 사는 것에 푹 빠져 있는 상태 이것을 바른 삼매라 한다. 이런 상태가 바로 정정(正定)이다.

이렇게 8정도의 마지막 단계의 정정이 진정한 행복이다. 사성제의 멸성제의 상태다. 그리고 이러한 상태가 극락이다. 그래서 18)극락세계에는 정정의 무리(正定聚)가 산다고 하는 것이다.

---

18) 佛告阿難.其有衆生 生彼國者.皆悉住於 正定之聚.所以者何。彼佛國中無諸邪聚及 不定之聚.(부처님께서 아난에게 말씀하셨다. "어느 중생이나 저 나라에 태어나게 된다면 모두 다 정정취(正定聚)에 머물게 되느니라. 어찌하여 그런가 하면, 그 불국토에는 어떤 사정취(邪定聚)나 부정취(不定聚)도 없기 때문이니라.)[불설무량수경] 하권 참종성전 p84 참종성전편찬위원회 불기2560년간

제8강

육바라밀(六波羅蜜)

01

사성제에 대한 정리

    이렇게 불교는 사성제(四聖諦)로 행복하지 않은 상태가 어떤 것인지, 그리고 그 원인은 무엇인지, 그러면 행복한 상태는 어떤 것인지, 또 그렇게 되려면 어떻게 해야 하는지를 제시하고 있다. 다시 말해서 고성제(苦聖諦)는 행복하지 않은 상태가 어떤 것인지를, 집성제(集聖諦)는 왜 그렇게 되었는지를, 멸성제(滅聖諦)는 그러면 행복한 상태는 도대체 어떤 것인지를 설명하고 있다. 그리고 도성제(道聖諦)는 그렇게 되려면 어떻게 해야 하는지 그 방법을 제시하고 있다.

    고성제가 설명하는 행복하지 않은 상태는 사고팔고(四苦八苦)를 느끼거나 또는 그것을 극복하기 위한 괴로움을 느끼는 상태가 아니라, 그러한 괴로움이 없는 상태에 집착하여 쓸데없이 삶을 낭비하고 있는 상태를 말한다. 예를 들어 보기 싫은 것을 봐야 하기에, 듣기 싫은 소리를 들어야 하기에, 맡기 싫은 냄새를 맡아야 하기에, 맛없는 것을 먹어야 하기에, 안 좋은 자극을 받아야 하기에, 늙고 병들고 죽기에,

사랑하는 사람과 헤어져야 하기에, 미워하는 사람과 만나야 하기에, 구하는 것을 얻을 수 없기에, 생각이 복잡하기에 비록 괴로울지는 몰라도 행복하지 않은 것은 아니라는 것이다.

또 보기 싫은 것은 안 보려 하기에, 듣기 싫은 소리는 안 들으려하기에, 맡기 싫은 냄새는 안 맡으려하기에, 맛없는 것은 안 먹으려 하기에, 안 좋은 자극은 안 받으려 하기에, 늙지 않고 병들지 않고 죽지 않으려 하기에, 사랑하는 사람과는 헤어지지 않으려 하기에, 미워하는 사람과는 만나지 않으려 하기에, 구하는 것은 반드시 얻으려 하기에, 생각이 편안하기를 바라기에 그래서 비록 괴로울지는 몰라도, 그렇다고 해서 행복하지 않은 것은 아니라는 것이다.

행복하지 않은 상태는 보기 싫은 것은 보아서는 안 되고, 듣기 싫은 소리는 들어서는 안 되고, 맡기 싫은 냄새는 맡아서는 안 되며, 맛없는 것은 먹어서는 안 되고, 안 좋은 자극은 받아서는 안 되고, 늙고 병들고 죽어서는 안 되며, 사랑하는 사람과는 헤어질 수 없고, 미워하는 사람과는 만날 수 없으며, 구하는 것은 반드시 얻어야 하고, 생각은 반드시 편안해야 한다고 생각하며 자신의 삶을 헛되이 낭비하고 있는 상태이다. 이런 상태는 설사 해피(happy)할지는 몰라도 그것은 분명히 행복은 아니다. 차라리 불행이다.

예를 들어 평생 한 번밖에 가볼 수 없는 곳으로 여행을 갔다고 해보자. 하루 종일 호텔방에 있으면서 룸서비스만 시켜 먹다가 돌아오는 여행과, 고생스럽더라도 그곳에만 있는 명소를 돌아보고, 그곳에서만 맛 볼 수 있는 진기한 음식을 먹어보고, 그곳에서만 만날 수 있는 사람들을 만나보고, 그곳에서만 경험할 수 있는 것들을 경험하는 여행과 어떤 여행이 더 행복한 여행일까? 전자의 여행은 해피할지는 모르겠으나 그것은 결코 행복한 여행은 아니다.

불교에서는 윤회를 말한다. 하지만 그것 역시 추측일 뿐 증명할 길은 없다. 그리고 죽어서 가는 극락이니 천상이니 이런 곳이 있다고도 한다. 그러나 그것 역시 추측일 뿐 증명할 길은 없다. 어쩌면 우리에게 주어진 삶은 한 번뿐일지도 모른다. 다시 말해서 다시는 살아 볼 수도 없는 삶일지도 모른다. 이런 삶을 해피한 상태만 추구하며 산다면 호텔방에서 여행일정을 다 소비하는 어처구니없는 여행과 무엇이 다르겠는가? 고성제가 말하는 행복하지 않은 상태는 이런 상태를 말하는 것이다.

그러면 대체 왜 이런 멍청한 삶을 사는 것일까? 집성제가 설명하는 그 이유는 보고 싶은 것만 봐야하고 보기 싫은 것은 무슨 일이 있어도 보아서는 안 되고, 듣고 싶은 소리만 들어야하고 듣기 싫은 소리는 무슨 일이 있어도 들어서는 안 되고, 좋은 냄새만 맡아야하고 싫은 냄새는 무슨 일이 있어도 맡아서는 안 되며, 맛있는 것만 먹어야 하고 맛없는 것은 절대로 먹을 수 없고, 좋은 자극만 받아야 하고 안 좋은 자극은 절대로 받아서는 안 되며, 항상 젊고 건강하게 살아있어야만 하지 늙고 병들고 죽어서는 절대로 안 되며, 사랑하는 사람과는 무슨 일이 있어도 헤어질 수 없고, 미워하는 사람과는 절대로 만날 수 없으며, 구하는 것은 수단과 방법을 가리지 않고 반드시 얻어야 하고, 생각은 무조건 편안해야 하기 때문이다.

불교에는 번뇌(煩惱)라는 말이 있다. 이것은 괴로움의 근원을 말하는 용어인데, 가장 근원적인 번뇌는 삼독번뇌(三毒煩惱)다. 그것은 탐(貪)·진(瞋)·치(癡)인데, 탐이란 하고 싶은 것은 무슨 일이 있어도 해야 하고, 진은 하기 싫은 것은 절대로 할 수 없으며, 치는 그러고도 신도 부처도 납득시킬 만한 이유로 자기합리화 자기 변명하는 것이다. 이것이 바로 괴로움의 원인이다.

그렇기에 이러한 삶을 혐오하고 진정으로 행복한 삶을 추구해야 하는데, 멸성제가 설명하는 행복한 상태는 편안함을 추구하는 것이 아니라 즐거움을 추구하는 삶, 재앙을 미션으로 받아들이는 삶, 그렇게 함으로써 어제보다 오늘의 능력치가 더 올라갔고 또 오늘보다 내일의 능력치가 더 올라갈 것이 기대되는 삶, 이러한 상태다. 곧 생각과 말과 행동을 모두 완전 연소하는 상태다.

도성제는 이러한 삶을 살도록 팔정도(八正道)를 제시하는데, 그것은 정견(正見) · 정사(正思) · 정어(正語) · 정업(正業) · 정명(正命) · 정정진(正精進) · 정념(正念) · 정정(正定)의 여덟 가지다. 정견이란 사성제를 바르게 아는 것이며, 정사란 떠오르는 생각을 조절하지 않고 그냥 두는 것이다. 그리고 정어와 정업은 자신과 남에게 이로운 생각은 더 이롭게 그리고 해로운 생각은 덜 해롭게 말하고 행동하는 것이다. 이것이 되면 삶이 바르게 되는데 이것이 정명이고, 이러한 삶이 유지되도록 정사와 정어와 정업에 노력하는 것이 정정진이다. 그러면 재앙을 미션으로 받아들이는 상태가 되는데 이것이 바로 정념이다. 이러한 상태의 삶은 어제보다 나은 오늘이 그리고 오늘보다 더 나은 내일이 기대되는 삶이기에 사는 맛에 푹 빠지게 되는데 이것이 바로 정정이다. 이 정정이 행복이다.

이것이 행복의 내비게이션인 불교가 안내하는 행복해지는 법이며, 불교교리는 이 이상도 이하도 없다.

02   대승불교의 흥기

1) 대승불교의 흥기

이렇게 너무도 간단명료한 불교의 교리와 쉬운 실천법은 대중들에
게 큰 호응을 얻어 인도 전역으로 퍼져나가며, 당시 인도사회를 지배
하던 바라문교를 붕괴시키고 힌두이즘을 탄생시키기에 이른다. 그러
면서 한편으로는 불교교단은 분열되어 부파불교시대를 맞이하게 되
는데 이들은 아비달마라고 불리는 철학을 발전시킨다. 이로 인하여
불교교리는 전문화되고 일반인들에게는 범접할 수 없을 정도로 난해
해진다.

이 때 힌두이즘의 형성에 자극받고 아비달마 연구에 대한 반동으로
B.C. 2세기경부터 재가자들을 중심으로 새로운 움직임이 일어나기
시작하는데, 이것이 바로 대승불교운동이다. 대승불교운동은 석존의
입멸과 깊은 관련이 있다. 초기경전에 의하면 석존이 돌아가신 후 다
비(茶毘=시신을 화장하는 것)의식을 주도한 것은 재가신자들이었기

에, 그들의 요구에 의하여 석존의 유골은 8개소에 분골되어 탑이 세워졌다고 한다.

이 탑을 지키는 일 역시 재가신자의 역할이었기에 불탑을 중심으로 한 신자집단이 탄생하는데, 출가자가 붓다의 유훈에 따라 붓다의 가르침을 기본으로 교단을 지켰다면 이들이 의지하는 곳은 석존에 대한 동경이었다. 이들이 중심이 되어 일어난 운동이 대승불교운동이다. 이런 대승불교가 등장하자 불교의 중심은 출가자(出家者)에서 재가자(在家者)로 이동한다. 그러면서 삼법인으로 표현된 연기법은 더욱 정확하게 표현하기 위하여 [19]공(空)으로 표현되고, 8정도는 재가자도 실천할 수 있도록 육바라밀(六波羅蜜)로 바뀐다.

---

[19]불교의 근본교리 중 하나로, 인간을 포함한 일체 만물에 고정 불변하는 실체가 없다는 사상. 범어로는 Śunya, 팔리어로는 Suñña. 불교 이전부터 널리 사용되어 온 말로서 인도의 수학에서는 영(零)으로 사용되었고, 힌두교에서는 브라만(梵)과 니르바나(涅槃)의 상징으로 사용되기도 하였다. 그러나 불교에서는 현상계의 모든 사물의 이법(理法)을 설명하는 원리로서 불교의 근본사상이 되었다.

일반적으로 반야부(般若部) 계통의 대승불교사상으로 알려진 공사상은 부처가 보리수 아래에서 깨달은 진리인 연기(緣起)에 그 연원을 두고 있다. 현상계를 유전하는 모든 존재는 인연(因緣)의 화합으로 생멸하는 존재이므로 고정 불변하는 자성(自性)이 없다. 이와 같이 일체의 만물은 단지 원인과 결과로서 얽힌 상호의존적 관계에 있기 때문에 무아(無我)이며, 무아이기 때문에 공(空)인 것이다. 이때의 공은 고락(苦樂)과 유무(有無)의 양극단을 떠난 중도(中道)이며, 이것이 부처가 깨달은 내용이다.

그러나 부파불교에서 법체(法體)는 항유(恒有)한다는 실재론(實在論)을 주창하였기 때문에 초기 대승불교에서는 법의 항유를 부정하면서 아공(我空)과 법공(法空)의 이공설(二空說)을 내세운다. 아공은 자아를 실재라고 인정하는 미혹한 집착을 부정하도록 가르치는 것이고, 법공은 나와 세계를 구성하는 요소에 대하여 항상 있는 것이라고 인정하는 잘못된 집착을 부정하도록 가르치는 것이다.

이와 같이 『반야경(般若經)』의 공사상이 초기불교에 그 근원을 두고 있지만 본격적으로 철학적 체계화를 시도한 사람은 용수(龍樹, Nāgārjuna)이다. 용수는 『중론(中論)』「관사제품(觀四

諦品)』제18게(偈)에서 공사상의 이론적 근거가 연기라고 명확히 제시하였다. 나아가 세속제(世俗諦)와 제일의제(第一義諦)의 관계를 드러낸 이제설(二諦說)을 정립하였다. 즉 세간의 언어 습관인 세속제가 연기와 공을 바탕으로 성립하므로 연기와 공에 대한 이해야말로 승의의 진리(眞諦)를 알고 열반을 얻게 하는 구체적인 지혜임을 나타낸 것이다.

용수는 『중론』을 통해 『반야경』의 공사상을 연기설과 같은 위치에 놓음으로써 이를 이론적으로 해명하고, 대승불교의 역사적 위상을 확립시킴으로써 대승불교의 사상 전개에 큰 영향을 미쳤다. 인도에서는 이 책에 의해 중관학파(中觀學派)가 일어났으며, 유가행파(瑜伽行派)와 더불어 인도 대승불교의 2대 사조를 형성하였다.

유가행파도 『중론』의 공사상을 계승하여 현실세계의 구조를 체계적으로 설명하려는 삼계유식설(三界唯識說)과 삼무성설(三無性說)을 주장하였다. 또한 중관학파와 유가행파의 사상이 혼합된 형태로 티베트에 전파되어 총카파(Tsong-ka-pa, 宗喀巴: 1357~1419) 교학의 기초가 되었다.

중국에는 청목(靑目)이 주석한 『중론』이 번역된 이후 용수의 『십이문론(十二門論)』 및 그의 제자 제바(提婆)의 『백론(百論)』과 합하여 삼론(三論)이라 불려 삼론종이 성립되었다. 그 후 삼론종의 대성자 길장(吉藏)의 『중관론소(中觀論疏)』는 『중론』 연구의 궤범이 되고 있다.

또한 천태종(天台宗)의 지의(智顗)는 앞에서 말한 『중론』 「관사제품」 제18게에 기초하여 '공(空)·가(假)·중(中)'의 삼제설(三諦說)을 세워 천태종의 근본교리로 삼았는데, 고구려의 승랑(僧朗) 등은 삼제설의 발전에 크게 기여하였다. 이 세상의 모든 현상을 이 공관에 입각해서 보면 거짓(假)된 모습을 하고 있는 상대적인 것이며, 그 밑바닥의 진리의 세계에서 볼 때는 한결같은 공의 세계로서 유지되어 있는 것이다. 그러므로 상대적인 가의 세계에서는 현상이 공함을 파악하고 공의 세계로 몰입한 뒤 다시 나올 때, 거기에는 중도의 세계, 깨달음의 세계가 전개된다는 것을 밝힌 것이다. 즉, 모든 상대적인 현상을 공하게 비울 때 그곳에 해탈의 세계가 전개된다는 수행론은 공사상을 토대로 하여 전개시킨 것이다.

우리나라 불교의 모든 종파는 공사상을 크게 존숭하고 연구하였다. 신라의 원효(元曉)는 『기신론소(起信論疏)』에서 공이라는 진실을 모든 사람에게 본래부터 갖추어져 있는 것으로 파악하였다. 본래 내 몸에 갖추어져 있는 그 진실을 자각하는 자가 부처이기 때문에, 이 공사상에 입각하여 승려·속인·남자·여자 등의 모두가 깨달음을 얻어 부처가 될 수 있음을 역설하였다. 그리고 누구든지 부처가 될 수 있다는 사상과 그 근본으로서 공이라고 표현될 수 있는 진실이 본래 어떠한 인간에게도, 심지어는 만물에까지 갖추어져 있다는 사고방식은 대승불교의 발전과 함께 후대에 이르러 실유불성(悉有佛性: 모든 존재는 부처가 될 수 있는 성품을 지님)이 되었다고 파악하였다.

네이버지식백과 공(空) 한국민속문화대백과 참고문헌: 『마하반야바라밀경(摩訶般若波羅蜜經)』 『중론(中論)』 『반야심경』(이기영 역주, 한국불교연구원, 1979) 『불교학개론』(김동화, 보련각, 1954)

2) 공(空)

연기법이란 모든 것은 묶이어 변화하는 것이 진리라는 뜻인데, 이것을 석존은 삼법인으로 표현하였다. 삼법인은 모든 것은 다 묶이어 있음을 제법무아(諸法無我)로, 모든 것은 다 변화함을 제행무상(諸行無常)으로 표현하고 있다. 다시 말해서 시간이 변화라는 내용을 무상(無常)으로 공간이 관계라는 내용을 무아(無我)로 표현하기에, 유독 무(無)가 강조되는 경향이 생겼다. 그러다보니 '없다'는 견해에 빠져서 연기법을 오해하게 될 소지가 생겼다. 그러자 [20]설일체유부(說一切有部)라는 부파가 나타나 법(法)의 존재로 연기법을 설명하기 시작하였다. 그러자 경(經)을 중시하는 경량부(經量部)에서 설일체유부의 표현에 이의(異意)를 제기하며 불교계는 유무(有無)의 논쟁에 휘말리게 되었다.

이 논쟁은 아비달마철학으로 발전하였는데, 그렇게 되면서 연기법에 대한 설명은 더욱 더 난해해지고 복잡해졌다. 따라서 이것에 대한 반동으로 일어난 대승불교에서는 연기법에 대한 새로운 표현이 요구되어졌다. 그래서 등장한 표현이 바로 공(空)이다.

공은 A.D 3세기경에 등장한 [21]용수(龍樹)보살에 의하여 체계화되고 정리되는데, 용수보살의 주저 [중론(中論)]은 공사상을 '연기의 고찰'에서 시작하여 27품에 이르기까지 500송으로 정리하고 있다. 여기에서 용수보살은 고정적인 견해에 집착하면 불교의 근본진리인 연기

---

20) 설일체유부(說一切有部) 소승불교의 상좌부에서 분파된 일부파. 산스크리트어로 사르바스티바딘(sarvāstivādin)이라고 하며, 유부(有部)라고 약칭된다. 분파사 『이부종륜론(異部宗輪論)』에 의하면 성립은 기원전 2세기 전반이다. 그 후 한참 후에 가다연니자(迦多衍尼子)가 나타나 『발지론(發智論)』을 저술해서 유부의 체계를 대성했다고 한다. 그러나 현대의 연구에서는 유부의 이름이 나오는 최고의 비문이 기원후 1세기 초이기 때문에, 그 성립은 위의 연대

보다 약간 내려간다고 생각된다.

유부의 기본적 입장은 삼세실유설(三世實有說)이다. 삼라만상을 형성하기 위한 요소적 존재로서 70 정도의 법(다르마)을 상정하고, 이들 법이 과거·미래·현재의 3세에 항상 자기 동일을 유지해서 실재하는데, 우리들이 그들을 경험할 수 있는 것은 현재의 한 순간에 지나지 않는다는 주장이다. 즉, 미래세에 속하는 다양한 가능성을 가진 잡란주(雜亂住)의 법이 현재에 인장되어서, 거기에서 일순간 우리들에게 인식되고, 다음에 과거에 낙사(落謝, 사라진다)한다고 한다. 이처럼 우리들은 영화 필름의 각 장면을 보듯이 순간마다 다른 법을 경험하고 있다고 하고, 제행무상을 설명한다.

심리론으로서는 46의 심소(심리현상, 이는 위의 70정도의 법에 포함된다)의 각 인식주체로서의 마음과 결합하고, 심리현상이 나타난다는 마음으로 심소상응설(心所相應說)을 명시하고 있다. 또한 특히 마음과 상반하는 관계에 있는 것이 아니라, 물질도 마음도 아니라 그들 사이의 가계나 힘, 또는 개념 등의 심불상응행법(心不相應行法)의 존재도 인정했다. 업론(業論)으로서는 극단적인 선·악 행위를 이루었을 때, 인간의 신체에 일생동안, 그 영향을 주고 있는 무표색이 생긴다고 주장했다. 이는 현대에는 심리적 영향으로 생각되는데, 유부는 이를 물질로 본 점에 특징이 있다. 유부는 인간의 고통의 직접적인 원인을 잘못된 행위(업)로 보고, 그 궁극의 원인을 번뇌라고 생각했다. 즉, 인간의 존재를 혹(惑)→업→고통의 연쇄로 보았다(이를 업감 연기라고 한다).

그 때문에 인간이 고통에서 벗어나서 열반의 경지를 얻기 위해서는 번뇌를 끊어야 한다. 이처럼 유부는 108번뇌를 생각, 이 단제방법을 고찰했다. 즉 사제(四諦)의 이치를 반복적으로 연구·고찰함으로써 지혜가 생기고, 이 지혜에 의해서 번뇌를 끊는 것이다. 모든 번뇌를 끊는 수행자는 성인이 되어서 아라한(나한)이라고 하는데 이것이 열반의 경지이다. 그러나 유부는 열반의 2종류가 있다고 하였다. 아직 육체가 존재하는 아라한의 경지는 육체적 고통이 존재하므로, 불완전하다고 보아 유여의열반(有余依涅槃)이라고 하며, 아라한의 사후를 완전한 열반으로 보고, 무여의열반(無余依涅槃)이라고 하였다. 또한 석가(불타)는 격단으로 우수한 인격자로 보고, 일반수행자는 결코 불타의 경지에는 이르지 못하고, 아라한까지밖에 되지 못한다는 사상을 지녔다. 유부는 석가의 교설을 충실하고 정확히 해석하려고 노력했는데, 그 결과는 출가중심주의가 되고, 번잡하고 팽대한 체계는 일반인이 근접하기 어려운 것이 되어서 대승불교의 흥기를 촉진했는데, 동시대 및 후의 인도불교에 측량키 어려운 큰 영향을 미쳤다. 출처 (종교학대사전, 1998. 8. 20., 한국사전연구사) 설일체유부

21) 용수(150? ~ 250?)인도의 승려로 대승불교의 교리를 체계화하는 데 크게 기여하여 대승 8종의 종조(宗祖)로 불린다. 원래의 이름은 나가르주나(Nagarjuna)이며, 용수(龍樹)는 산스크리트어로 용(龍)을 뜻하는 나가(naga)와 나무[樹]를 뜻하는 아가르주나(agarjuna)를 한자로 옮겨 표기한 것이다. 한국·중국·일본 등 동북아시아 지역에서는 모두 용수라는 이름으로 나타내며, 존칭(尊稱)으로 용수보살(龍樹菩薩)이나 용수대사(龍樹大士)라고 부르기도 한다.

밀교(密敎)에서는 '용맹(龍猛)'이라고 나타내기도 한다. 인도 중부 데칸고원(Deccan)에 있는 비다르바(vidarbha) 출신으로 알려져 있다. 처음에는 브라만교(Brahmanism)의 교리를 공부하였으며, 카시미르(Kashmir)와 인도 북부 지역을 두루 여행하며 소승불교의 경전도 깊게 공부하였다. 그리고 ≪반야경(般若經)≫ 등의 대승불교 경전을 공부하여 새롭게 발흥하던 대승불교의 교리를 체계화하는 데 크게 기여하였다. 당시 인도 중남부의 사타바하나 왕조(Satavahanas)는 하이데라바드(Hyderabad) 인근에 불교 강원(講院)을 세워 실론과 간다라, 중국 등지의 유학승들을 머무르게 했는데, 용수는 만년에 이곳에서 사타바하나 왕조의 보호를 받으며 가르침을 펼쳤다. 그래서 강원이 있던 곳은 그의 이름을 따서 나가르주나 언덕이라고 불렸다고 전해진다. 용수는 공(空)과 중도(中道) 이론을 체계화하여 대승불교의 발전에 큰 영향을 끼쳐 대승8종(大乘八宗)의 종사(祖師)라고도 불린다. 그는 모든 현상은 그 나름의 인과관계로 나타난다는 석가의 연기설(緣起說)을 바탕으로 대승불교의 기반이 된 ≪반야경≫에서 강조된 '공(空)'을 논증하였다. 그는 모든 현상은 인과관계로 나타나는 것이므로 스스로 독립해 존재하는 불변의 실체는 없다고 보고, 모든 존재는 무자성(無自性)이며 공(空)이라고 하였다. 그래서 용수의 공은 무자성공(無自性空)이라고 나타내기도 한다. 그리고 그는 진속이제설(眞俗二諦說)을 기초로 공(空)과 연기(緣起)가 대립하지 않음을 밝히며 중도(中道)에 대해서도 논증하였다. 그는 인간의 인식을 초월한 진리의 세계를 진제(眞諦)인 제일의제(第一義諦)라고 하였고, 언어나 개념으로 인식된 상대적인 현상의 세계를 세속제(世俗諦)라고 구분하였다. 그리고 진제(眞諦)에서는 모든 법이 공(空)하지만 세속제(世俗諦)의 현상적인 차원에서는 연기(緣起)에 의한 상대적인 세계가 이루어지며, 진제와 세속제는 서로 의존하고 있는 진속불이(眞俗不二)의 관계에 있다고 보았다. 곧 공(空)은 '없음[無]'이 아니라 모든 것이 서로 관계를 맺고 있다는 연기(緣起)이며, 있음과 없음을 초월한 중도(中道)야말로 불교의 가장 핵심적인 가르침이라는 것이다. 그는 ≪중론(中論)≫에서 "연기법이 곧 공이며 가명이며 중도(中道)의 뜻이다(衆因緣生法 我說卽是無 亦爲是假名 亦是中道義)"라고 하였고, 중도(中道)에 대해서는 "생하지도 않고 멸하지도 않으며, 상주하지도 않고 단멸하지도 않으며, 동일하지도 않고 다르지도 않으며, 오지도 않고 가지도 않는다(不生亦不滅 不常亦不斷 不一亦不異 不來亦不出)"라고 설하였다. 이러한 용수의 사상은 불교 교리의 발전에 큰 영향을 끼쳤다. 그의 사상은 구마라습(鳩摩羅什)에 의해 중국으로 전해져 '삼론종(三論宗)'을 형성하였다. 또한 8세기 산타라크시타(Santaraksita, 寂護)에 의해 티베트로 전래되어 티베트 불교의 형성에도 큰 영향을 끼쳤다. 용수에게는 ≪중론≫, ≪회쟁론(廻諍論)≫, ≪공칠십론(空七十論)≫, ≪십이문론(十二門論)≫, ≪대지도론(大智度論)≫, ≪마하반야바라밀경(摩訶般若波羅蜜經)≫, ≪십주비바사론(十住毘婆沙論)≫ ≪보행왕정론(寶行王正論)≫ 등의 저술이 전해진다. 하지만 이 가운데 ≪중론≫과 ≪회쟁론≫을 제외한 나머지 저술들은 학계에서 그의 저술로 확실히 인정되지는 않고 있으며, 다양한 이견이 제출되고 있다. [네이버 지식백과] 용수 [龍樹] (두산백과)

는 이해할 수 없는 것이기에 고정적 견해에 집착하는 것을 철저하게 부정하여야 하며, 그 부정의 논리가 공이며 공성(空性)은 연기에 지나기 않음을 확실히 하고 있다. 그 근거는 삼라만상이 다 자성(自性)이 없는데 이것은 곧 관계를 가지고 변화(연기)하기 때문이며, 자성이 없는 것이 공이며 이것이 바로 삼라만상의 참다운 모습이라는 것이다.

이렇게 대승불교가 등장하면서 삼법인으로 표현되었던 연기법은 공으로 표현된다.

3) 정사의 어려움

그리고 또 실천법인 팔정도에도 변화가 찾아오는데, 그 이유는 재가자들에게는 실천하기 어려운 방법이었기 때문이다. 팔정도를 실천한다는 것은 정사(正思)·정어(正語)·정업(正業)을 실천하는 것이다. 그 중 정사란 바르게 생각하는 것이고, 바르게 생각한다는 것은 마음을 그냥 내버려 두는 것이다. 그런데 산다는 것은 몸과 마음을 사용하는 것이다. 그러니 살게 되면 몸과 마음은 지치게 된다. 그러면 죽을 것 같은 상태가 된다. 그것이 싫으니 그런 상태를 안 만들려고 되도록 이면 몸과 마음을 사용하지 않으려고 한다. 그래서 가만히 두면 몸은 가만히 있지만 마음은 가만히 있지를 않는다. 그러다보니 마음을 의도적으로 붙잡게 되는데 이것은 본능이다. 따라서 마음을 그냥 내버려두려면 상당한 의지가 필요하다.

그렇기에 마음을 그냥 내버려두기 위해서는 수행을 하여야 하는데, 이런 수행은 수행에만 전념할 수 있는 출가자들에게는 쉬운 것이겠지만, 생활전선에 있는 재가자들에게는 그렇게 녹녹한 것이 아니었다.

또 정어와 정업은 바르게 말하고 행동하는 것이다. 그것은 생각을 모두 다 말과 행동으로 표현해야 하는데, 그 중 나와 남을 이롭게 하는 좋은 생각은 나와 남이 더욱 이롭게, 나와 남을 해하는 나쁜 생각은 나와 남이 덜 해롭게 말하고 행동하는 것이다. 이것 역시 단체생활을 하며 단조로운 일상을 보내는 출가자에게는 가능하겠지만, 생활전선에 있는 재가자들에게는 결코 쉬운 일이 아니었다. 그러다보니 팔정도는 재가자들에게는 그림에 떡일 수밖에 없었다.

그래서 재가자 중심의 대승불교(大乘佛敎)운동이 일어나자, 팔정도는 재가자들도 쉽게 실천할 수 있는 새로운 실천법으로 바뀌는데 그것이 바로 육바라밀이다.

바라밀(波羅蜜)이란 인도어 paramita를 음역한 것으로, param(피안의)에 ita(도달한)라는 과거수동분사를 여성형으로 하여 paramita라고 하였다는 설과, parami(피안에 도달한)에 ta(상태)가 붙어 paramita라고 하였다는 설이 있다. 그 중 후자가 널리 쓰여 완성이라 번역하기도 하는데, 어쨌든 그 뜻은 피안에 도달하였다는 뜻으로 한자로 도피안(到彼岸)이라 의역하기도 하니, 육바라밀이란 피안(彼岸)으로 이르게 하는 여섯 가지 실천행이란 뜻이다.

피안이란 사성제 중 멸성제로, 해탈하여 열반을 사는 것이다. 다시 말해서 그 무엇에도 속박되지 않고 자신의 모든 것을 불사르며 사는 것이다. 그러니 피안의 반대인 차안(此岸)인 이 언덕은 무엇인가에 속박되어 독가스만 나오는 불완전연소의 삶을 사는 것이다. 그러니 육바라밀이란 무엇인가에 속박되어 몸을 잔뜩 웅크리며 독가스만 나오는 불완전연소의 삶을 그 무엇에도 속박되지 않고 자신의 모든 것을 불사르며 완전 연소하는 삶을 살게 하는 여섯 가지의 실천행이다. 그러면 그 여섯 가지란 무엇일까?

03

육바라밀

1) 보시바라밀(布施波羅蜜)

육바라밀의 첫 번째는 보시바라밀이다. 산스크리트어 dāna-pā ramitā의 의역으로, 시바라밀(施波羅蜜)이라고도 하고 또 음역하여 단나바라밀(檀那波羅蜜) 또는 단바라밀(檀波羅蜜)이라고도 한다.

다나(dāna)는 너그러운 선행을 함축하는 산스크리트어와 팔리어의 단어로, 구호금을 자선하는 행위이다. 그러니 다나바라밀(dāna-pā ramitā)은 피안으로 인도하는 자선의 완성이란 뜻이 된다. 다나는 베다성전에서부터 그 기록이 보일 정도로 인도의 오래된 습관이다. 인도에는 사람의 신분을 바라문·크샤트리아·바이샤·수드라의 넷으로 구분하는 카스트라는 신분제도가 있다. 이중 가장 상위계층인 바라문은 부모에게서 양육되는 시기인 유년기(幼年期)와 스승을 찾아가 배우는 학생기(學生期), 그리고 결혼하여 아이를 낳아 기르는 장년기(壯年期)가 지나면 모든 것을 버리고 걸식행을 하는 편력기(遍歷

期)에 들어간다. 이 때 바라문 이외 계급의 사람들은 이들에게 다나를 하며 후생(後生)에는 바라문으로 태어나기를 바라야 한다. 그렇기에 다나는 인도에서는 가장 흔한 행이었고 또 일반적이고 보편적인 선행이었다. 이것이 팔정도를 대신하는 재가자들의 실천법으로 도입된 것이다.

재가자들에게 팔정도의 실천이 어려웠던 것은 정사(正思) · 정어(正語) · 정업(正業) 때문이었다. 정사란 마음을 붙잡지 않는 것이다. 이것이 어려운 이유는 마음을 붙잡는 것이 본능이기에 그것을 놓으려면 의지가 필요했기 때문이다. 그리고 정어와 정업은 이로운 생각은 더 이롭게 해로운 생각은 덜 해롭게 말하고 행동하는 것이다. 이것이 어려운 이유는 세속의 환경 때문이다. 그런데 보시가 어떻게 이것을 대체할 수 있는 것일까?

팔정도의 목적은 집성제를 제거하는 것이다. 그리고 집성제는 사고팔고가 없는 상태에 대한 집착이다. 그러면 사고팔고가 없는 상태에 대한 집착을 하게 되면 어떻게 될까? 재산에 대한 집착이 일어나 그냥 무작정 재산을 모으려고만 한다.

왜냐하면 재산이 많으면 보기 좋은 것만을 볼 수 있고, 듣기 좋은 소리만 들을 수 있고, 맡기 좋은 냄새만 맡을 수 있고, 맛있는 것만 먹을 수 있고, 부드럽고 따뜻한 옷만 입을 수 있고 또 그런 집에서 살 수 있기 때문이다. 또 보다 더 젊고 건강을 유지하며 오래 살 수도 있기 때문이다. 나아가 사랑하는 사람과 헤어지지 않아도 되고, 미워하는 사람과 만나지 않아도 되고, 나아가 구하는 것은 무엇이든 얻을 수 있고, 생각은 항상 편안할 수 있기 때문이다. 그러니 사고팔고가 없는 상태에 대한 집착은 자연스럽게 재산에 대한 집착으로 이어진다. 따라서 재산을 보시하게 되면 그것은 사고팔고가 없는 상태에 대한 집착으로부터 자유로워질 수 있다고 생각되었던 것이다. 그렇기에 보시가 팔정도의 대안으로 제시되는데, 여기에는 인도사회에 깊게 뿌리내려진 습관이어서 인도인들에게는 전혀 거부감이 없이 받아들여질 수 있었다는 점 역시 고려되었을 것이다.

그런데 보시가 바라밀이 되려면 단순한 보시가 되어서는 안 되었다. 다시 말해서 사고팔고기 없는 상태에 대한 집착이 없어지는 보시가 되기 위해서는 단순한 기부나 적선 행위이어서는 안 되었다. 따라서 보시바라밀이 되기 위해서는 보시에 삼륜청정(三輪淸淨)이 요구되었다. 삼륜(三輪)이란 보시하는 이와 보시 받는 이 그리고 보시하는 물건이니, 삼륜이 청정해야 한다는 것은 보시하는 이와 보시 받는 이 그리고 보시하는 물건이 청정하여야 한다는 것이다. 즉 보시하는 이는 '내가 누구를 위하여 무엇을 베풀었다'라는 자만심 없이 자비로운 마음으로 온전하게 베풀어야 하며, 그리고 보시 받는 이가 '누군가가 자신을 위하여 무엇인가를 베풀어주었다'는 은혜로운 마음을 가지지 않도록 베풀어야 하며, 그리고 또 보시하는 물건에 그 대가를 바라는 바람을 넣지 않고 베풀어야 한다.

이와 같은 삼륜이 청정한 보시는 마음이 그 어디에도 머무름이 없는(無住) 원만한 보시이기에 이것을 무주상보시라 하는데, 이것이 진정한 보시바라밀이다. 이에 반하여 삼륜의 상을 마음에 두는 것을 유상보시(有相布施)라고 하는데, 이것은 보시바라밀이 아니다.

2) 지계바라밀(持戒波羅蜜)

보시바라밀의 다음이 지계바라밀인데, 지계(持戒)란 불교의 계를 지니는 것이다.

계(戒)란 흔히 계율(戒律)이라 하는데 이 때 계는 규칙을 지키려고 맹세하는 결의다. 이 결의는 보이지 않는 힘이 되어 후에까지 남는데, 이것을 계체(戒體)라고 한다. 예를 들면, 불음주계(不飮酒戒)를 맹세하면, 그 후에는 계(戒)의 법이 마음을 억제하여 술을 마시는 것을 방해한다. 율(律)이란 불교 교단의 강제적 규칙을 말하는데, '계'가 자발적으로 지키는 것으로 도덕과 비슷한 것에 비하여, '율'은 타율적인 규칙으로 법률과 비슷하다.

'율'은 불교의 출가교단(出家敎團:僧團)의 교단규칙으로, 단체생활의 질서를 유지하기 위하여 단체에 들어온 사람들에게는 지키도록 강요되는 것이지만, 불교의 수행으로서는 이를 적극적·자발적으로 지켜야 하므로 '계'의 입장에서 '율'을 지키는 것이기에, '계'와 '율'을 합해서 '계율'이라고 일컫는다.

한편, 재가(在家)신자들은 단체로 수행생활을 하지 않으므로, '계'만 있는데 살(殺)·도(盜)·사음(邪淫)·망언(妄言)·음주(飮酒)로부터 벗어날 것을 맹세하는 오계(五戒)와 15일에 2번씩 지켜야 할 팔재계(八齋戒)가 있다. 팔재계란 24시간 동안 단식·금욕 등의 8계를 지키고 출가자(出家者)와 똑같은 수행을 하는 '계'이다. 한편, 출가자에게는 연소자인 사미(沙彌)·사미니(沙彌尼)의 10계와 비구(比丘)의 250계, 비구니의 500계가 있다.

대승불교(大乘佛敎)에서는 재가·출가 다 같이 성불(成佛)을 위한 수행규칙을 지킬 것을 맹세하고 이를 수행의 근본으로 삼는다. 이것이 대승계(大乘戒)인데, 22)십선계(十善戒)·23)삼취정계(三聚淨戒)·24)범망계(梵網戒) 등의 구별이 있다. 단 출가할 때에는 소승불교

(小乘佛敎)와 마찬가지로 비구의 250계를 받고 승가(僧伽)의 일원이 된다[25]. 여기까지가 일반적으로 우리가 알고 있는 불교의 계다.

---

22) 불교에서 세속인이 지켜야 할 열 가지 계율. 십선업도(十善業道)를 행하는 것을 계율로 삼은 것이다. ① 불살생(不殺生) : 살아 있는 것을 죽여서는 안 된다. ② 불투도(不偸盜) : 도둑질 해서는 안 된다. ③ 불사음(不邪淫) : 남녀의 도를 문란케 해서는 안 된다. ④ 불망어(不妄語) : 거짓말을 해서는 안 된다. ⑤ 불기어(不綺語) : 현란스러운 말을 해서는 안 된다. ⑥ 불악구(不惡口) : 험담을 해서는 안 된다. ⑦ 불양설(不兩舌) : 이간질을 해서는 안 된다. ⑧ 불탐욕(不貪欲) : 탐욕스러운 짓을 해서는 안 된다. ⑨ 부진에(不瞋恚) : 화를 내서는 안 된다. ⑩ 불사견(不邪見) : 그릇된 견해를 가져서는 안 된다. 이와 같은 십선은 종래의 신(身)·구(口)·의(意) 삼업(三業)의 확충으로도 생각할 수 있다. 즉, ①~③은 신업(身業), ④~⑦은 구업(口業), ⑧~⑩은 의업(意業)이 된다. 이를 범하는 것을 십악(十惡)이라고 한다. 십선계 [十善戒] (두산백과)

23) 섭률의계(攝律儀戒)·섭선법계(攝善法戒)·섭중생계(攝衆生戒)의 셋으로 대승의 보살이 지녀야 할 계법(戒法). 삼취청정계·삼취계라고도 한다. 소승의 금계적(禁戒的) 계법에 비하면 적극적인 성격이 강하다. 《유가사지론(瑜伽師地論)》그 이역(異譯)인 《보살지지경(菩薩地持經)》에서는 율의계·섭선법계(혹은 接善戒)·요익중생계(饒益衆生 혹은 接生戒)로 분류하며, 각각을 지악문(止惡門)·수선문(修善門)·권선문(勸善門)으로 부르기도 한다. 그 후 《범망경(梵網經)》《보살영락본업경(菩薩瓔珞本業經)》등도 이러한 대승계를 채용하고 있다. 첫째 섭률의계는 석가가 제정한 계율을 지켜 그릇됨을 막고 일체의 악을 끊어버리는 것[防非止惡]으로 생명을 살해하는 것[不殺戒], 도둑질[不盜戒], 음욕[不淫戒], 거짓말[不妄語戒], 술의 매매[不酤酒戒], 다른 사람의 죄와 허물을 말하는 것[不說過罪戒], 자신을 칭찬하고 남을 비방하는 것[不自讚毁他戒], 재산과 가르침을 베푸는 것을 아깝게 여기는 것[不慳戒], 화를 잘 내는 것[不瞋戒], 불·법·승 3보를 비방하는 것[不謗三寶戒] 등 10가지 무거운 계율[十重戒]과 48가지의 가벼운 계율[輕戒]을 지켜, 일체의 허물과 악을 버리는 것을 말한다. 소승불교에서도 이것을 설하나 섭선법계와 섭중생계는 대승불교 특유의 것이다. 둘째 섭선법계는 적극적으로 일체의 선을 실행하는 것이며, 셋째 섭중생계는 일체의 중생을 모두 섭수(攝受)하여 구제·이익 되도록 하는 것, 즉 자비심을 갖고 중생을 위해 진력하는 일체의 이타행위(利他行爲)를 말한다. 섭률의계와 섭선법계는 자리(自利)이며 섭중생계는 이타행위이다. 자리 중에서 섭률의계는 파악(破惡)이고, 섭선법계는 행선(行善)이라 할 수 있다. 일체의 계법은 그 어느 것이라도 이 세 가지에 포함되는데, 청정하기 때문에 정계(淨戒)라고 한다. 취(聚)는 집적(集積)의 뜻이다. 삼취정계 [三聚淨戒] (두산백과)

24) 대승불교의 보살이 지키는 계율의 총칭. 중생의 제도를 수행과 밀착시킨 이 계는 ≪보살지지경 菩薩地指經≫ · ≪우바새계경 優婆塞戒經≫ · ≪범망경 梵網經≫ · ≪보살영락본업경 菩薩瓔珞本業經≫ 등에서 설해지고 있으며, 각각 조금씩 다른 계상(戒相)을 보이고 있다. 이 가운데 우리나라에서 많이 행하여졌던 것은 ≪보살지지경≫에서 설한 유가계(瑜伽戒)와 ≪범망경≫의 범망계(梵網戒)이다. 유가계에서는 섭률의계(攝律儀戒)라고 하는 삼취정계(三聚淨戒) · 섭선법계(攝善法戒) · 섭중생계(攝眾生戒)를 보살계로 삼고 있다. 이 중 섭률의계는 승려와 신도들이 지키는 비구계 · 비구니계 · 정학녀계(正學女戒) · 사미계 · 사미니계 · 신사계(信士戒) · 신녀계(信女戒)와 보살이 지키는 4바라이법(四波羅夷法)과 42범사(犯事)로 구성되어 있다. 이 보살계는 법상종(法相宗)을 중심으로 널리 행하여졌다. 법망계에는 10중계(重戒)와 48경계(輕戒)가 있는데, 우리나라에서 지금까지 가장 널리 수계되고 있는 계이다. 10중계는 10바라이라고도 하며, 이 계를 범하였을 때에는 즉시 파문(破門)을 당하게 되는 가장 엄중한 계율이다. 48경계는 '술을 마시지 말라' 등 가벼운 계율이다. 우리나라 고승들 중에서 원효(元曉)는 ≪보살계본지범요기 菩薩戒本持犯要記≫를, 의적(義寂)은 ≪보살계본소 菩薩戒本疏≫를, 대현(大賢)은 ≪범망경고적기 梵網經古迹記≫를, 승장(勝莊)은 ≪보살계본술기 菩薩戒本述記≫를 저술하여 이 보살계의 유포에 크게 공헌하였다. 또한 고려시대에는 매년 6월 15일에 정기적으로 궁중에서 보살계도량(菩薩戒道場)을 열어 국왕이 보살계를 받고 스스로 불제자임을 다짐하였으며, 조선시대를 거쳐 오늘날에도 계단(戒壇)이 설치된 큰 사찰에서는 매년 보살계를 주는 수계식이 행하여지고 있다. 우리나라에서 여자 불교신자인 청신녀(淸信女)를 보살이라 부르는 것도 그들이 보살계를 받아 지켰기 때문이다. 이 보살계가 소승계(小乘戒)와 구별되는 가장 큰 특징은 소승계가 하나하나의 계상 자체를 철저히 지킬 것을 고집하는 데 대하여, 보살계는 계상의 준수보다는 마음에서부터 잘못을 범하지 않는 자심계(自心戒)를 중요시하는 점이다. 즉, 깨끗하여 더러움이 없고 집착이 없는 마음을 가지는 자체가 부처의 마음과 계합하게 되는 것이라는 데서 출발하고 있다. 따라서, 살생에 대해서도 소승계의 경우는 생명 있는 것을 직접 죽이는 것으로 보지만, 보살계에서는 남의 생명을 죽이는 것뿐만 아니라 자기 생명을 스스로 죽이는 행위, 마음으로 살의를 품는 것조차 금하고 있다. 따라서, 보살계는 마땅히 불성(佛性)의 효순자비심(孝順慈悲心)으로 항상 모든 중생을 돕고 일체에 복과 즐거움을 나게 하며, 스스로 만족을 알아서 허욕을 부리지 않게 하는 데 그 뜻을 두고 있다. 이와 같은 취지가 가장 잘 부합하여 만들어진 것이 밀교(密敎)의 보살계이지만, 우리나라에서는 진언종과 진각종 등의 일부 종파를 제외하고는 크게 유통되지 않고 있다. 참고문헌 『불교계율해설』(묵담, 법륜사, 1981) 『한국불교사연구』(안계현, 동화출판공사, 1982) 보살계 [菩薩戒] (한국민족문화대백과, 한국학중앙연구원)

25) 출처 네이버 지식백과 두산백과 계율검색(2018.4.14.)

그런데 지계바라밀은 산스크리트어 śīla-p ramitā를 의역한 것으로 정계바라밀다(淨戒波羅蜜多)·계바라밀(戒波羅蜜)이라고도 하며, 음역하여 시라바라밀(尸羅波羅蜜)·시바라밀(尸波羅蜜)이라고도 한다. 시라(śīla)는 습관이라는 뜻을 가진 산스크리트어다. 그리고 그것을 번역한 한자어 계(戒)는 경계한다는 뜻으로 울타리라는 의미도 있다. 그렇다면 습관이라는 단어를 왜 울타리 또는 경계한다는 의미가 있는 단어로 번역하였을까?

　　울타리란 안과 밖을 구분하는 경계다. 그런데 어떤 습관이 무엇인가를 구분하는 경계가 된다면 습관을 울타리로 번역해도 무관할 것이다. 그렇다면 시라가 불교도의 습관이라면 그것은 불교도와 비불교도를 구분하는 울타리가 될 수 있다. 따라서 시라는 불교도와 비불교도를 구분하는, 불교도만이 가지고 있는 실천법이라 할 수 있을 것이다.

　　그렇다면 그것은 무엇일까? 재가자들의 5계나 출가자들의 10계 등은 불교도만의 특징이 아니라 당시 인도에 존재하던 종교들의 실천규범이기도 하였다. 그리고 출가자들의 250계 500계 등은 단체생활을 원활하게 하기 위하여 정해진 것들로, 불교교설의 실천이라고 할 수는 없다. 그러니 이것들이 불교도와 비불교도를 구분하는 실천법일 수는 없다. 따라서 이러한 계율을 지니는 것을 지계바라밀이라 할 수는 없을 것이다.

　　그렇다면 불교도만의 실천법은 무엇일까? 그것은 행복해지는 방법이다. 그러니 그것은 팔정도일 수밖에 없다. 그러니 계를 지닌다는 것, 다시 말해서 불교도가 비불교도와 구분되는 실천행은 팔정도다. 그런데 팔정도를 실천한다는 것은 정사·정어·정업을 실천하는 것이다. 왜냐하면 이것이 실천되면 정명(正命)이 이루어지고, 이것을 꾸준히 하려는 노력이 정정진(正精進)이며, 이러한 노력이 지속되면 정념(正念)이 이루어져 드디어 정정(正定)의 상태가 되기 때문이다. 그런데 보시바라밀은 정사·정어·정업을 대신하는 실천법이다. 그러니 팔정도를 실천하겠다는 의지의 표현인 지계바라밀은 반드시 보시바라밀을 실천하겠다는 의지를 지니는 것이라 할 수 있다. 따라서 지계바라밀의 계체는 보시바라밀을 실천하여 기필코 집착으로부터 벗어나겠다는 맹서인 것이다.

3) 인욕바라밀(忍辱波羅蜜)

보시바라밀을 지속적으로 실천하겠다는 의지를 일으켰으면 그 다음은 인욕바라밀을 실천해야 한다. 인욕바라밀은 산스크리트어 kṣānti-pāramitā의 의역으로, 인바라밀(忍波羅蜜)·안인바라밀(安忍波羅蜜)이라고도 하며, 음역하여 찬제바라밀(羼提波羅蜜)이라고도 한다. 산스크리트어 kṣānti는 patience(참을성) 또는 forbearance(관용) 그리고 forgiveness(용서)를 뜻하는 단어다. 이것을 한자로는 인욕이라 번역하는데, 인욕이란 참고 견디는 것이다. 그리고 바라밀이란 피안으로 건너간다는 뜻인데 피안은 몸을 사리지 않고 자신을 불태우며 사는 곳이니, 인욕바라밀이란 그러한 삶을 살기 위하여 참고 견디는 것이다. 그러면 무엇을 참고 견디는가?

고성제의 괴로움은 사고팔고도 아니며 사고팔고를 극복하려는 괴로움도 아니다. 사고팔고가 없는 상태에 집착하여 쓸데없는 것에 인생을 허비하는 괴로움이다. 사고팔고나 사고팔고를 극복하려는 괴로움은 편안하지도 않고 해피하지 않을지도 모른다. 그렇다고 불행한 것은 아니다. 하지만 사고팔고가 없는 상태에 집착하여 쓸데없이 인생을 허비하는 삶은 편안하고 해피할지는 모른다. 하지만 결코 행복한 것은 아니다. 그런 삶은 그 자체가 불행이다.

산다는 것은 몸과 마음을 사용하는 것, 그러면 지치게 되고 그러면 죽을 것 같은 상태가 된다. 비록 편안하지 않고 해피하지 않을지는 모르지만 행복이 여기에 있다. 그런데 그것을 모르고 그런 상태를 만들지 않으려고 될 수 있는 한 몸과 마음을 안 쓰려고 한다. 그러면 지칠 리도 없고 죽을 것 같은 상태가 될 리도 없다. 설사 편안하고 해피할지는 모르겠지만 결코 여기에는 행복은 없다. 사실이 이와 같음에도 불구하고 여전히 편안하고 해피해지면 행복해질 것만 같다. 그러다보니 자기도 모르게 저절로 편안과 해피를 추구한다. 따라서 참고 견디어야 하는 것은, 편안과 해피를 추구하려는 생각이다. 또 참고 견디어야 하는 것은 하고 싶은 것만 하려하고 싫은 것은 무슨 일이 있어도 하려 하지 않으면서도 합리화하고 변명하려는 짓이다. 그래서 아무리 하고 싶어도 해서는 안 되는 것은 하지 않으며, 아무리 싫어도 해야할 일은 반드시 하며 합리화나 변명을 하지 말아야 한다.

이것을 참고 견디려면 집착으로부터 벗어나야 한다. 그러려면 보시바라밀을 실천해야 한다. 따라서 인욕바라밀은 보시바라밀을 중단시키려는 유혹으로부터 스스로를 참고 견디는 것이다.

4) 정진바라밀(精進波羅蜜)

정진바라밀은 산스크리트어 vīrya-pāramitā의 의역으로, 정진도(精進度)라고도 번역하며 음역하여 비리야바라밀(毘梨耶波羅蜜)이라고도 한다. vīrya는 일반적으로 '에너지', '근면', '열정' 또는 '노력'으로 번역되는 산스크리트어. 그것은 건강에 좋은 활동에 기꺼이 호감을 갖는 정신자세로, 건강에 좋거나 도덕적인 행동을 유도하는 역할을 한다.

여기에 바라밀이 붙으면, 건강은 육체적인 건강이 아니라 삶의 건강이다. 그러니 비리야바라밀은 삶의 건강에 좋은 활동에 기꺼이 호감을 갖는 정신자세로, 삶의 건강에 좋은 행동을 유도하는 역할을 하는 것이다. 그러면 삶이 건강하다는 것은 무엇일까? 그것은 생명활동이 건강한 것이다. 그러면 생명활동이 건강하다는 것은 무엇일까? 생명활동이란 외부의 자극에 반응하는 활동으로, 실제상황을 분석하고 판단한 후 판단상황을 실제상황에 출력하는 활동이다. 이것이 건강하다는 것은 판단상황을 조작하려 하지 않는 것이다. 그리고 그것을 출력할 때는 실제상황과 다르다는 것을 알고 상황에 맞게 출력하는 것이다. 곧 팔정도의 정사(正思)·정어(正語)·정업(正業)이 건강한 생명활동이고 이것이 바로 정명(正命)이다.

이렇게 건강한 삶과 좋은 활동은 정사·정어·정업이며 이것을 대신하는 것이 보시바라밀이니 비리야바라밀이란 보시바라밀에 기꺼이 호감을 갖는 정신자세며 보시바라밀을 실천하도록 유도하는 역할을 하는 것이다. 곧 지계바라밀이 보시바라밀을 실천하고자 하는 의지인 것에 반하여, 정진바라밀은 그것을 행동으로 실천하고자 하는 노력이다.

5) 선정바라밀(禪定波羅蜜)

그렇게 되면 선정에 들어가게 되는데, 이때의 선정은 아무 것에도 속박되지 않고 자신의 모든 것을 불사르며 살게 하는 선정이기에 선정바라밀이라 한다.

선정바라밀은 선나바라밀(禪那波羅蜜)이라고도 하고 줄여서 선바라밀(禪波羅蜜)이라고도 하는데, 선나(禪那)는 산스크리트어 dhyāna의 음사로 팔리어로는 Jhāna라 한다. 이것은 완벽한 상태의 평정과 의식으로 이어지는 세련된 마음상태의 연속으로, 정(定)·정려(靜慮)·사유수(思惟修)라고도 번역한다.

그러면 완벽한 상태의 평정이란 무엇일까? 평정이 평안하고 고요한 상태이니, 그것은 완벽하게 편안하고 고요한 상태다. 그러면 그것은 어떤 상태를 말하는가? 그것은 판단상황이 그런 상태가 되는 것이다. 그러면 어떻게 하면 그런 상태가 되는가? 마음이 실제상황을 분석하거나 판단하는 작용을 하지 않으면 그런 상태가 된다. 그런데 생명활동은 실제상황을 분석하고 판단하여 출력하는 활동이어서 살아있는 생물이 그런 상태가 될 수는 없다. 그럼에도 불구하고 그런 상태가 되었다는 것은 감각기관이 실제상황의 자극들을 받아들인다 해도 마음이 그것을 분석하고 판단하지 않는다는 것이다. 그러면 어떻게 하면 이런 상태가 되는가? 그것은 무엇인가 한 가지에 집중하고 있기 때문이다. 다시 말해서 어떤 생각에 골똘히 빠져 있기 때문이다.

그리고 또 의식으로 이어지는 세련된 마음상태란 어떤 상태를 말하는 것일까? 의식이란, 깨어 있는 상태에서 자기 자신이나 사물에 대하여 인식하는 작용을 말한다. 그리고 세련되었다는 것은 서투르거나 어색한 데가 없이 능숙하게 잘 다듬어져 있는 것이다. 그러니 의식으로 이어지는 세련된 마음상태란, 깨어 있는 상태에서 자기 자신이나 사물에 대하여 인식하는 작용으로 이어지는 서투르거나 어색한 데가 없이 능숙하게 잘 다듬어진 마음상태다. 그러면 이것은 어떤 마음의 상태일까? 이것 역시 어떤 생각에 골똘히 빠져있는 상태다.

그러니 선정이란 어떤 생각에 골똘히 빠져 있는 상태다. 그리고 피안으로 건너간다는 뜻의 바라밀이란 몸을 사리지 않고 사는 상태다. 그러니 선정바라밀이란 어떤 생각에 골똘히 빠져 몸을 사리지 않고 사는 상태가 되었다는 것인데, 도대체 무슨 생각에 빠져 몸을 사리지 않게 되었을까?

그것이 무슨 생각인지는 모르겠지만 어쨌든 재미있는 것임에는 틀림없다. 왜냐하면 재미있어야 골똘히 빠질 수 있기 때문이다. 그렇다면 재미있다는 것은 무엇일까? 어제보다 능력치가 올라가 있는 오늘, 그리고 오늘보다 능력치가 올라가 있는 내일이 기대되는 상태, 이것이 바로 재미있는 상태다. 그러니 무엇에 빠져있는지는 모르겠지만 어제보다 능력치가 올라가 있는 오늘, 그리고 오늘보다 능력치가 올라가 있는 내일이 기대되는 활동을 하고 있다는 것이고 그런 재미에 빠져있다는 것이다.

다시 말해서 선정바라밀은 팔정도의 정정(正定)의 경지다.

6) 반야바라밀(般若波羅蜜)

이렇게 사는 맛에 빠져 사는 삼매에 들어가게 되면 생기는 것이 반야바라밀이다. 이것은 팔정도에는 없고 육바라밀에서 추가된 것인데, 산스크리트어 prajñā;-pāramitā의 음사다. 팔리어로는 paññā라고 한다.

prajñā는 pra가 앞이라는 뜻이고 jñā가 안다는 뜻이니, 직역을 하면 예지(叡智)다. 흔히 지혜라고 번역하는데 실제상황의 실체에 대한 통찰력이다. 그래서 반야바라밀을 지혜바라밀(智慧波羅蜜)이라고도 한다.

중생의 마음에는 실제상황을 왜곡하는 기질인 무명이 있다. 그래서 실제상황에 대해서는 항상 무지(無知)할 수밖에 없다. 그러한 중생이 실제상황의 실체에 대한 통찰력을 가지게 되는 것이 반야다. 그런데 무명을 가진 채로 실제상황의 실체에 대한 통찰력을 가진다는 것은 불가능한 일이다. 그래서 반야를 중생들의 지혜가 아닌 부처님의 지혜라 한다.

그러니 여기에 바라밀이 붙은 반야바라밀은 몸을 사리지 않고 자신의 모든 것을 불태우며 살게 하는 실제상황의 실체에 대한 통찰력이다. 그러니 반야바라밀은 불교에서 추구하는 가장 이상적인 지혜다. 이 반야바라밀은 선정바라밀, 즉 사는 재미에 푹 빠져 살게 되면 생기는 인간의 상식을 뛰어넘는 지혜인 것이다.

제9강

오문(伍門)

이렇게 불교가 행복해지는 법으로 제시한 팔정도는 대승불교운동이 일어나면서 육바라밀로 대체되었다. 그런데 세월이 지나자 대승불교의 교학도 복잡해지고 방대해졌다. 그래서 연기법(緣起法)을 표현한 공(空)에 대한 설명도 방대하고 복잡해지면서 난해해졌다. 게다가 보시바라밀을 실천한다고 해서 반드시 정사(正思)와 정어(正語)와 정업(正業)의 상태가 되는 것도 아니었다. 그러다보니 연기법에 대한 보다 정확하고 간단하면서 이해하기 쉬운 표현과 새로운 실천방법이 요구되었다. 이에 부응하여 등장하는 이들이, AD 5세기경에 등장하는 26)세친보살(世親菩薩)을 필두로 하는 27)유식학파(唯識學派)다.

이들은 생물이 외부자극에 반응하는 과정에 있는 물질과 마음과 생각을 법이라는 요소로 분류한 28)설일체유부(說一切有部)의 학설을 발전시켜, 29)식(識)의 전변(轉變)으로 모든 것은 관계로서 존재하며 변화하고 있다는 연기법을 설명하려 하였다. 그리고 육바라밀을 대신하여 요가의 명상법을 접목시킨 오문(五門)이라는 새로운 실천법을 제시하였다. 오문에 대한 내용은 세친보살의 저서 30)〈무량수경우바리사원생계(無量壽經優波提舍願生偈 이하 '무량수경론')〉에서 자세하게 살펴볼 수 있는데, 〈무량수경론〉은 오문을 31)何等五念門. 一者禮拜門. 二者讚歎門. 三者作願門. 四者觀察門. 五者迴向門.(어떠한 것들이 오념문인가. 하나는 예배문(禮拜門)이요, 둘은 찬탄문(讚歎門)이요, 셋은 작원문(作願門)이요, 넷은 관찰문(觀察門)이요, 다섯은 회향문(迴向門)이다.)

라 하고 있다. 그러면 이것은 구체적으로 어떤 실천일까?

26) Vasubandhu, 世親(320? ~ 400?) 천친(天親)이라고도 한다. 산스크리트 바수반두를, 바수반두(婆藪槃豆) · 벌소반도(伐蘇畔度) 등으로 음역한다. 간다라국(國)의 정통 브라만 출신. 형인 무착(無著:Asaṅga)과 동생 사자각(師子覺)도 유명한 불교학자이다. 처음에는 소승불교 가운데의 최대학파였던 설일체유부(說一切有部)와 경량부(經量部)의 사상을 공부하여, 하루에 한 게송(偈頌)씩 600게를 지었다는 명저 《아비달마구사론(阿毘達磨俱舍論)》을 저술하였다. 이 책은 소승불교의 특징 있는 여러 사상(불교철학)을 잘 간추려 엮은 것으로서, 인도 · 중국 · 한국 · 일본 등지에서 널리 읽혔다. 뒤에 형 무착의 권유로 대승불교로 전향하여, 미륵(彌勒) · 무착으로 이어져 확립된 유식사상(唯識思想)을 《유식이십론(唯識二十論)》과 《유식삼십송(唯識三十頌)》에 결집하였다. 대승불교에서의 그의 위치는, 《화엄(華嚴)》《법화(法華)》《열반(涅槃)》《승만(勝鬘)》《무량수경(無量壽經)》 등의 여러 대승경전(大乘經典)의 연구 발표로, 대승 전반에 걸쳐 개척자적인 지위를 확보하였는데, 특히 중요한 것은 형 무착의 유식학(唯識學)을 계승하여 이를 완성시킨 데 있다. 무착과 세친의 대승불교는 유가행파(瑜伽行派)로 불리어, 용수(龍樹) 등의 중관파(中觀派)와 더불어 인도 대승불교의 양대 주류를 이루었다. 《대승성업론(大乘成業論)》《불성론(佛性論)》《변중변론(辨中邊論)》 등의 저서도 있다. 네이버 두산백과 세친

27) 원어명으로는 vijuaptimātravādin이다. 수행방법으로서 유가행(瑜伽行), 즉 유가(요가)를 중요시하므로 유가행파(派) 또는 유가파라고도 한다. 파조는 파탄잘리. 대승불교의 다른 한 파인 중관파(中觀派)와 대립하면서 300~700년간에 발전 · 변천하였다. 이 학파의 초기 경전은 《해심밀경(解深密經)》과 《대승아비달마경(大乘阿毘達磨經)》이고 그 성립연대는 300년경으로 추정된다. 그 후 미륵(彌勒)이 《유가사지론(瑜伽師地論)》《중변분별론(中邊分別論)》《대승장엄경론송(大乘莊嚴經論頌)》 등을 지어 그 학설을 발전시켰다. 미륵의 가르침을 받은 무착(無著)은 《섭대승론(攝大乘論)》《현양성교론(顯揚聖敎論)》 등을 저술하고, 아뢰야식(阿賴耶識)을 근본으로 하는 인간의 의식구조 및 유식무경(唯識無境), 유식관의 실천에 대한 조직적인 학설을 정립하였다. 무착의 동생이며 제자가 된 세친(世親)은 미륵 · 무착의 논서들을 주석하여 많은 저작을 하였으며, 또한 종래의 여러 사상을 집성하여 《유식삼십송(唯識三十頌)》을 지어 유식사상을 대성하였다. 세친 이후는 《유식삼십송》의 해석을 중심으로 학파가 발전하였다. 덕혜(德惠)의 뒤에 안혜(安慧)가 나와 많은 주석서를 썼는데, 그 계통에서 조복천(調伏天)이 나왔다. 또한 안혜와 거의 같은 계통의 진제(眞諦)는 중국에 들어가 많은 경 · 론을 번역하였는데, 특히 《섭대승론》과 석(釋)을 번역 · 강의하여 그 문하에서 섭론종(攝論宗)이 성립 · 발전하였다. 한편 진나(陳那)는 논리학[因明]을 대성하였는데, 그 계통에서 무성(無性) · 호법(護法)이 나왔으며, 호법은 《성유식론(成唯識論)》 등을 지어 유식설을 발전시켰는데 이것이 계현(戒賢)에 의해 계승되었다. 구법(求法)차 인도에 갔던 현장(玄奘)은 계현에서 공부하고 귀국하여 《성유식론》 및 그 외의 많은 유식학파의 경 · 론을 번역하였다. 그의 문인

(門人) 규기(窺基)는 법상종(法相宗)을 개창하였으며, 또한 유식학파에는 난타(難陀)·승군(勝軍)의 계통도 있으며, 논리학 계통으로는 상갈라주(商羯羅主)·법칭(法稱) 등이 있다.
네이버지식백과 유식학파 두산백과

28) 주20참조

29) 원래 의미는 '나누어(vi) 안다'(j∽na)는 것으로 '분별'(分別), 즉 분석적으로 아는 것을 그 특징으로 한다. 원시 불교에서는 우리의 인식은 근(根:감관感官)과 경(境:대상對象)이 식(識)과 결합할 때 성립한다고 하지만, 이 경우의 '식'(識)은 인식 주체 또는 주관의 의미에 가깝다. 그러나 식(識)은 똑같이 안다(j∽na)를 어근으로 하는 지(智, j∽nāna)나 혜(慧, praj∽nā)와는 달리 미몽을 낳고 고뇌를 일으키는 마음의 상태를 말한다. 생각한다(cit)를 원뜻으로 하는 '심'(心, citta)이나 '사'(思, man)를 원래의 의미로 하는 '의'(意,manas)도 '식'(識)과 마찬가지로 마음의 여러 가지 측면을 나타내는 것으로서 본래는 동의어였다.
불교에서는 미망(迷妄)도 깨달음도 마음의 상태를 가리키는데, 우리의 실천의 목표는 미망에서 깨달음에로의 마음의 전환이라고 가르친다. 거기에서 '심'(心), '의'(意), '식'(識)에 관한 정밀한 연구가 행해지고, 미망이 어떻게 하여 일어나는가, 미망을 어떻게 끊을 것인가, 깨달음은 어떻게 하면 얻어질 수 있는가가 고찰된다. 대승 (大乘)에서는 주객 대립에 있어서 '마음'의 주도성, 특히 주객 대립의 근원이 '마음'이라는 생각이 적극적으로 표명되었다. 『화엄경』의 '삼계유심설(三界唯心說)'이나, 그것을 체계적으로 논술한 유식설(有識說) 등이 그것이다.
유식설에서는 '심'(心), '의'(意), '식'(識)을 기능에 의해 구별하여, '심'(心)을 가장 근원적인 주체로서 파악하고, 아라야식(識)(ālaya∽vij∽nāna)이라 명명한다. 또 '의'(意)를 마나스식(識)(mano nāma vij∽nāna)이라 부르며 아집을 불러일으키는 작용으로 간주하고 '식'(識)은 '안식'(眼識) 등의 '육식'(六識)이며 육근(六根 : 6개의 감관)을 매개로 하는 인식 작용이라 하였다. 그리고 이들 세 종류의 식(識)이 상호 작용하여 인식이 성립하는 것을 '식'(識)의 전변'(轉變)이라 한다. 유식설에서는 '식'(識)을 전환하여 '지'(智)를 얻음으로써 깨달음이 얻어진다고 했다. 유식설과는 반대로 '마음'은 본래 청정한 것(自性淸淨心)이라고 보는 사고방식도 있다. (철학사전 2009년 중원문화 식)

30) 인도의 세친(世親:320~400년경)이 4세기경에 저술한 불교서적. 529년에 인도의 승려 보리유지(菩提流支)가 한역하였다. 《무량수경론(無量壽經論)》, 《정토론》 또는 《왕생론》이라고도 한다. 24행 96구의 게송과 이 게송을 설명하는 산문으로 구성된다. 게송 부분은 서두에서 안락국(安樂國)에 태어나길 바란 뒤 정토에 대하여 서술하고, 회향(迴向)의 내용으로 끝맺는다. 산문편에서는 정토에 왕생하는 방법을 구체적으로 서술하였다. 먼저 5염문(五念門)을 제시하고 안락국에 태어나게 되는 5과문(果門)을 밝혔는데, 5염문은 예배문(禮拜門)·찬탄문(讚嘆門)·작원문(作願門)·관찰문(觀察門)·회향문(迴向門)을 말하고, 5과문은 근문(近

門)·대회중문(大會衆門)·택문(宅門)·옥문(屋門)·원림유희지문(園林遊戱地門)을 이르는
말이다.

이 중 중요한 것은 관찰문으로 관찰 대상인 정토를 17종의 국토장엄과 8종의 불장엄, 4종의
보살장엄 등 모두 29종 3장엄으로 나누어 설명하였다. 정토에 이르는 수행을 대승의 보살도
로 파악하여 후대에 큰 영향을 끼쳤다. 그 한 예로 담란(曇鸞)은 《무량수경론소》(2권)를 저술
해 중국에 선도류(善導流)의 불교를 일으켰다.

(두산백과 무량수경우바리사원생게)

31) 참종성전 참종성전편찬위원회간 불기2560년 p262

01 예배(禮拜)와 찬탄(讚歎)

1) 예배

〈무량수경론〉은 예배를

32)云何禮拜. 身業禮拜阿彌陀如來應正遍知. 爲生彼國意故.(무엇을 예배(禮拜)라 하는가? 행동으로 아미타여래, 응공(應供), 정변지(正遍知)에게 예배를 올리고 저 나라에 태어나기 위한 뜻을 일으키는 것이다.)

라 하고 있다. 즉 예배란 33)아미타불(阿彌陀佛)에게 예배하는 것이다. 아미타불은 34)극락세계(極樂世界)를 만들고 주제(主劑)하시는 부처님이다. 그리고 극락세계란 육도윤회의 속박으로부터 벗어난 곳으로, 부처가 되는 것이 약속된 세계다. 육도윤회의 속박으로부터 벗어났다는 것은 해탈(解脫)하였다는 것이고, 부처가 되는 것이 약속되었

32) 상동

33) 아미타란 이름은 산스크리트의 아미타유스(무한한 수명을 가진 것) 또는 아미타브하(무한한 광명을 가진 것)라는 말에서 온 것으로 한문으로 아미타(阿彌陀)라고 음역하였고, 무량수(無量壽) · 무량광(無量光) 등이라 의역하였다. 정토삼부경(淨土三部經)에서는, 아미타불은 과거에 법장(法藏)이라는 구도자(보살)였는데, 깨달음을 얻어 중생을 제도하겠다는 원(願)을 세우고 오랫동안 수행한 결과 그 원을 성취하여 지금부터 10겁(劫) 전에 부처가 되어 현재 극락세계에 머물고 있다는 것이다.
이 부처는 자신이 세운 서원(誓願)으로 하여 무수한 중생들을 제도하는데, 그 원을 아미타불이 되기 이전인 법장보살 때에 처음 세운 원이라고 하여 본원(本願)이라고 한다. 모두 48원(願)인데, 이 48원의 하나하나는 한결같이 남을 위하는 자비심에 가득한 이타행(利他行)으로 되어 있어 대승보살도(大乘菩薩道)를 이룩하고 있는 이 부처의 특징을 말해주고 있다. 그 가운데 12번째의 광명무량원(光明無量願)과 13번째의 수명무량원(壽命無量願)은 아미타불의 본질을 잘 드러내 주고 있으며, 18번째의 염불왕생원(念佛往生願)은 "불국토(佛國土)에 태어나려는 자는 지극한 마음으로 내 이름을 염(念)하면 왕생(往生)하게 될 것"이라고 하여, 중생들에게 염불(念佛)을 통한 정토왕생의 길을 제시해 주고 있다.
사찰의 극락전, 극락보전, 무량수전, 아미타전에 봉안되며 우협시보살로 관음보살, 좌협시보살로 대세지보살과 함께 삼존불이 봉안되어있다. 대세지보살 대신 지장보살이 등장하기도 한다. 아미타불의 수인은 아미타정인이나 설법인, 항마촉지인을 주로 취한다. 불국사 금동아미타여래좌상, 부석사 무량수전 소조아미타여래좌상이 유명하다. (두산백과 아미타불)

34) 아미타불이 상주하고 있는 불교도의 이상향인 불국토. '안양(安養) · 무량수불토(無量壽佛土) · 무량광불토(無量光佛土) · 무량청정토(無量淸淨土)'라고도 한다. 극락은 즐거움만이 있는 곳이며, 이 즐거움은 아미타불의 본원(本願)에 의해서 성취된 깨달음의 즐거움이다.
≪아미타경 阿彌陀經≫에 의하면, 극락세계는 서방으로 기천만 기십만의 국토를 지나서 있는 곳이며, 현재 아미타불이 설법하고 있다고 한다. 여기에 태어나는 사람은 몸과 마음에 괴로움이 없고 즐거움만이 있다. 이 세계는 일곱 겹의 난순(欄楯), 일곱 겹의 타아라나무기둥이 있고, 방울과 금 · 은 · 유리 · 수정의 사보(四寶)로 장식되어 있다. 이 네 가지 보석에 산호 · 마노 · 호박을 더한 칠보로 만든 연못이 있으며, 여기에는 여덟 가지 공덕을 구비한 물과 황금의 모래가 깔려 있다.
또한 하늘에서는 음악이 들리고 대지는 황금색으로 아름다우며, 주야로 세 번씩 천상의 꽃이 떨어진다. 백조 · 공작 · 앵무 등의 새들이 노래를 부르며, 이 노래는 그대로가 부처님의 가르침을 전하는 노래로 이 노래를 듣는 자들은 모두 불 · 법 · 승의 삼보(三寶)를 생각한다. 이 새들은 모두가 아미타불에 의해 화작(化作)된 것이다. 이 국토에는 지옥 · 축생(畜生) · 사신(死神)이라는 명칭이 없고, 깨달음을 얻은 아라한(阿羅漢)이 수없이 많으며, 다음 생에 부처가 될 사람도 한량이 없다.

극락을 일반적으로 서방정토라고 하는 것은 인도 사람들이 방위와 시간을 일치시키는 데에서 유래한 것이다. 인도 사람들은 동쪽으로 서서 앞쪽을 과거, 뒤쪽을 미래라 한다. 따라서 극락은 내세에 왕생할 세계이며, 그것은 서방에 존재하였던 것이다.

또한 사바세계(娑婆世界)와의 거리를 '기천만 기십만' 등으로 기술하고 있으나, 한역의 ≪아미타경≫에서는 십만 억으로 번역되어 있다. 이것은 당시 중국에서 상용된 최대의 숫자가 억이었기 때문에 먼 거리를 강조하기 위한 것으로, 세속적인 현실과 단절된 것을 표현하는 것으로 이해하는 것이 합당하다. 우리나라에서는 10만8000국토를 지나야 극락세계에 이른다는 설을 많이 채택하고 있다.

우리나라의 고승들은 이를 공간적인 거리로 보지 않고, 마음속에 있는 십악(十惡)과 팔사(八邪)를 없애버리면 곧 극락이 된다고 본다. 곧 살생·도둑질·사음(邪婬)과 거짓말, 이간 붙이는 말, 악담, 유혹하며 속이는 말, 탐욕, 성냄과 어리석은 소견 등의 십악을 고쳐서 십선(十善)으로 바꾸고, 사견(邪見)·사사유(邪思惟)·사어(邪語)·사업(邪業)·사명(邪命)·사방편(邪方便)·사념(邪念)·사정(邪定) 등의 팔사를 팔정도(八正道)로 바꾸면 그곳이 곧 극락세계라고 본 것이다. 이는 ≪관무량수경 觀無量壽經≫의 '여기에서 멀지 않다(去此不遠)'는 가르침에 근거한 것이다. 또한 극락세계에 대한 묘사는 물질적 낙토관(樂土觀)과 함께 심오한 종교적 관념과도 결부되어 있다. 그것은 극락의 주재불인 아미타불이 아미타불을 염불하는 사람을 구제한다는 가르침이다. 이것은 이타적인 면에서 중생제도를 사명으로 하는 대승불교의 보살도(菩薩道)와 밀접한 관계가 있다.

아미타불은 법장보살(法藏菩薩)이었을 때 세운 사십팔원(四十八願)을 성취함으로써 부처가 되었고 극락세계를 이룰 수 있게 된 것이다. 이 사십팔원에 근거해서 볼 때, 극락의 왕생을 위한 가장 쉬운 방법은 아미타불의 이름을 부르면서 염불하는 것이다. 그러나 이 염불이 무아삼매(無我三昧)의 경지에 이르게 하는 하나의 방법이라는 점에서 볼 때, 극락은 현실의 사바세계와 공간적 거리를 갖는 것이 아니다.

따라서 우리나라의 고승들은 사바세계가 곧 극락정토요, 현실세계와 극락세계가 불이(不二)라고 주장하였으며, 현실 속에서 극락세계의 실현을 희구하였던 것이다. 특히 우리나라의 선종·화엄종·천태종 등의 종파에서는 만법유심(萬法唯心)의 이치에 의해 자기 마음을 닦아 불성(佛性)을 깨닫는다는 취지 아래, 새로운 극락관인 자성미타유심정토설(自性彌陀唯心淨土說)을 주창하였다. 이는 자기 마음 가운데 본래 갖추어져 있는 성품이 아미타불과 다르지 않지만 미혹하면 범부가 되고 깨달으면 부처가 되는 것이며, 아미타불이나 극락정토가 먼 곳에 있는 것이 아니라 오직 자기 마음 가운데 있다고 본 것이다.

극락정토에 왕생하는 수행법 중 우리나라에서 가장 널리 채택되고 있는 것은 ≪관무량수경≫의 십육관법(十六觀法)과 ≪유마경 維摩經≫의 설이다. ≪유마경≫에서는 정토에 태어나는 길이 여덟 가지가 있다고 하였다. ① 중생을 도와주되 아무 것도 바라지 말고 중생을 대신하여 모든 고생을 달게 받을 것, ② 모든 중생에게 대하여 평등하게 겸손할 것, ③ 모든 사다는 것은 열반(涅槃)이 약속되었다는 것이다.

육도윤회란 끊임없이 반복되는 생명활동이다. 따라서 육도윤회의 속박이란 끊임없이 반복되는 생명활동으로 인한 속박이다. 그렇다면 왜 끊임없이 반복되는 생명활동이 속박일까? 한여름의 40도는 분명히 괴로움이다. 하지만 사우나의 70도가 넘는 열기는 즐거움이다. 왜 그럴까? 한여름의 더위는 자기가 주도한 더위가 아니지만 사우나의 열기는 스스로가 주도한 열기이기 때문이다. 이처럼 생명활동이 속박인 이유도 자기가 주도하는 생명활동이 아니기 때문이다. 따라서 이런 속박으로부터 벗어났다는 것은 스스로가 생명활동을 주도하게 되었다는 것이다. 따라서 해탈이란 스스로가 주도하는 생명활동, 즉 스스로가 주도하는 삶을 사는 것이다.

그리고 또 열반이란 생명활동을 완전 연소하는 것이다. 생명활동이란 외부의 자극에 반응하는 것인데, 그것은 외부의 자극에 의해 생각

람을 부처님과 같이 공경할 것, ④ 모든 경전을 의심하지 않고 믿을 것, ⑤ 대승법(大乘法)을 믿을 것, ⑥ 남이 잘 되는 것을 시기하지 않을 것, ⑦ 자신의 허물만 살피고 남의 잘못을 생각하지 않을 것, ⑧ 늘 온갖 공덕을 힘써 닦을 것 등이다.

그리고 정토의 종류로 17가지를 들고 있다. 직심(直心) · 심심(深心) · 육바라밀(六波羅蜜) · 사무량심(四無量心) · 사섭법(四攝法) · 십선법(十善法 : 이는 하나로 함)의 어느 하나라도 완숙하게 성취하면 극락에 왕생한다는 정신적인 정토왕생관을 제시하고 있다. 우리나라에서는 신라시대 이후로 극락에 왕생하고자 하는 정토신앙이 크게 성행하였다. 신라시대에는 교학적인 측면과 실천적인 측면이 함께 이루어졌으며, 고려시대에는 자성미타유심정토의 측면에서 종파별로 크게 신행되었다.

그리고 조선시대에는 승속을 막론하고 내세에 극락왕생하기를 바라는 신앙이 유행하였다. 따라서 사찰의 당우 중에도 극락전(極樂殿, 또는 無量壽殿)이 가장 중요한 법당으로 건립되었으며, 사찰 주위에도 안양교(安養橋)를 두는 등 극락과 관계된 많은 사항들이 수용되었다.(한국민족문화대백과 한국학중앙연구원) 참고문헌 『아미타경(阿彌陀經)』『무량수경(無量壽經)』『관무량수경(觀無量壽經)』『유마경(維摩經)』『불전해설』(이기영, 한국불교연구원, 1978)

이 생기면 그것을 말하고 행동하는 것이다. 그러니 생명활동이란 생각하고 말하고 행동하는 것이다. 따라서 열반이란 생각과 말과 행동을 완전 연소했다는 것이니, 열반이 약속되었다는 것은 생각과 말과 행동을 완전 연소로 가는 과정 중이라는 것이다.

따라서 해탈하여 열반이 약속되었다는 것은 스스로가 주도하는 삶을 살며 생각과 말과 행동을 완전 연소하고 있다는 것인데, 이것이 바로 불교가 말하는 행복이며, 이런 삶을 사는 세계가 극락세계다. 이런 극락세계를 주제하시는 부처님이 아미타불이니, 아미타불은 곧 행복 그 자체일 수밖에 없다. 그러니 아미타불에게 예배한다는 것은 행복에게 예배하는 것이다.

예배한다는 것은 예를 갖추어 절을 올리는 것인데, 이것은 존경(尊敬)과 복종(服從)의 표현이다. 따라서 아미타불에게 예배한다는 것은 행복을 존경하고 행복에 복종하겠다는 생각을 행동으로 표현하는 행위다. 존경이란 남의 인격, 사상, 행위 따위를 받들어 공경하는 것이니, 행복을 존경한다는 것은 행복을 받들어 공경한다는 것이고, 복종이란 남의 명령이나 의사를 그대로 따라서 좇는 것이니, 행복에 복종한다는 것은 어떠한 어려움이 오더라도 굴하지 않고 행복하게 사는 것이다.

그런데 왜 행복을 존경해야 하고 복종해야 하나? 그것은 누구나 바라는 것은 행복이지만 정작 모르는 것이 행복이기 때문이다. 일반적으로 행복을 생각하면 떠올리는 이미지는 해피다. 하지만 행복과 해피는 다르다. 행복은 과정이지만 해피는 결과다. 그렇기에 산을 오르는 과정은 행복이지만 정상에 올랐을 때는 해피를 느낀다. 그렇지 않다면, 만약 케이블카나 헬리콥터 등 어떤 운송수단을 이용하여 정상에 오르더라도 행복하다면 어려움을 감내하며 산을 오를 이유는 없을 것이다. 과정이 행복해야 그 결과인 해피 역시 행복일 수 있기에 운송 수단을 이용하기 보다는 어려움을 감내하며 산을 오르는 것이다. 또 정상에는 오르지 못하였더라도 그 과정이 최선을 다한 것이라면 행복 인 것처럼, 결과가 해피하지 않더라도 과정이 완전연소였으면 그것도 분명히 행복이다.

그럼에도 불구하고 누구나가 떠올리는 행복은 과정이 아니라 결과 다. 이렇게 행복해지고 싶어 하면서도 정작 행복에 대해서는 잘 모른 다. 그러다보니 결과에 집착해 정작 행복한 삶은 살지를 못하게 된다. 이처럼 행복이란 스스로의 생각이나 방법으로는 얻을 수 없다. 그렇 기에 그토록 바라는 행복은 생각할 수도 없고 표현할 수도 없다. 그러 니 행복을 존경하고 행복에 복종해야 한다. 그러기 위해서는 자기의 생각을 따를 것이 아니라 부처님의 생각을 따라야 한다. 이것을 행동 으로 표현하는 것이 예배인 것이다.

2) 찬탄

그리고 〈무량수경론〉에 의하면, 찬탄이란

[35]云何讚歎. 口業讚歎. 稱彼如來名. 如彼如來光明智相. 如彼 名義. 欲如實修行相應故.(무엇을 찬탄(讚歎)이라 하는가? 말로 찬 탄하며 저 여래의 이름을 부르고, 저 여래의 광명과 지(智)의 모습처 럼, 저 이름의 뜻처럼, 여실하게 수행하여 상응하고자 하는 것이다.)

---

35) 참종성전 p263

이다. 아미타불의 광명에 의지하기 위하여 아미타불의 이름을 부르는 것이다. 아미타불의 광명이란 속박되어 불완전연소의 삶을 살고 있음을 알아차리게 하는 빛이다. 그러니 아미타불의 광명에 의지하기 위하여 아미타불의 이름을 부른다는 것은, 속박되어 불완전연소의 삶을 살고 있다는 것을 알아차리기 위하여 '나무아미타불'을 입으로 부르는 것이다.

속박되었다는 것은 자기주도적인 삶을 살지 못한다는 것이다. 자기주도적인 삶을 살고 있지 못한다는 것은, 생각에는 항상 자신 없어서 잘못될 것이 두려워 이해되지도 않은 남의 생각을 따르거나 눈치를 보면서 말하고 행동하는 삶이다. 그리고 불완전연소의 삶이란 생각과 말과 행동이 불완전 연소되는 것으로, 생각에는 자신의 의견이 없고 타의에 의하여 어쩔 수 없이 말하고 행동하는 삶이다. 이러한 삶에는 열정이나 활력은 그 어디에도 없고 온통 독가스뿐이다.

이러한 삶을 사는 이유도 행복해지고 싶기 때문이다. 하지만 행복은 과정이고 해피는 결과라는 사실은 모르고, 해피가 행복인줄만 알고 해피에 집착하게 된다. 이렇다는 것은 누구나 이성적으로는 알겠지만 자기도 모르게 저절로 해피에 집착하게 된다. 그러니 자신이 그러고 있다는 사실을 알아차려야 한다. 이것을 알아차리게 하는 것이 찬탄이다.

3) 믿음

이렇게 행복해지고 싶지만 정작 행복을 모르기에 행복을 존경하고 행복에 복종하기 위하여 부처님의 가르침을 따를 것을 몸으로 표현하는 것이 예배이며, 행복해지려 하지만 자기도 모르게 저절로 행복할 수 없는 짓을 하고 있음을 알아차리기 위하여 입으로 부처님의 명호를 부르는 것이 찬탄인데, 이것은 믿음을 얻기 위한 행위이기도 하다.

믿음이란 의심스럽지만 그럼에도 불구하고 그 생각을 따라 말하고 행동하는 것이다. 의심이 없어진 것은 믿음이 아니라 납득이다. 그러면 의심은 왜 생기는 것일까? 그것은 자신의 상식과 다르기 때문이다. 예를 들어 불에 타는 얼음이 있다고 하면 어떨까? 의심이 생길 것이다. 왜냐하면 얼음은 불에 타지 않는 것이 상식이기 때문이다. 이렇게 의심은 상식과 다르기에 생긴다. 그런데 천연가스가 낮은 온도와 높은 압력에서 물 분자와 결합해 형성된 고체 에너지원으로 주성분이 메탄인 가스 하이드레이트에 대해 알게 되면 어떻게 될까? 의심은 사라질 것이다. 왜 그럴까? 납득되었기 때문이다. 그러면 왜 납득되었을까? 상식이 넓어졌기 때문이다.

그런데 가스 하이드레이트의 존재를 모르는 상태에서 그것을 내밀며 불을 붙여보라고 하면 어떨까? 얼음은 불에 타지 않는다는 것이 상식이니 당연히 의심은 생긴다. 그럼에도 불구하고 불을 붙인다면 그것은 믿기 때문이다. 하지만 불을 붙이지 않는다면 믿지 않기 때문이다. 그런데 믿고 불을 붙여봐서 붙으면 진실임을, 안 붙는다면 거짓임을 알게 된다. 이처럼 믿으면 진실과 거짓이 판명되지만 믿지 않으면 그 아무 것도 판명되지 않는다. 그리고 또 얼음은 불에 타지 않는다는 것이 상식임에도 불구하고, 얼음에 불을 붙여보라는데 아무런 의심도 없이 불을 붙인다면 이것은 맹신이다. 맹신은 그 결과가 진실이든지 거짓이든지 아무런 의미가 없다. 왜냐하면 결과가 어떻던 무조건 따를 것이기 때문이다.

믿음이란 의심스럽지만 그 생각을 따르는 것이다. 예배하고 찬탄하는 이유는 부처님의 가르침에 대하여 이러한 믿음을 일으키기 위한 것이다. 그러면 왜 부처님의 가르침에 대하여 믿음을 일으켜야 할까? 그것은 누구나 다 행복을 원한다. 그러면서 그리는 이미지는 해피다. 그러다보니 해피한 상태가 만들어질 수 있을 말과 행동을 하면 행복해지는 줄 안다. 그런데 반드시 그렇게 되지는 않는다. 왜냐하면 행복은 과정이지 결과가 아니기에 결과가 해피하다고 하여 다 행복한 것은 아니기 때문이다. 이런 것을 아무리 이해했다 하더라도 막상 움직이면 저절로 결과에만 집착하게 된다. 그렇기에 불교에서 말하는 행복은 이성적으로는 이해가 되지만 감정적으로는 받아들여지지가 않는다. 그러니 불교의 실천법 역시 이성적으로는 이해되지만 감정이 쉽게 이해하지를 못한다. 그렇기에 믿음이 필요한 것이다.

다시 말해서 불교의 가르침대로 삶을 완전 연소한다면 몸도 마음도 지쳐서 죽을 것 같은 상태가 될 것 같고, 그러면 결코 행복할 것 같지 않다. 거꾸로, 될 수 있는 한 몸도 마음도 움직이지 않아 편안해지고 그렇게 해피해져야 행복해질 것 같다. 이것이 상식이다. 하지만 실제로는 몸을 움직이지 않으니 몸은 병에 걸려 고통스러울 것이고, 마음을 움직이지 않도록 붙잡으니 생각은 없게 되고, 그래서 생각 없이 살아가니 실제상황은 더욱 나빠지기만 할 것이다. 행복해지기는커녕 더욱 불행해질 뿐이다.

삶을 완전 연소해야 행복해진다는 말, 상식으로는 도저히 납득되지 않는다. 하지만 의심을 가진 채로 삶을 완전 연소해보면, 죽을 정도로 몸을 사용하니 몸은 더욱 건강해질 것이고, 마음을 잡지 않으니 많은 생각을 하게 될 것이고 그러다보면 해결책을 찾아내게 되니 실제상황은 점점 좋아질 것이다. 그러니 불행은커녕 더욱 행복해질 수밖에 없다. 이렇게 의심은 생기더라도 의심을 가진 채로 불교의 실천법을 실천하여 원하는 결과를 얻게 되면, 불교의 가르침은 사실이 된다. 그러면 이제 그것이 상식이 되어 의심은 사라지고 납득된다. 이렇게 믿음의 끝은 납득이어야 한다. 그 끝이 납득이 아닌 믿음은 배신이고, 그럼에도 불구하고 계속하여 믿는 것은 맹신이다.

오문에서 예배하고 찬탄하라는 것은 부처님의 가르침에 대한 믿음을 일으키기 위한 것이고, 믿음을 일으켜야 하는 이유는 행복이란 상식으로는 납득될 수 없는 것이기에, 행복해지려면 상식이 아닌 부처님의 가르침을 따라야 하기 때문이다.

02

작원(作願)

세 번째는 작원이다. 〈무량수경론〉은 작원을

[36]云何作願. 心常作願. 一心專念畢竟往生安樂國土. 欲如實修行 奢摩他故.(무엇을 작원(作願이라 하는가. 한마음으로 오로지 염하여 반드시 안락국토에 왕생하겠다는 원을 항상 마음에 지어, 여실하게 사마타를 수행하고자 하는 것이다.)

라고 설명하고 있다. 다시 말해서 작원이란 사마타를 여실하게 수행하는 것이다. 그러기 위해서는 안락정토에 태어나기를 바라야 한다. 또 그러기 위해서는 한 마음으로 오로지 염해야 한다.

한 마음이란 마음이 한 곳에 있는 것이다. 마음이 있어야 할 그 한

---

36) 참종성전 p263

곳이란 안락정토이다. 안락정토란 완전연소중인 세계이니, 스스로가 주도하며 생각과 말과 행동을 활활 불태우며 사는 세계다.

그리고 염한다는 것은, 마음이 시간적으로는 지금에, 그리고 공간적으로는 여기에 있는 것이다. 지금이란 과거와 미래를 품은 변화다. 그리고 여기란 너에 의해 정해진 내가 너와 맺은 관계이니, 마음을 지금에 둔다는 것은 과거와 미래를 품은 변화에 두는 것이고, 여기에 둔다는 것은 너에 의해 정해진 내가 너와 맺은 관계에 둔다는 것이다.

그런데 마음에는 불편한 곳으로 가는 기질이 있다. 그러니 마음을 지금과 여기에 두면 지금과 여기 중 불편한 곳으로 가게 된다. 지금의 불편한 곳에 있게 되면 과거와 미래를 품은 변화 중 불편한 것에 대한 생각을 하게 될 것이고, 여기의 불편한 곳에 있게 되면 너에 의해 정해진 내가 너와 맺은 관계 중 불편한 것에 대한 생각을 하게 될 것이다.

따라서 한 마음이란 삶을 스스로가 주도하며 생각과 말과 행동을 활활 불태우며 사는 세계에 마음이 있는 것이며, 오로지 염한다는 것은 지금과 여기의 불편한 문제를 생각하는 것이다. 그러면서 안락국토에 왕생하겠다는 원을 세운다는 것은, 지금과 여기에 있는 불편한 문제 때문에 삶이 휘둘려지고 생각과 말과 행동에서는 독가스가 나오는 상태가, 지금과 여기에 있는 불편한 문제를 해결하여 삶을 스스로가 주도하며 생각과 말과 행동을 활활 불태우며 살기를 바라는 것이다. 그러기 위해서는 사마타를 여실(如實)하게 수행해야 한다는 것이다.

사마타(奢摩他)란 산스크리트어 śamatha의 음사로, 마음을 한 곳에 집중하여 산란을 멈추고 평온하게 된 상태를 유지하는 것이다. 마음을 한 곳에 집중한다는 것은 마음을 한 곳에 둔다는 것이고, 마음을 한 곳에 두는 것은 마음을 한 곳에 멈추게 하는 것이다. 그래서 사마타를 한자로 지(止)라 의역한다. 어쨌든 마음을 한 곳에 멈추게 하면 그 결과 산란이 멈춘다. 그런데 산란은 잡념(雜念)이다. 그러니 산란을 멈춘다는 것은 잡념(雜念)을 멈추는 것이다.

잡념이란 잡스러운 염이다. 염이란 마음을 지금과 여기에 두는 것인데 그렇게 되면 마음은 불편한 곳으로 가게 된다. 그렇게 되면 생각은 괴로워진다. 생각이 괴로워지면 마음은 긴장을 하게 되는데 마음이 긴장을 하게 되면 마음은 움직이지 않게 된다. 어렸을 때 어른에게 꾸지람을 들었던 경험은 누구에게나 있을 것이다. 그 때 어른이 무엇인가를 물어보시는데도 아무런 생각이 떠오르지 않아 대답을 하지 못하다가 더 혼이 났던 경험 역시 누구에게나 있을 것이다. 왜 그런 현상이 일어났을까? 마음이 긴장하였기 때문이다. 그래서 마음이 움직이지 않다보니 아무런 생각이 떠오르지 않는 것이다. 이처럼 마음은 긴장하면 움직이지 않는 기질이 있다. 따라서 마음이 불편한 곳으로 가면 생각이 괴로워지고 그러면 나쁜 일이 생길 것 같아 마음은 긴장을 한다. 그러면 마음은 움직이지 않게 되니 마음은 불편한 곳에 머물게 된다. 그러니 부정적이고 비관적인 생각만 떠오른다. 이것이 바로 잡념이다.

그러니 부정적이고 비관적인 생각으로부터 벗어나기 위하여 억지로 마음을 편안한 곳으로 두고자 노력하여 마음이 편안한 곳에서 움직이지 않게 되면, 항상 긍정적이고 낙관적 생각만 떠오른다. 이것 역시 잡념이다.

이처럼 잡념이란 염은 염이지만 잡스러운 염이다. 다시 말해서 마음이 한 곳에 묶여 부정적이거나 비관적인 생각 또는 긍정적이거나 낙관적인 생각만 떠오르는 상태다. 사마타는 이런 잡념의 상태를 정념의 상태로 바꾸기 위해서 하는 수행이다.

사마타는 불편한 곳이나 편안한 곳에 묶여 있는 마음을 자유롭게 풀어주는 수행이다. 그러기 위해서 마음을 다른 곳에 두려고 노력한다. 하지만 한 곳에 두려고 한다고 해서 움직이는 기질을 가진 마음이 한 곳에 가만히 있을 리는 없다. 그러니 아무리 사마타를 해도 마음은 한곳에 가만히 있지 않는다. 하지만 그 덕분에 마음을 붙잡고 있던 힘은 약해진다. 그러면 마음이 비로소 움직이기 시작한다. 그러다보니 마음이 가고 싶은 대로 가게 되는데, 그러면 정사(正思) 상태가 된다.

마음의 기질은, 가장 먼저 가는 곳은 불편한 곳이지만 마음을 잡지 않고 그냥 두면 마음은 불편함을 해결하기 위하여 그 해결책을 찾아 천지사방으로 돌아다닌다. 그러면 잡념은 괴로움과 맞서서 그것을 해결하고자 궁리하는 염으로 바뀐다. 이것이 바로 정념(正念)이다. 이렇게 해서 사마타는 잡념을 정념으로 바꾸어준다. 그렇기에 사마타를 하면 불편함을 해결하고자 하는 원이 생긴다. 그래서 사마타를 작원이라 하는 것이다.

팔정도실천의 어려움은 정사(正思)였다. 그래서 그 대안으로 나온 것이 육바라밀이다. 그런데 육바라밀은 실천한다고 반드시 정사가 되는 것이 아니었다. 그래서 개발된 것이 오문(五門)이며 여기에서 정사가 되도록 하는 실천법이 사마타인 것이다.

03

관찰(觀察)

네 번째는 관찰이다. 〈무량수경론〉은 관찰을

[37]云何觀察. 智慧觀察. 正念觀彼. 欲如實修行毘婆舍那故. 彼
觀察有三種. 何等三種. 一者觀察彼佛國土功德莊嚴. 二者觀察阿
彌陀佛功德莊嚴. 三者觀察彼諸菩薩功德莊嚴.(무엇을 관찰(觀察)
이라 하는가. 지혜가 관찰하는 것이며, 정념(正念)이 저 나라를 관하
는 것으로 여실하게 비파사나를 수행하고자 하는 것이다. 저 관찰에
는 세 가지가 있다. 어떠한 것들이 세 가지인가. 하나는 저 불국토의
공덕과 장엄을 관찰하는 것이요, 둘째는 아미타불의 공덕과 장엄을
관찰하는 것이요. 셋째는 저 모든 보살들의 공덕과 장엄을 관찰하는
것이다.)

---

37) 참종성전 p263

라고 한다. 관찰이란 지혜가 관찰하는 것이며 정념이 관찰하는 것이다. 다시 말해서 관찰의 주체는 지혜이며 정념이다. 지혜는 육바라밀 중 반야바라밀로, 그것은 실제상황의 실체에 대한 통찰력이다. 그리고 정념은 불편한 문제를 해결하기 위하여 궁리하는 것이다. 그러니 실제상황에 대한 통찰력이 관찰하는 것이고, 불편한 문제에 대한 궁리가 관찰하는 것이다.

그러면 무엇을 관찰하는 것일까? 첫째는 극락세계의 공덕과 장엄을 관찰하는 것이다. 극락세계란 행복한 세계다. 그러니 극락세계의 공덕과 장엄을 관찰한다는 것은 행복한 세계의 공덕과 장엄을 관찰하는 것이다.

공덕(功德)의 공(功)이란 공로(功勞)다. 공로란 어떤 목적(目的)을 이루는 데에 힘쓴 노력(努力)이나 수고를 말한다. 그리고 덕(德)은 '조금 걸을 척(彳)'에 '덕 덕(悳)'으로 구성된 한자다. 그리고 덕(悳)은 '곧을 직(直)'밑에 '마음 심(心)'이 있는 형태의 한자어다. 그러니 덕(悳)은 마음이 곧은 것에 있는 것이다. 그러면 무엇이 곧은 것인가? 바로 도(道)다. 그러니 덕(悳)은 도에 마음이 있는 것이고 그것에 척(彳)이 앞에 있으니 실천이다. 곧 도를 실천하는 것이 덕이라 한다. 그러니 공덕이란 도를 실천하는데 힘쓴 노력이나 수고로 얻어진 결과물이다. 그러면 불교에서의 '도'란 무엇인가? 그것은 팔정도다. 팔정도를 실천하는 목적은 행복해지기 위해서다. 그러니 공덕이란 팔정도를 실천하는데 힘쓴 노력이나 수고로 얻어진 결과물이다. 그러면 그것은 무엇인가? 말할 필요도 없이 행복이다. 그리고 장엄이란 위엄 있고 엄숙한 것이다. 그러니 극락세계의 공덕과 장엄을 관찰한다는 것은 행복한 세계의 위엄 있고 엄숙함과, 팔정도를 실천하느라 힘쓴 노력이나 수고의 결과로 얻어진 행복한 세계를 관찰하는 것이다.

그리고 둘째로는 아미타불의 공덕과 장엄을 관찰하는 것인데, 아미타불은 극락세계의 주체이니 행복 그 자체다. 그러니 행복의 공덕과 장엄을 관찰하는 것인데, 이것은 행복의 위엄 있고 엄숙함과 팔정도를 실천하느라 힘쓴 노력이나 수고의 결과로 얻어진 행복을 관찰하는 것이다.

그리고 셋째로는 저 모든 보살들의 공덕과 장엄을 관찰하는 것인데, 저 모든 보살이란 행복한 사람들이니 행복한 사람들의 공덕과 장엄을 관찰하는 것이다. 그러니 이것은 행복한 사람들의 위엄 있고 엄숙함과 그들이 팔정도를 실천하느라 힘쓴 노력이나 수고의 결과로 행복해진 사람들을 관찰하는 것이다.

다시 말해서 행복한 세계와 행복과 행복한 사람들을 관찰하는 것이다. 무엇이? 지혜가. 그리고 정념이. 지혜란 실제상황에 대한 통찰력이다. 그런데 중생의 마음에는 무명이 있다. 이것은 실제상황을 왜곡시키는 마음의 기질이다. 그러니 중생에게는 실제상황에 대한 통찰력이 있을 수 없다. 그러면 어떻게 해야 할까? 그런 지혜를 어디선가 구해 와야 할 것이다. 그러면 그런 지혜는 어디에 있는가? 그것은 불경속에 있다. 따라서 지혜를 얻어오려면 불경을 읽고 이해하여야 할 것이다. 그런데 불경은 일반 책과 달라 그냥 읽는다고 읽어지는 것이 아니다. 그렇기에 불경을 읽을 수 있는 사람이 읽어주어야 한다. 그러면 불경을 읽을 수 있는 사람이 읽어주는 불경이란 무엇일까? 그것은 법문이다. 따라서 지혜를 얻으려면 법문을 들어야 한다.

그리고 또 정념이 관찰하는 것이다. 정념이란 무엇인가? 불편한 문제를 해결하려는 궁리다. 이러한 상태는 사마타를 하면 만들어진다.

따라서 비파사나는 사마타를 하고 법문을 듣는 것이다. 그렇게 함으로써 지혜가 그리고 정념이 행복한 세계와 행복과 행복한 사람들에 대하여 관찰하는 것이다.

이것이 곧 여실하게 비파사나(毘婆舍那)를 수행하는 것이다. 비파사나는 산스크리트어 vipaśyanā, 팔리어 vipassanā의 음사로 한자어로는 관(觀)이라 번역하는데, 이것은 곧 정념의 상태에서 그 뜻을 음미하면서 불경을 읽거나 법문을 듣는 것이다.

04 회향(迴向)

마지막으로 다섯 번째는 회향이다. 〈무량수경론〉은 회향을

[38]云何迴向. 不捨一切苦惱衆生. 心常作願 迴向爲首成就大悲心故.(무엇을 회향이라 하는가. 일체의 고뇌 중생을 버리지 않고 마음에 항상 원을 지어 회향하는 것을 으뜸으로 삼아 대비심을 성취하고자 하는 것이다.)

라고 한다. 다시 말해서 일체의 고뇌중생을 버리지 않는 바람이 항상 있다는 것인데, 고뇌중생이란 괴로워하며 번민하는 살아있는 생명들이니 그들을 버리지 않는 바람이다. 이것을 불교에서는 발보리심(發菩提心)이라 한다.

---

38) 참종성전 p264

발보리심이란 보리심을 일으키는 것인데, 보리(菩提)란 산스크리트어 bodhi의 음역으로 깨달음이라는 뜻이다. 그러니 발보리심이란 깨달음을 얻기 위한 마음을 일으키는 것이다. 깨달았다는 것은 삼과(三果)를 얻은 것인데, 삼과란 첫째가 중생이 다 제도된 것이고, 둘째가 번뇌가 다 끊어진 것이고, 셋째가 불도를 다 이룬 것이다. 이 삼과를 얻기 위해서는 삼사(三事)를 이루어야 하는데, 삼사란 첫째가 중생을 다 제도되기를 원하는 것이며, 둘째는 번뇌가 다 끊어지기를 원하는 것이며, 셋째는 불도가 다 이루어지기를 원하는 것이다. 이 삼사의 바람을 일으키는 것이 바로 발보리심이다.

그런데 삼사는 중생이 이룰 수 있는 게 아니다. 그러므로 삼사의 바람을 일으킨다는 것은 이룰 수도 없는 바람을 일으키는 것이다. 왜 이런 허망한 바람을 일으키라는 것일까? 바람은 판단상황에 있다. 그리고 그것이 이루어지는 곳은 실제상황이다. 따라서 아무리 바람을 일으키더라도 그것은 실제상황에서 이루어지는 것이지 판단상황에서 이루어지는 게 아니다. 곧 자신이 아무리 살기를 바라더라도 실제상황이 죽을 상황이라면 죽을 수밖에 없고, 자신이 아무리 죽기를 바라더라도 실제상황이 살 상황이라면 죽을 수도 없다. 다시 말해서 바람을 일으키는 것은 판단상황이지만 그것을 이루는 것은 실제상황이다.

불교에서 보면 판단상황이 중생이고 실제상황이 부처인데, 그러니 중생이 하는 것은 원을 일으키는 것이고 부처가 하는 일은 그것을 이루는 것이다. 그러니 중생이 일으키는 바람은 부처가 이루어야지 중생이 이룰 일은 아니다. 중생은 그것을 이루기 위해 그냥 할뿐이다. 따라서 비록 이룰 수도 없는 원이라 하더라도 일으킬 수 있는 것이다. 그렇기에 발보리심 같은 말도 안 되는 바람도 일으킬 수 있는데 일으킬 수 없는 바람이 그 어디에 있겠는가. 이것이 바로 회향이다. 다시 말해서 회향이란 결과는 실제상황에 맡기고 자신의 판단상황을 마음 껏 실제상황에 던지는 것이다.

　이상이 오문이다. 그것을 정리해 보자면 예배와 찬탄이란 믿음을 가지는 것이다. 그리고 사마타란 마음을 자유롭게 두는 것이고 비파사나란 불편함을 해결하기 위한 궁리를 하면서 경전을 읽거나 법문을 듣는 것이다. 그리고 회향이란 결과는 실제상황에 맡기고 판단상황을 마음껏 실제상황에 던지는 것이다.

제10강

행복해지기 위한
세 가지 실천법
(사비다)

01 이 실천법이 나오기까지

불교이전 인도사회를 지배했던 종교는 바라문교였다. 그러나 도시의 귀족이나 자본가들에게 크게 지지를 받은 불교에 의하여 바라문교는 붕괴된다. 하지만 그렇다 하더라도 시골이나 민중 대부분을 차지하는 하층민들에게 그 영향력은 여전했다. 이것에 힘입어 바라문교는 힌두이즘을 형성하면서 반격에 나선다. 그러면서 이것에 자극 받아 일어난 대승불교와의 충돌은 피할 수 없게 된다.

불교는 행복의 내비게이션이다. 이런 불교가 전하는 행복해지는 방법은 팔정도(八正道)다. 그런데 대승불교가 흥기하면서 불교의 주도권이 출가에서 재가로 바뀌자 이것은 육바라밀(六波羅密)로 진화했다. 그리고 또 그 교리가 전문화되고 복잡해지자 이것은 또 오문(五門)으로 진화했다. 그러면서 대승불교에는 두 파가 형성되는데 하나는 A.D 3세기경에 출현한 용수보살에 의해 완성되는, 진리를 공(空)으로 표현하면서 실천법으로 육바라밀을 제시한 중관파(中觀派)다.

그리고 또 하나는 A.D 5세기경에 출현한 세친보살에 의해 완성되는, 진리를 유식(唯識)으로 표현하고 실천법으로 오문을 제시한 유식파(唯識派)다. 대승불교교리는 두 파에 의하여 완성되었다 하여도 과언은 아니다.

이런 대승불교와 바라문교와의 충돌의 양상은 논쟁으로 나타나는데, 논쟁은 바라문교학 내에도 논리연구를 발전시켜 그것을 전문으로한 니야야파(Nyāya, 정리파(正理派))와 대승불교 사이에 벌어진다. 이들에게는 오분작법(五分作法)이라는 논법이 있었다. 이에 반해 불교는 뿌리상가라는 논법이 있었다.

그런데 불교의 진리인 연기법은 실체를 인정하지 않는 것이다. 따라서 중관파의 공은 무자성(無自性)을 말하는 것이었고, 유식파의 유식(唯識)은 식(識)의 흐름으로서 식의 전변(轉變)을 말하는 것이었다. 이런 까닭에 뿌리상가논법이라 불리는 불교의 논법은 자기주장을 세우지 않고 상대의 주장을 반박만 함으로써 상대의 주장이 잘못되었음을 인정시키는 논법이다. 그런데 논쟁에서는 각자의 주장을 대립시켜서 상대의 주장을 꺾고 자기의 주장을 세움으로서 승패가 갈린다. 그러니 자기주장을 세우지 않는 불교의 논법은 반칙으로 규정되었다. 그러다보니 불교는 자기의 무기는 사용하지 못한 채 니야야파의 오분작법으로 논쟁에 참여할 수밖에 수 없었다. 그 결과 불교는 연전연패(連戰連敗)한다.

그러던 중 5세기 후반 디그나가(Dignāga 진나(陳那), 420C-500C)라는 분이 출현하여 니야야학파의 오분작법을 변형시켜 삼지작법(三支作法)을 확립하는데, 이 후 이 논법으로 불교는 연전연승(連戰連勝)하게 된다. 그 후 삼지작법은 불교를 대표하는 논법으로 자리 잡게 되었고, 진나와 아스바브하바(Asvabhāva, 무성(無性))의 계보를 잇는 유상유식파(有相唯識派, Sākāravijñāna-vādin)가 불교의 주류가 된다.

그런데 마음이라는 실체를 인정하는 이들의 주장은 실체를 인정하지 않는 연기법을 훼손시키는 것이었고, 그 결과 불교는 모든 것은 마음이 만들었다는 일체유심조(一切唯心造)로 대표되는 교리체계를 갖추게 되고, 실천법은 마음을 닦는 것이 된다. 그러면서 불교교리는 명쾌함을 잃어버리고 실천법은 간단 단순함을 잃어버린다. 이런 불교는 힌두이즘의 영향을 받으면서 밀교화(密敎化) 되더니 급기야 힌두이즘 속으로 사라져 버리게 된다.

이렇게 이미 인도에서 본래의 교학체계를 잃어버린 불교는, 중국으로 전래되어서는 유교·도교와 혼합되고 티베트로 전래되어서는 신비주의적인 티베트의 토착신앙과 혼합되면서 라마교를 탄생시키며, 불교의 본 모습은 알아 볼 수 없게 심각하게 손상되어 불교교리는 방대하고 난해한 것이 되어버리고 불교의 수행법은 처절한 극기(克己)로 탈바꿈해 버린다.

이런 와중에 신라에 원효(元曉)스님이라는 걸승(傑僧)이 출현해 인도에서 사라진 불교의 교리를 재정리하고 나아가 업그레이드시킨다. 이런 신라불교는 중국과 일본으로 전래되어 당나라 불교와 나라불교를 꽃피우게 하며 동북아의 불교전성기를 가져오게 하는데, 세월이 지나자 이것 역시 귀족화된다. 그러자 대중화를 외치며 중국에서 종파불교가 일어나는데, 이것이 한국과 일본으로 전래되면서 원효스님의 불교는 그 흔적마저 찾아볼 수 없게 되었다.

이러한 상황에서 시작된 필자의 불교공부는 난해 그 자체였다. 그러다보니 불교가 무엇인지를 대충이라도 파악해보고 싶다는 일념뿐이었다.

　석존에 의하여 만들어진 행복해지는 방법은 팔정도다. 이것의 요체는 바르게 생각하고 말하고 행동하는 것이다. 바르게 생각한다는 것은 마음을 잡지 않는 것이며, 바르게 말하고 행동한다는 것은 나와 남에게 이로운 생각은 더 이롭게, 또 해로운 생각은 덜 해롭게 말하고 행동하는 것이다. 그런데 이것은 그렇게 쉬운 일이 아니었다. 그러다보니 인도의 풍습이며 인도인이라면 누구나가 하고 있는 것이어서 거부감이 없는 보시와 접목시킨 육바라밀이라는 새로운 실천법이 등장하였다. 그런데 보시라는 행위 하나가 반드시 바르게 생각하고 말하고 행동하게 하는 것은 아니었다. 그래서 등장한 것이 오문이었다.

　오문에서 예배·찬탄은 믿음을 일으키는 것이며, 사마타는 잡념을 없애고 정념을 가지게 하는 것이며, 비파사나는 정념의 상태에서 경전을 들으며 자신의 생각을 관찰하는 것이다. 그리고 회향은 그렇게 해서 생겨난 지혜로운 생각을 말과 행동으로 옮기는 것이다. 그런데 〈무량수경론〉은

[39]此五種門. 初四種門. 成就入功德. 第五門成就出功德.(이 다섯 가지의 문 중 처음의 네 가지의 문은 공덕에 들어가는 것을 성취하는 것이고, 다섯 번째의 문은 공덕에서 나오는 것을 성취하는 문이다.)

　라고 하면서

---

39) 참종성전 p282

⁴⁰⁾出第五門. 以大慈悲 觀察一切苦惱衆生. 亦應化身迴入生死園
煩惱林中. 遊戲神通至教化地. 以本願力迴向故. 是名出第五門.(다
섯 번째 문을 나온다는 것은 대자비로써 일체 고뇌의 중생을 관찰하
고 응화신으로써 생사의 정원, 번뇌의 숲 속에 윤회하여 들어가 즐겨
노니는 신통이 교화의 경지에 이르러, 본원력으로써 회향하는 까닭에
이것을 이름하여 다섯 번째의 문을 나온다고 하는 것이다.)

   라 하고 있다. 이것은 회향은 저절로 된다는 것이다. 다시 말해서
정념이 되고 지혜와 정념이 자신의 생각을 관찰하게 되면 저절로 지
혜롭게 말하고 행동하게 된다는 것이다. 하지만 이 방법으로 신앙생
활을 지도해 온 결과, 앞의 네 가지를 실천하면 생각이 지혜로워지기
는 하나 그렇다고 해서 그것이 저절로 말과 행동으로 옮겨지는 것은
아니었다. 그러다보니 실천법을 새롭게 정리할 필요가 생겼다.
   그래서 우선 예배와 찬탄은 삼보에 귀의하는 것으로 설명하고, 회
향 대신 육바라밀의 다나바라밀을 첨가하였다. 왜냐하면 사마타 · 비
파사나를 해서 지혜로워져도 그 지혜가 저절로 말과 행동으로 나오지
않는 이유는 집착 때문인데, 집착을 내려놓게 하는 가장 좋은 방법이
삼륜 청정한 보시바라밀이었기 때문이다. 그래서 이 방법으로 신앙지
도를 하여 보았다. 그 성과는 대단하였다. 그렇기에 이번 장에서는 마
지막으로 이 실천법을 소개한 후 이 글을 마치고자 한다.

---

40) 참종성전 p284

02

귀의삼보(歸依三寶)

오문의 실천법 중 예배와 찬탄은 생략하고 그 대신 귀의삼보를 첨가하였다. 그 이유는 예배와 찬탄의 목적이 믿음을 일으키는 것이고, 불교에서 믿음의 대상은 삼보이기 때문이다. 그렇게 해야만 했던 이유는 예배와 찬탄을 구태여 실천법으로까지 첨가할 필요는 없다고 생각했기 때문이다. 예배와 찬탄은 말하고 행동하는 구체적인 행위이다. 하지만 삼보(三寶)에 귀의(歸依)하는 것은 구체적인 행위라기보다는 생각이다. 따라서 삼보에 귀의한다는 것은, 삼보에 귀의하는 것이 무엇이며 왜 그렇게 하여야 하는지가 납득되면 저절로 우러나는 생각이지만, 오문에서의 예배와 찬탄은 그런 생각과는 상관없이 그런 생각을 일으키기 위해서 입과 몸으로 하는 행위이다. 물론 생각이 우러나지 않아도 자꾸 말하고 행동하면 우러나기도 한다. 하지만 반드시는 아니다. 하지만 그런 생각이 우러나면 말과 행동은 반드시 저절로 일어난다. 그러니 그런 생각을 일으키기 위해서 말하고 행동하는 것보다 생각이 먼저 일어나게 한 후 저절로 그렇게 말하고 행동하게 하는 것이 더 적절하다고 생각했다. 그래서 예배와 찬탄이라는 믿음을 일으키기 위한 실천행은 생략하고, 대신 왜 삼보에 귀의하여야 하는지 그리고 또 삼보에 귀의한다는 것은 구체적으로 어떤 것인지를 설명하고 믿음을 일으켜, 예배와 찬탄은 저절로 이루어지게 하고자 하는 것이다.

삼보(三寶)란 불교의 세 가지 보배라는 뜻인데, 하나는 불보(佛寶)이고, 둘은 법보(法寶)이며, 셋은 승보(僧寶)다. 불보란 부처님이며 법보란 가르침이고 승보란 스님이다. 이 삼보에 [41]귀의하는 것이 귀의삼보다.

그러면 이 중 가장 먼저 귀의하여야 하는 것은 무엇일까? 스님들에게 실망한 불자들에게 "누가 스님들 뵈러 절에 가나 부처님을 뵈러 가지"라는 말을 종종 듣곤 한다. 그런데 그들이 뵈러 간다는 부처님이 과연 부처님일까? 아마도 그것은 불상일 것이다. 불상은 조각품이지 부처님이 아니다. 그럼에도 불구하고 정말 절에 가면 부처님을 뵐 수 있을까? 또 삼보 중 가장 먼저 귀의하여야 할 대상은 가르침이라고 하는 이들도 있다. 그렇다면 우선 부처님의 가르침을 알아야 할 것이다. 부처님의 가르침이 들어있는 책이 불경이다. 그러면 불경을 읽으

---

41) 귀의(歸依) 믿고 따른다는 뜻의 불교 용어. 귀명(歸命)이라고도 한다. 뛰어난 사람에게 귀순하여 의지하는 것으로, 훌륭한 것을 절대적으로 믿고 따르는 것을 의미한다. 흔히 삼귀의(三歸依)로 표현되는데, 이는 부처와 부처의 가르침, 부처의 가르침을 전하는 승단을 믿고 따른다는 것을 말한다. 여러 경전에 나오는데, 특히 《화엄경》에 스스로 부처에게 귀의하니 마땅히 모든 중생은 진리를 깨달아 보리심을 낼 것이다(歸依佛), 스스로 바른 법에 귀의하니 마땅히 모든 중생이 진리의 창고에 들어 지혜가 바다같이 넓어질 것이다(歸依法), 스스로 승가에 귀의하니 마땅히 모든 중생은 화합하고 대중을 감싸 안아 모든 것에 걸림이 없어질 것이다(歸依僧)라는 내용이 나온다. 네이버 귀의(歸依) (두산백과)

면 부처님의 가르침을 알 수 있을까? 그러려면 오랫동안 불경을 배워야 할 것이다. 그럴 시간이 없다면 법문을 들어야 할 것이다. 왜냐하면 법문은 부처님의 가르침을 알아듣기 쉽게 설명하는 것이기 때문이다. 그런데 법문을 듣고 부처님의 가르침인지를 판단하려면 제대로 된 부처님의 가르침을 알고 있어야 한다. 그런데 그것을 알고 있다면 법문을 들을 필요가 없지 않을까? 이처럼 눈이 있어도 볼 수 없는 것이 부처님이고 귀가 있어도 들을 수 없는 것이 가르침이다. 그런데 어떻게 부처님과 가르침에 귀의할 수 있겠는가?

삼보 중 볼 수 있는 것은 스님뿐이고 들을 수 있는 것은 스님의 가르침뿐이다. 스님을 만나 부처님의 가르침을 들어야 부처님의 가르침을 만날 수 있다. 그래야 가르침에 귀의할 수 있고, 가르침에 귀의해야 부처님을 만날 수 있다. 그래야 부처님께 귀의할 수 있다. 그러니 삼보에 귀의하기 위해 가장 먼저 귀의해야 할 대상은 스님이다.

그러려면 스님인지 아닌지를 구분할 수 있어야 한다. 청진기를 목에 걸고 의사가운을 입고 병원에 있으면 다 의사일까? 아무리 그렇다 하더라도 사람의 병을 고치지를 못하면 의사가 아니다. 비록 청진기도 없고 의사가운도 입지 않았고 병원에 있지 않더라도 사람의 병을 고칠 수 있어야 의사다. 이처럼 머리를 깎고 가사장삼을 입고 절에 있다고 다 스님일 수는 없다. 아무리 그 모습이 스님이더라도 부처님의 가르침으로 사람들을 행복으로 인도할 수 없으면 결코 스님일 수 없다. 설사 머리를 기르고 속복을 입고 절에 있지 않더라도 부처님의 가르침으로 사람들을 행복으로 인도할 수 있어야 스님이다.

그러면 부처님의 가르침으로 사람을 행복으로 인도하려면 어떤 사람이어야 할까? 우선 부처님의 가르침을 잘 알고 있어야 할 것이다.

그러면 그렇다는 것을 어떻게 알 수 있을까? 당연히 알 수 없다. 그러면 어떻게 하여야 할까?

우선 스스로가 행복하게 살고 싶어야 하고 그 방법을 찾기 위하여 가르침을 구하고 있어야 한다. 그러던 중 누군가를 만났는데 설명하는 내용이 이치에 맞고 합리적이다. 그렇기에 자신의 상식이 부서지는 경험을 한다. 그러다보면 믿음이 생기게 된다.

믿음이란, 의심스러운 생각이더라도 따르는 것이다. 의심이 생기는 이유는 자신의 상식과 다르기 때문이다. 그러니 믿음이란 자신의 상식과 다른 생각을 따르는 것이다. 믿음이 생겨야 하는 이유는 행복해지고자 자신의 상식으로 살아왔지만 결코 행복해지지 않았기 때문이다. 그 이유는 해피가 아님에도 불구하고 해피가 행복일줄 알기에 상식이 안내하는 행복해지는 법은 해피해지는 법이기 때문이다. 이것은 살아있다면 어쩔 수 없는 현상이다. 그렇기에 자신의 상식은 결코 행복으로 안내할 수 없으니 더 우수한 상식이 필요하다. 그런데 이미 자신의 상식이 깨지고 넓어지는 경험을 하게 해주는 사람을 만났다. 따라서 그 사람의 상식은 자신이 상식보다 더 우수하다는 데이터가 이미 있다. 이러한 데이터를 기반으로 의심스럽더라도 그 생각을 따르는 것이다. 이것이 믿음이다. 그래서 따랐을 경우 행복해졌으면 드디어 귀의할 수 있는 스님을 만나게 된 것이다.

그런데 많은 사람들이 믿음을 일으키는 대상은 보통 신통술로 자신을 홀리게 하는 사람이다. 예를 들어 잘 맞추는 예언을 한다든지 합리적인 의료행위도 없이 병을 치료한다든지 또 기도를 해서 앉은뱅이를 일으킨다든지 장님을 눈 뜨게 한다든지 기적을 일으킨다든지 해서 사람들에게 믿음을 일으키는 경우가 있다. 사실 이런 사술(詐術)은 상대의 생각을 지배하려는 수작에 불과하다. 그렇기에 이때 일으키는 믿음은 맹신일 수밖에 없다.

인생에 있어서 믿음과 용기는 가속페달이다. 그리고 의심과 두려움은 브레이크다. 이것을 적절하게 사용하여야 인생이 안전하게 앞으로 나아간다. 의심이 없는 믿음 두려움이 없는 용기는 맹신과 만용이다. 브레이크가 망가진 자동차가 위험천만인 것처럼, 맹신과 만용으로 살아가는 인생은 위험천만이다. 그리고 또 믿음과 용기를 일으키지 않는 인생은 가속페달이 없는 자동차와 같다. 가속페달이 없는 자동차에는 브레이크도 있으나마나다. 그렇기에 의심과 두려움을 가진 채 믿음과 용기를 내지 않는다면 아무 소용도 없는 짓을 하며 인생을 허비할 뿐이다.

삼보에 귀의하려면 가장 먼저 스님께 귀의하여야 하는데, 그러려면 행복하게 사는 길을 찾고자 하여야 하며 사술이 아닌 합리적이고 이치에 맞는 말로서 자신의 상식이 부서지면서 행복의 길을 가르쳐주는 스님을 만나야 한다. 그래서 믿음을 일으켜 스님의 말에 따라 행복해졌다면, 비로소 가르침을 만날 수 있게 되고 나아가 부처님도 만날 수 있게 될 것이다. 그러면 비로소 삼보에 귀의할 수 있게 되는 것이다.

03

사마타

사마타의 목적은 잡념을 멈추는 것이다. 잡념이란 마음이 한 곳에 묶여 있는 것인데, 마음이란 원래 한 곳에 가만히 있지 못한다. 그럼에도 불구하고 가만히 있는 이유는 괴로운 생각으로 마음이 긴장을 하여 불편한 곳에 묶여 있거나, 괴로운 생각을 하지 않기 위하여 마음을 조종하여 항상 편안한 곳에 묶어 두었기 때문이다. 전자의 경우는 비관적이고 부정적인 생각으로 가득하겠지만 후자의 경우는 낙관적이고 긍정적인 생각으로 가득할 것이다.

마음이란 외부 자극에 의하여 움직이는 것이고, 생각은 마음의 움직임에 따라 일어나는 것이다. 그런데 마음이 움직이지를 않으니 외부의 자극과 상관없이 생각이 항상 비관적이거나 항상 낙관적이다. 이것은 결코 바람직스러운 게 아니다.

마음에는 불편한 곳으로 가는 기질이 있다. 그것은 불편한 문제를 해결하기 위해서다. 그러니 가만히 두면 불편한 문제를 해결하기 위하여 천방지축으로 돌아다닌다. 다시 말해서 불편한 문제를 해결하기 위하여 궁리하는 상태가 된다. 이것이 바로 정념이다.

살아있다면 누구나가 다 불편한 것이 없을 수는 없다. 그렇기에 사마타를 하면 누구나가 다 정념의 상태가 되고 그러면 불편한 것을 해결하고 싶어 한다. 그래서 사마타를 작원(作願)이라 하는 것이다.

그렇다면 사마타는 어떻게 하는 것일까? 잡념의 상태에서의 마음은 어느 한 곳에 묶여 있다. 이러한 상태의 마음을 움직이게 하려면 지금 있는 곳에서 벗어나게 하여야 한다. 그러기 위해 마음을 잡고 있는 힘이 약해지게 하거나 의식적으로 마음을 다른 곳으로 보내기 위하여 다른 한 곳에 집중하게 하는 방법이 사용된다. 이런 것들을 정리하여 보면 다음과 같다.

1) 참선(參禪)

한국에서 가장 널리 사용되는 불교수행법은 참선이다. 선(禪)이란 용어의 원류는 팔리어 'Jhana', 산스크리트어 'Dhyana'이다. 이것을 선나(禪那)로 음역하고 축약하여 '선'이라 한다. 선은 고요한 마음 상태를 말하는데, 영어로는 'meditation'이나 'contemplation'이란 용어로 번역하여 사용하니, 곧 명상이다. 명상은 본래 요가의 수행법이었다. 이것을 불교가 사마타의 방법으로 도입한 것이다.

그 중 오래전부터 사용되었던 것이 42)[안반수의경(安般守意經)]에

---

42) 대안반수의경이라 하는데 2권으로 되어 있다. 후한(後漢)의 안세고(安世高)가 번역하였다. 안반(安般)은 산스크리트어 āna-apāna의 음사인 안나반나(安那般那)의 준말인데 āna는 들숨을 말하고 apāna는 날숨을 뜻하는데, 들숨과 날숨을 헤아리거나 거기에 집중하는 수행법을 설한 경전이다.

의한 아나빠다삿티인데, 이것은 마음을 호흡에 집중하게 하는 방식이다. 그리고 또 수식법도 있는데 이것은 마음을 수를 세는 것에 집중시키는 방법이다.

이것이 중국으로 전래되어 간화선(看話禪)과 묵조선(黙照禪)이 되었고, 43)남방불교로 전래되어 위빠사나가 되었다.

---

43) 현재 사용되는 참선은 사마타의 방법으로서가 아니라 부처가 되기 위한 수행으로 간주되고 있다. 그래서 그렇게 된 배경을 잠깐 설명하겠다. 불교에서의 출가(出家)는 인도의 풍습이었다. 출가하여 수행할 수 있는 이들은 사성계급 중 편력기(遍歷期)에 들어간 바라문들뿐이었다. 그 외 계급이 출가하려면 편력기에 있는 바라문에게 보시하여 그 공덕으로 다음 생에 바라문으로 태어나야만 했다. 그런데 인도에 전제군주국가가 탄생을 하고 막대한 부를 축적한 자본가가 등장하면서 바라문외 계급에서도 출가하는 이들이 생겨났다. 이들이 사문(沙門)인데 불교의 교주 석존도 사문이다. 석존의 출가교단은 이런 인도의 풍습에 의한 것이었을 뿐 완전연소의 삶을 지향하는 불교교리에 의한 것은 아니었다.

이에 반하여 도교(道敎)에서의 출가는 신선(神仙)이 되기 위해서는 필수불가결의 것이었다. 신선이 되려면 우선 도사(道師)가 되어야 하는데 도사가 되려면 도통(道通)하여야 한다. 도통하려면 음양(陰陽)의 이치에 통달하여야 하는데 음양의 이치에 통달하려면 집을 나와 홀로 산속으로 들어가 도(道)를 닦아야 한다. 그래서 도사가 되면 산에서 내려와 사주팔자(四柱八字)로 길흉화복(吉凶禍福)을 봐주고 부적으로 재앙을 물리쳐주는 방술(方術)을 펴 세상을 이롭게 하여 그 공덕이 깊어지면 신선(神仙)이 되어 장수(長壽)를 누리게 되는 것이다.

중국에 처음 불교가 전래되었을 때 중국인들은 출가하여 홀로 사는 불교승려와 산에서 도를 닦는 도교의 수행자를 동일시하였다. 당시 도교는 경전이나 조직이 없었기에 불교는 경전이나 조직을 잘 갖춘 더 발전된 외래의 도교였으며 또 선진문물이었다. 따라서 불교의 깨달음의 경지인 열반은 도교의 깨달음의 경지인 무위(無爲)와 동일시되었고, 도사가 도교의 진리인 음양의 이치를 깨닫고 도통한 것처럼 삶을 완전연소중이거나 완전 연소한 상태인 부처는 불교의 진리인 연기법을 깨달은 연기법에 도통한 존재였다. 그러다보니 사마타의 방법으로 사용된 명상이 산속에서 도통하고자 수행하는 도사들의 방법과 동일시되었고, 명상은 불교수행의 일부분이 아닌 전체가 되어버렸다. 그러면서 생겨난 것이 선종으로 간화선과 묵조선은 이러한 과정에서 나온 것이다.

그렇기에 현재 행하여지는 간화선과 묵조선은 사마타의 방법이 아닌 부처가 되가 위한 궁극적인 실천법으로 여겨지고 있다.

간화선이란 화두(話頭)를 간(看)하는 선법(禪法)이다. 화두란 말이 시작되는 부분으로 생각이 출발하는 곳이니, 최초로 마음을 두어야 하는 곳으로 그것은 자신이 궁금해 하는 것이다. 그러니 이것은 곧 지금의 불편함이기도 하다. 그리고 그것을 간한다는 것은 궁리하는 것이므로, 간화선은 저절로 정념의 상태를 만드는 방법이다.

그리고 묵조선(黙照禪)은 말 그대로 그냥 보라는 것이다. 자신의 마음상태를 있는 그대로 보는 것인데, 그렇게 함으로써 자기의 마음이 어디에 묶여 있는지를 알아차리게 한다. 그러면 묶인 마음이 풀어지는데 그러면 정념의 상태가 만들어 진다.

그리고 [44)]위빠사나는 비파사나의 팔리어로, 남방불교에서 주로 사용하는 수행법이다. 남방불교에서 사마타란 몸을 정지시키는 것이고, 비파사나란 마음을 관하는 것이다. 이 때 마음을 집중하는 방법으로 사용되는 것이 아나빠다삿티처럼 조식법(造息法)과 수식법이다.

2) 염불(念佛)

그 외 흔히 행하는 것 중에 염불이라는 방법이 있는데, 염불이란 부처님을 염하는 것으로, 실질적인 그 뜻을 새겨 보면 지금의 마음이 부처에게 있는 것이다. 마음의 기질은 불편한 곳으로 가는 것이고 부처는 실제상황이니, 염불이란 실제상황의 불편함에 마음이 있으면서 그것을 해결하고자 궁리하는 상태라 할 수 있다. 즉 정념의 상태이다.

---

44) 위빠사나는 산스크리트어 비파사나의 팔리어이다. 남방불교애서는 사마타는 몸을 정지하는 것이고 비파사나는 마음을 관하는 것이지만 필자가 말하는 사마타는 한 곳에 정지되어 있는 마음을 다른 곳으로 정지시키려 노력하여 마음이 정지되지 않도록 하는 것이며 비파사나는 법문을 듣는 것으로 이들과는 다르다.

그러나 수행법으로서의 염불은 그런 의미가 아니다.

염불은, 산스크리트어로 Buddhānu-smṛti이며 팔리어로는 buddhānu-ssati로 영어로는 buddha-mindfulness라 번역한다. 이것은 부처의 상호(相好)를 생각하며 관(觀)하거나 부처의 명호를 부르는 것인데, 흔히 아미타불의 명호(名號)를 일심으로 부르면서 아미타부처님의 상호(相好)와 극락세계의 공덕을 생각하는 것을 말한다. 이러한 방법이 사마타가 될 수 있는 것은 아미타불의 명호를 일심으로 부르면 저절로 잡고 있던 마음을 놓게 되어 정사(正思)가 되기 때문이다.

염불의 종류에는 여러 가지가 있는데, 시간적인 측면에서는 삼시염불(三時念佛)과 별시염불(別時念佛)이 있다. 삼시염불은 새벽과 낮, 황혼녘의 세 번으로 나누어 염불하는 것이고, 별시염불은 1일·3일·7일이나 14일·21일·100일 등으로, 특별한 기간을 정하여 도량(道場)에 들어가서 몸과 마음을 깨끗이 하고 염불하는 것이다. 별시염불의 경우, 우리나라에서는 사찰을 중심으로 백일기도·천일기도, 심지어는 만일염불도량(萬日念佛道場)까지 성행하기도 하였다.

염불수행의 방법으로는 4종 염불이 일반적인 분류로 채택되고 있다. 4종이란 칭명(稱名)·관상(觀像)·실상(實相)·관상(觀想)의 염불법이다. 칭명염불은 부처의 명호를 부르는 칭념(稱念) 염불을 말한다. 여기에는 산란한 마음으로 하는 산심염불(散心念佛)과 고요한 마음으로 하는 정심염불(定心念佛), 소리의 크고 작음으로 나누는 대념염불(大念念佛)과 소념염불(小念念佛), 한 부처의 명호만을 부르는 정행염불(正行念佛)과 여러 부처의 명호를 부르는 잡행염불(雜行念佛)로 나누어진다.

관상염불(觀像念佛)은, 일심으로 한 부처의 불상을 관하고 생각하는 것이다. 실상염불은 자신과 아울러 일체 법의 진실한 자성(自性)인 법신(法身)을 관하는 것이다. 관상염불(觀想念佛)은 단정히 앉아 한결같은 마음으로 한 부처의 상호와 공덕을 관하여 생각하는 것이다.

그리고 칭명염불 수행의 한 의식으로서 오회염불법(五會念佛法)이 있다. 다섯 음(音)의 곡조에 따라 늦고 급한 차례로 염불하는 것이다. 제1회는 평성(平聲)으로 '나무아미타불'을 느리게 부르고, 제2회에는 평성과 상성(上聲)으로 역시 느리게 부르며, 제3회에는 느리지도 급하지도 않게 부르고, 제4회에는 점점 급하게 부르고, 제5회에는 더욱 급하게 '아미타불' 넉 자만 부르는 것이다.

이 밖에도 중요한 염불법으로는 즉심염불(卽心念佛)과 사리쌍수염불(事理雙修念佛), 전수염불(專修念佛)을 꼽을 수 있다. 즉심염불은 마음이 법계(法界)에 두루 가득한 것이므로, 10만 억 국토를 지나서 있다는 아미타불도 나의 심불(心佛)에 불과하다는 염불관이다. 즉 우리의 마음은 청정한 불체(佛體)이지만 무명(無明)의 번뇌가 덮여서 나타나지 못하는 것일 뿐이며, 나타나지 못하는 것을 10만억 국토의 서방에 있다고 표현한 것이다. 따라서 심불의 입장에서 내 몸이 곧 정토이며 내 마음이 곧 아미타불이라고 관하여, 자기 마음속의 부처를 염하는 것이다. 이는 선종의 즉심즉불(卽心卽佛)사상에 입각한 염불법이다.

사리쌍수염불은 이치(理)와 현상(事)을 함께 닦는 염불이다. 여기서 사(事)를 닦는다는 것은 입으로 부처의 명호를 부르는 것이고, 이(理)를 닦는 것은 불신(佛身)을 관하는 것이다. 곧 입으로 부처의 명호를 외우고 마음으로 관찰하여 쌍으로 닦는 염불법이다.

전수염불은 염불의 가지가지 방편을 버리고 오직 입으로 부처의 명호만을 부르는 칭명염불수행이다. 이 전수염불은 오직 아미타불의 본원력(本願力)에 순응하여 정토에 왕생하는 정정업염불(正定業念佛)로서, 일반적으로는 이 염불법을 가장 많이 채택하고 있다.

염불은 참선처럼 까다로운 위의(威儀)나 조용한 환경을 필요로 하지도 않고, 근기(根機)의 차별 없이 아무데서나 손쉽게 할 수 있어서 많은 수행자들을 점유하고 있다[45].

3) 주력(呪力)

그 다음으로 많이 사용되는 수행법으로 주력이 있다. 주력이란 말 그대로 주문의 힘이라는 뜻이다. 주문은 긴 것을 다라니(陀羅尼 dhāraṇī)라 하고 짧은 것은 만트라(mantra)라 하는데, 다라니에는 무량무변한 참뜻이 있어 이것을 외우는 사람은 한량없는 공덕이 있다고 해서 총지(總持) 또는 능지(能持)라고도 하고, 만트라는 참된 부처님의 말씀이고 비밀스러운 깊은 뜻이 들어 있다고 하여 진언(眞言) 또는 밀어(密語)라고도 한다.

예를 들어 〈천수경(千手經)〉에 나오는 신묘장구대다라니와 같은 것은 다라니이며, '옴'이나 '옴마니 반매훔'같은 것은 진언이다. 이외에도 다라니나 진언은 상당히 많은데, 이러한 것들 중 자신에게 맞는 것을 찾아 지속적으로 암송하는 것이 주력이다.

---

45) 네이버 지식백과 한국민족문화대백과 한국학중앙연구원저 참고문헌 『삼국유사(三國遺事)』 『염불요문(念佛要門)』,(지눌) 『나옹화상어록(懶翁和尙語錄)』,(나옹) 『불교개론』(김동화, 보련각, 1954)

4) 오체투지(五體投地)

오체투지는 세계불교도들에게 많이 행해지는 것 중에 하나이다.
[46]이것은 불교 신자가 삼보(三寶)께 올리는 큰 절을 말하는데, 고대
인도에서 행하여지던 예법 가운데, 상대방의 발을 받드는 접족례(接
足禮)에서 유래한 것이다. 자기 자신을 무한히 낮추면서 불·법·승
삼보에게 최대의 존경을 표하는 방법으로, 양 무릎과 팔꿈치, 이마 등
신체의 다섯 부분이 땅에 닿기 때문에 이 이름이 붙었다.

절을 하는 방법은, 먼저 합장한 자세로 두 무릎을 꿇고 합장을 풀어
오른손으로 땅을 짚은 후 왼손과 이마를 같이 땅에 댄다. 그리고 두
손을 뒤집어 손바닥으로 공손히 부처를 받드는 동작을 한다. 무릎을
꿇고 오른손을 땅에 댈 때는 양쪽 발을 펴서 발등이 땅에 닿도록 하
며, 이때 왼쪽 발등을 오른발 발바닥 위로 얹어 X자 형을 만든다. 왼
손과 이마를 땅에 댈 때는 양손이 양 무릎 앞에 놓이게 하고 그 가운
데 이마를 놓으며, 두 발을 엉덩이로 깔고 앉아 몸의 뒷부분이 올라가
지 않도록 자세를 낮추어야 한다. 두 무릎 사이는 한 뼘이 넘지 않도
록 한다. 자세가 완전히 갖추어진 다음에 두 손을 손바닥이 위로 향하
도록 젖혀서 부처의 발을 받드는 모양을 하는데, 이때는 공손하고 경
건하게 하여 마치 복을 달라고 구걸하는 자세처럼 보이지 않도록 해
야 한다. 젖힌 두 손바닥은 귀 높이까지 약간 들어올린다. 이때도 부
처의 발을 들어 올린다고 생각하여 펴진 상태를 그대로 유지하여야
하며, 손 모양이 흩어지거나 양손이 엇갈려서는 안 된다.

오체투지는 중생이 빠지기 쉬운 교만을 떨쳐버리고 어리석음을 참

---

46) 네이버 지식백과 오체투지(五體投地) (두산백과)

회하는 예법이다. 밀교 계통에서는 스스로 고통을 겪으면서 수행하는 방법으로 행해져 엎드려 온몸을 완전히 땅에 붙이는 형태를 취하기도 한다. 오체투지를 하기 어려울 때는 반배를 한다. 부처 앞에 헌화하거나 향·초·공양을 올릴 때에도 반배를 하는데, 합장 자세에서 공손히 머리를 숙이면 된다.

이와 비슷한 절로 고두배(叩頭拜)가 있는데, 몸과 입과 마음의 삼업(三業)을 정화시키기 위해 온몸을 던져 세 번 절하는 것을 말한다. 삼배 중 마지막 절은 반드시 머리를 들었다가 다시 땅에 닿게 한다. 백팔 배나 삼천배 등 절에서 하는 모든 절의 마지막에는 고두배를 올린다. 고두배를 하는 방법은 오체투지 상태에서 머리와 어깨를 들고 양손은 얼굴 아래까지 당겨 합장한 후 다시 오체투지의 상태로 돌아간다. 머리를 들더라도 시선은 땅에 두어야 하며 고개를 들면 안 된다.

그 종류에는 백팔 배 천팔십 배 삼천배가 있는데 백팔 배는 오체투지를 108번 하는 것이고 천팔십 배는 1,080번하는 것이고 삼천 배는 3,000번하는 것이다. 이것 역시 잡고 있는 마음을 놓을 수 있게 하니 사마타의 방법이 될 수 있다.

5) 그 외 사마타법

이제까지 소개한 것 이외에도 불경을 소리 내어 독송하는 독경(讀經), 불경을 베껴 쓰는 사경(寫經), 부처님의 모습을 베껴 그리는 사불(寫佛), 이러한 것들도 많이 사용되는 방법이다. 이 외에도 요가수행법의 상당수가 사마타방법이 될 수 있는데, 그 이유는 잡념을 정념으로 바꿀 수 있는 수행법이면 가능하기 때문이다.

이 중 필자는 칭념염불 중 나무아미타불만 부르는 정행염불을 삼시 염불과 별시염불로 하는 것을 권유한다. 다시 말해서 1시간동안 서서 나무아미타불을 크게 부르는 것인데, 일정한 시간을 정해놓고 하루에 한 번이나 세 번씩 하며, 기간은 1일 3일 7일 또는 14일 21일 100일 중 선택하는 것이다. 이 방법을 권유하는 이유는 이것이 잡념을 정념으로 바꾸는 가장 확실한 방법이기 때문이다.

04   비파사나(毘婆舍那)

사마타로 잡념을 정념으로 바꾸었으면 생각은 완전연소를 하게 된다. 그러면 그 다음에는 말과 행동을 완전 연소하여야 한다. 말과 행동을 완전 연소한다는 것은, 생각은 다 말하고 행동하는데 좋은 생각은 더 좋게 나쁜 생각은 덜 나쁘게 말하고 행동하는 것이다. 좋은 생각이란 나와 남에게 이로운 생각이고 나쁜 생각이란 나와 남에게 해로운 생각이다. 그러니 말과 행동을 완전 연소한다는 것은 나와 남에게 이로운 생각은 더 이롭게 그리고 나와 남에게 해로운 생각은 덜 해롭게 말하고 행동하는 것이다. 말하고 행동하게 되면 생각이 실제상황으로 출력된다. 그러니 말과 행동을 완전연소하려면 실제상황을 잘 알아야 한다. 그런데 인식기관인 마음에는 무명이라는 실제상황을 왜곡시키는 기질이 있어서 실제상황을 절대 알 수 없다. 그래서 해야 하는 것이 비파사나다.

비파사나는 정념이 그리고 지혜가 현재 자기의 생각을 관하는 것이다. 정념이란 불편함을 해결하고 싶어 하는 원이다. 그리고 지혜란 실제상황이다. 그리고 자기 생각이란 말하고 행동하려는 생각이다. 그런데 정념은 사마타를 하면 생긴다. 하지만 마음에 무명이 있는 한 실제상황은 절대로 알 수 없다. 그러니 지혜는 생길 수가 없다. 그러면 지혜는 어떻게 하여야 얻을 수 있을까?

진리란 변하지 않는 사실이다. 또 사실은 개별성과 보편성을 갖춘 경험이다. 그러니 진리란 변하지 않는 개별성과 보편성을 갖춘 경험이다. 생각은 실제상황을 판단한 것이다. 그런데 생각의 주체인 마음에는 무명이 있어 생각은 실제상황을 왜곡해서 판단할 수밖에 없다. 그러니 생각은 개별적인 것이어서 보편성을 갖출 수가 없다. 그러니 진리가 존재하는 곳은 실제상황뿐이다.

부처님은 이 진리를 깨달은 분이다. 따라서 부처님이 설하신 불경은 진리에 관한 말씀이다. 다시 말해서 실제상황에 대한 말씀이다. 그것을 생각 속으로 넣어주기 위한 말씀이다. 그러니 불경에는 실제상황에 대한 통찰력이 들어 있다. 그리고 그것이 지혜이며 이것을 불교에서는 반야바라밀이라 한다. 그러니 지혜를 얻으려면 불경을 읽어야 한다.

불경을 읽으려면 불경에서 사용되는 단어들을 알아야 한다. 그렇게 해서 문장이 해석이 되었으면 그 뜻을 알아야 한다. 그리고 그것을 일상생활과 연관시킬 수 있어야 한다. 그래야 정념이 그리고 지혜가 자기의 생각을 볼 수 있게 된다. 그렇게 하려면 불경에 사용된 단어들을 배워야 하고 또 문장을 해석하는 능력과 그것을 일상생활과 연관시키는 능력을 길러야 한다. 이렇게 해야만 비파사나를 할 수 있다면 비파사나는 그림의 떡이다.

하지만 법문을 들으면 그렇게 할 필요가 없다. 왜냐하면 법문은 불경에 있는 단어를 설명하고 또 그 문장을 해석한 후 일상생활과 연관시켜 설명하는 강좌이기 때문이다. 따라서 비파사나는 정념의 상태를 만든 후 법문을 듣는 것이다. 그래서 실제상황에 대한 통찰력, 즉 반야바라밀을 얻는 것이다.

05

다나바라밀

사마타를 통해서 정념의 상태가 되었고 비파사나를 통하여 반야바라밀이 증득되었다. 다시 말해서 불편함을 해결하고자 하는 원이 생겼고, 해결할 수 있는 방법을 알게 되었다. 그러면 이제 무엇을 하여야 할까?

말하고 행동하여야 한다. 아무리 해결책을 알았다 하더라도 그것을 실제상황에 출력하지 않으면 해결되지 않기 때문이다. 따라서 말하고 행동하여야 하는데, 그것도 아무렇게나 아무 때나 해서는 안 되고 상황과 시기에 제대로 맞추어 해야 한다. 그런데 집착이 있으면 망설여지게 된다. 그러다보면 상황에 맞추지 못하거나 시기를 놓치게 된다. 그렇게 되면 사마타 비파사나한 것이 다 무용지물이 된다.

따라서 집착을 버려야 하는데 그 방법이 다나바라밀이다. 다나(dāna)는, 보시로 해석되는 산스크리트어다. 그렇기에 다나바라밀이란 보시바라밀이다.

보시에는 두 가지가 있다. 하나는 선업(善業)보시이고 또 하나는 천업(穿業)보시이다. 선업보시란 선과(善果)를 얻기 위한 보시이며, 천업보시란 '뚫을 천(穿)'이 말하듯 업을 뚫는 보시다. 다시 말해서 집착으로 인하여 막혀 있는 생각과 말과 행동을 뚫어주는 보시다.

선업이란 좋은 생각과 말과 행동이니 곧 나와 남을 이롭게 하는 생각과 말과 행동이다. 그러니 선업보시란 나와 남을 이롭게 하고자 재물이나 시간이나 능력을 필요한 사람이나 단체에게 기부하는 것이다. 콩 심은데 콩 나고 팥 심은데 팥 난다는 인과응보의 도리는 한 치의 오차도 없이 찾아오는 것이어서, 이 공덕으로 비록 지금 당장은 아니더라도 언젠가는 반드시 이로운 일이 생기게 된다. 곧 선과를 받게 된다.

이렇게 선과를 받는 것을 목적으로 하는 선업보시와 달리, 천업보시는 집착을 버리는 것이 그 목적이다. 집착을 버리는 보시가 되려면 삼륜(三輪)이 청정하여야 한다. 삼륜이란 보시를 하는 자와 받는 자 그리고 시주물인데, 이것이 청정하려면 보시를 하는 사람은 했다는 생각이 없어야 하고 받은 사람은 받았다는 생각이 없도록 하여야 하며 시주물에 그 어떤 바람도 있어서는 안 된다. 다시 말해서 시주물에 그 어떤 가치도 부여하지 않는 것인데 곧 그냥 버리는 것이다. 그런데 이것이 결코 쉬운 일이 아니다. 그러면 어떻게 보시하면 삼륜이 청정해질까?

살려면 음식을 먹어야 한다. 그런데 무엇이든 먹으면 반드시 똥이 생긴다. 똥은 소화되지 않아 체내에 흡수되지 못한 음식물이다. 그렇기에 몸속에 있는 똥은 백해무익(百害無益)하다. 따라서 반드시 배설해야 한다. 배설하지 않으면 밥맛도 없어지고 병도 들고 그러다가 죽게 된다. 이와 같이 살려면 욕심이 있어야 한다. 그런데 욕심을 부리면 반드시 집착이 생긴다. 집착은 삶이 소화할 수 없는 욕심이다. 그렇기에 인생에 있어서 집착은 백해무익하다. 따라서 반드시 배설해야 한다. 배설하지 않으면 욕심도 없어지고 인생도 병이 들어 편안함만 추구하게 된다. 그러면 이 세상을 살아있는 송장이 살게 된다. 다시 말해서 좀비가 되어버리는 것이다. 따라서 집착은 반드시 배설하여야 한다. 그 방법으로 제시되는 것이 천업보시다.

똥은 소화되지 않아 체내에 흡수되지 못한 음식물이다. 그리고 오줌은 체내에 흡수되어 사용되진 후 남은 노폐물이다. 이처럼 성공과 실패는 삶에 흡수되어 충분히 사용된 욕심이며, 집착은 삶에서 소화하지 못한 욕심의 노폐물이다. 똥을 배설하는 행위처럼 집착을 배설하는 행위가 천업보시다.

그러면 구체적으로 어떻게 하는 것일까? 자신이 벌어들인 수입 중 일부를 버리는 것이다. 가치 없이 쓰는 것이다. 돈은 그 누구도 가치 없이 쓰지 않는다. 도둑을 맞거나 잃어버렸어도 액땜하는 것에 사용된다. 왜냐하면 그것은 실로 생명이기 때문이다. 이제까지 들은 가르침이 아무리 감동스럽고 도움이 되더라도 돈을 시주하라는 소리를 듣는 순간 갑자기 생각이 바뀐다. 감동스럽지도 않고 존경심도 사라지고 의심이 가득하게 몰려온다. 왜 그럴까? 돈이 생명이기 때문이다. 이것이 바로 천업보시는 돈으로 해야만 하는 이유다.

천업보시는 집착을 버리는 것이다. 집착이란 자신이 버릴 수 없다. 따라서 아무리 천업보시를 하더라도 그 금액을 스스로 정해서 하면 집착은 버려지지 않는다. 그렇다고 너무 적게 하면 집착이 버려지지 않고, 너무 많이 하면 설사를 하는 것과 같다. 그렇기에 적당해야 하는데 그러기 위해서는 믿고 따를 수 있는 스승이 있어야 한다.

기독교에는 11조라는 것이 있다. 그러면 기독교의 11조는 천업보시가 될 수 있을까? 될 수 없다. 왜냐하면 시주물에 천국에서 사용할 것이라는 바람이 들어있기 때문이다. 이것은 선업보시도 아니다. 차라리 보험 상품을 사는 것과 같은 것이라 할 수 있다. 따라서 기독교의 11조는 결코 집착을 버리게 할 수 없다.

천업보시를 권유하면, 어떤 이는 시주물로 호위 호식하는 종교인들을 운운하기도 한다. 설사 그런 종교인이 있다 하더라도 천업보시를 하게 되면 자신은 집착을 버려서 행복해진다. 하지만, 자신의 배설물에 집착한 그 종교인은 가령 부귀영화가 있더라도 대대손손 불행한 삶을 살 수 밖에 없게 된다. 나 자신의 행복에 초점을 맞춘다면 이런 종교인들을 욕하기 보다는 내 집착을 버리는 데에 관심을 가지게 될 것이다. 그럼에도 불구하고 이런 말을 한다는 것은 강한 집착이 있다는 증거가 아닐까?

결론

제행무상(諸行無常)·제법무아(諸法無我)·열반적정(涅槃寂靜)이라는 생각이 어떻게 나왔는지 그것은 그 누구도 알 수 없다. 알 수 있는 것은, 석존은 연기법을 깨우치시고 삼법인(三法印)으로 그것을 설명하셨다는 것뿐이다. 따라서 이것이 '나는 지금 여기에 있다'는 명제로부터 출발하였다는 상상은 필자만의 독자적인 상상이다.

그러나 이러한 상상은, 제행무상은 '시간은 변화다'이며 제법무아는 '공간은 관계다'이며 열반적정은 '시간과 공간이 사라지면 남는 것은 아무것도 없다'고 해석하게 하였는데, 여기에서 열반적정을 이렇게 해석하는 것 역시 필자만의 독특한 해석이다. 이것들 이외에도 12연기에 대한 해석 그리고 무명이 마음에 있는 실제상황을 왜곡시키는 기질이라는 해석, 사성제(四聖諦)·팔정도(八正道)·육바라밀(六波羅密)·오문(五門)에 대한 해석, 나아가 반야바라밀다가 실제상황에 대한 통찰력이며 열반(涅槃)이 생각과 말과 행동을 완전 연소하는 것이라는 해석, 나아가 성불(成佛)을 목적으로 하는 이유는 결과가 아니라 과정이 목적이기 때문이라는 해석, 역시 필자만의 독특한 해석이다.

이러한 이유로 혹자들은 필자의 견해가 불교가 아니라고 생각할 것이다. 하지만 알아야 한다. 불교가 인도에서는 물론이고 여러 지역으로 흩어져 전파되는 2500여 년 동안 불교경전에는 불교의 견해가 아닌 견해가, 또 그것을 해설한 조사들의 책에는 불교하고는 아무런 상관없는 스스로의 견해가 섞여있다는 사실을. 그러다 보니 깨달음을 얻어 부처가 되는 것이 불교의 목적이라면서, 처자식을 다 버리고 산에 들어가 수행을 하는 이들이 저렇게 많은데도 깨닫는 사람은 없고, 설사 있다 하더라도 로또복권에 당첨될 확률보다도 희박하며, 또 그 깨달음 역시 지극히 주관적이어서 증명될 수 없다는 사실을.

이런 것이 불교라면 불교는 사기이고 불교를 신봉하는 승려와 신도들은 멍청이다. 치료를 하려면 엄청난 노력을 하여야 하며 그렇게 노력하여도 치료가 될 수 있는 확률은 희박함에도 불구하고 병원을 차려 진료를 본다면 이것은 사기다. 그리고 그런 병원을 신봉하며 거기서 근무하는 의사와 또 그곳을 다니는 환자는 멍청이이기 때문이다.

　그러면 한번 생각해 보아야 한다. 자신들이 알고 있는 불교는 불교가 아닐지도 모른다고. 이미 불교경전에는 많은 외도들의 견해가 들어가 있다. 그리고 조사들의 생각 역시 모른다. 그러니 지금에 와서 이것이 참불교라고 주장한들 그 주장은 지극히 주관적일 뿐이다.

　하지만 필자가 정리한 이 내용으로 불교경전을 읽어보라. 그러면 불교는 신비가 아니라 과학이며 불교는 단순한 신앙이 아니라 삶의 지혜로운 도구가 된다. 무엇이 참불교인지 그것은 중요하지 않다. 우리가 종교를 믿는 이유는 '어떻게 살아야 하는가'에 대한 지침을 마련하고 그 방법을 찾기 위한 것이다. 그렇다면 이 책을 읽고 그 지침이 마련되었고 제시한 방법을 실천하여 그 결과를 얻었으면 충분하지 않을까? 필자가 이것을 불교라고 하는 이유는 이러한 것들을 알게 된 것은 불교경전이었고 또 이 방법 역시 불교교리에 있는 방법이기 때문이다.

　설사 모든 이들에게 공감 받지 못한다 하더라도 필자가 공부한 불교는 자기의 생각을 가지고 말하고 행동하면서 사는 것이 참다운 행복이며, 그러한 삶은 스스로가 살 수 있는 것이 아니니 불교에서 마련한 장치를 이용하라는 것이다.

　이 한 권의 책이 여러분들에게 진정한 행복을 선사하여 주면 좋겠다.

　나무아미타불